普通高等教育精品规划教材

高等学校档案学专业系列教材

武汉大学“十一五”规划教材

档案信息检索

ARCHIVAL SCIENCE

肖秋会　编著

WUHAN UNIVERSITY PRESS
武汉大学出版社

图书在版编目(CIP)数据

档案信息检索/肖秋会编著．—武汉：武汉大学出版社，2011.8
普通高等教育精品规划教材
高等学校档案学专业系列教材
ISBN 978-7-307-09078-1

Ⅰ.档…　Ⅱ.肖…　Ⅲ.档案—情报检索—高等学校—教材
Ⅳ.G273

中国版本图书馆 CIP 数据核字(2011)第 161073 号

责任编辑：詹　蜜　　责任校对：黄添生　　版式设计：詹锦玲

出版发行：**武汉大学出版社**　(430072　武昌　珞珈山)
(电子邮件：cbs22@whu.edu.cn　网址：www.wdp.whu.edu.cn)
印刷：武汉市宏达盛印务有限公司
开本：720×1000　1/16　印张：16.5　字数：285 千字　插页：1
版次：2011 年 8 月第 1 版　2011 年 8 月第 1 次印刷
ISBN 978-7-307-09078-1/G·1792　定价：27.00 元

前　言

档案信息检索是对档案信息进行描述、组织、加工，编制档案检索工具，建立档案信息检索系统，并运用各种检索方法和检索技术查找档案信息的一项专门性工作。档案信息检索工作是联结档案基础业务工作与档案利用工作的关键，建立高效的档案信息检索体系是开发和利用档案信息资源，充分发挥档案作用，实现其价值的基本手段。档案信息检索工作对现代信息技术极为敏感，它是现代信息技术和方法在档案工作中运用最为广泛和深入的工作领域之一。在数字网络环境下，档案信息检索的方法和技术不断更新。

《档案信息检索》共分为九章：第一章“信息检索基础”，简述了信息检索的概念和原理，信息检索的发展历史和信息检索模型；第二章“档案信息检索概述”，概述了档案信息检索的内容，档案信息检索系统和检索效率；第三章“检索语言”，简述了检索语言的类型、特点及发展趋势，介绍了国内外具有代表性的文献分类法，以及《中国档案分类法》、《中国档案主题词表》、《汉语主题词表》、《中国分类主题词表》；第四章“档案著录”，简述了档案著录规则，介绍了计算机档案著录和档案机读目录格式的特点和要求；第五章“档案标引”，分别介绍了分类标引、主题标引和自动标引；第六章“档案检索工具”，简述了档案检索工具的种类及编制方法；第七章“计算机档案信息检索系统”，简述了计算机档案信息检索系统的特点和类型、档案数据库组织等；第八章“计算机档案信息检索方法与技术”，简述了布尔逻辑检索、邻近检索、截词检索等常用的计算机档案信息检索方法和相关技术，以及档案检索策略的构造和调整；第九章“网络环境下的档案信息组织和检索”，分析了网络环境下信息组织的主要方式，着重介绍了档案编码描述 EAD（Encoded Archival Description）的产生、发展和应用，并举例说明了部分中外档案网站的信息检索方法。

本书的主要特点是：结构简明，条理清晰，内容丰富，视野开阔，以信息检索的原理、技术和方法为主线，较为全面地阐述了档案信息检索的理论、规则、方法和技术。本书不拘泥于档案信息对象本身，在检索语言、检索方法等领域适当地介绍了相关的文献信息分类法及常规的计算机信息检索方法。此外，本书对网络环境下的档案信息组织和检索方法较为关注，介绍、分析了 EAD 等元数据标准，以及档案网站信息检索的方法与途径。

本书由肖秋会主编，山东大学历史文化学院谭必勇参与编写了第九章第五节的内容，档案学硕士研究生郑健参与了书稿的校对工作。

本书为武汉大学“十一五”规划教材，感谢武汉大学信息管理学院、武汉大学教务部和武汉大学出版社的大力支持和帮助。在本书写作过程中，引用和借鉴了不少专家和同行的论著，在此对他们表示深切的谢意。

由于时间仓促，水平有限，本书难免存在疏漏不当之处，敬请批评、指正。

目　录

第一章 信息检索基础

◎ 本章要点

① 信息检索的概念和原理

② 信息检索的发展历史

③ 信息检索的模型

◎ 关键词

文献信息检索　事实信息检索　数值信息检索　布尔模型　向量空间模型　经典概率模型

第一节 信息检索的概念和原理

一、信息检索的概念

所谓信息检索（information retrieval），是指将信息按一定的方式组织和存储，并根据用户的需要从中查找所需信息的过程及所采取的一系列方法和策略。信息检索包括信息存储和检索两个方面的过程。因此，广义的信息检索又称为信息存储与检索（information storage and retrieval），狭义的信息检索仅指查找信息的过程，相当于人们通常所说的信息查询（information search）。

信息存储是指在一定的专业范围内，对信息进行筛选，并对选中的信息进行特征描述、加工、组织和编码，产生信息记录及检索标识，并使之有序化，建立数据库。检索是指借助一定的设备和工具，采用一系列方法和策略从数据库中查找出所需要的信息。信息检索一般包括如下两个环节：①信息内容分析与编码，产生信息记录及检索标识，并将全部记录按文件、数据库等形式组织存储，组成有序的信息集合。②用户提问处理和检索输出。

信息检索最初应用于图书馆和科技信息机构，后来逐渐扩大到其他领域，并与各种管理信息系统结合在一起。与信息检索有关的理论、技术和服务构成了一个相对独立的知识领域，是信息学的一个重要分支，并与计算机应用技术相互交叉。由一定的设备和信息集合构成的，提供一定存储与检索方法及检索服务功能的服务设施称为信息检索系统，如穿孔卡片系统、联机检索系统、光盘检索系统、多媒体检索系统等。

二、信息检索的原理

信息检索的基本原理是：对大量、无序的各类信息进行搜集、描述、加工、组织、存储，建立各种检索工具或检索系统，并按照一定的方法和技术，从中识别、查找和获取所需的各类信息源。信息存储是检索的基础，其目的是对大量无序的信息进行加工、组织，使其有序化，检索则是从有序的信息集合中找出所需要的信息。存储与检索是相逆的两个过程，类似于“放进去”和“拿出来”的关系（见图1-1）。

信息检索的关键部分是信息提问与信息集合的匹配和选择，即对给定提问与集合中的记录进行相符性比较，根据一定的匹配标准选出有关信息。

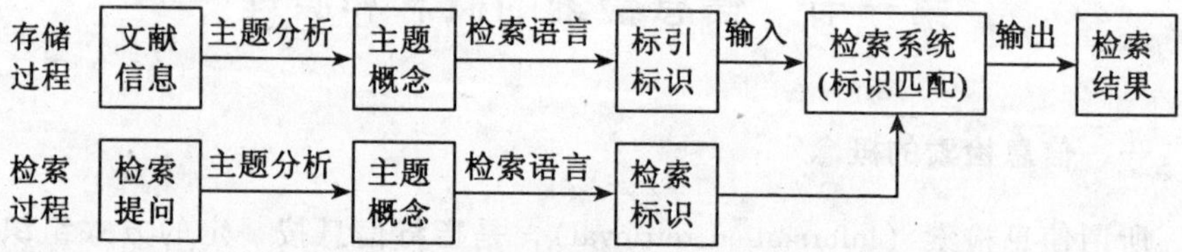

图1-1　信息检索基本原理示意图

三、信息检索的类型

信息检索可以按不同的标准划分为不同的类型。

1. 按检索对象的形式划分

（1）文献信息检索。通常是指对二次文献信息（题录、索引、文摘）的检索，它们是文献信息的外部特征和内容特征的综合描述，包括文献题名、著者、时间、出版项、文种，等等。信息用户通过检索获取的是原文的“替代物”。与文献信息检索相对应的是书目型数据库。

（2）数值信息检索。它是以数值或数据为检索对象的检索，如各种统计数据、自然现象观测数据、市场行情数据、企业财政数据、公式，等等。检索系统不仅直接提供有关的数据或数值，还能提供对数据的运算推导功能，以及制表和绘图功能，信息用户可用检索到的数值信息作进一步的定量分析。与数值信息检索相对应的是各种数值数据库和统计数据库。

（3）事实信息检索。这是以某一客观事实为检索对象的检索，查找某一事件（事实）发生的时间、地点和过程（情况）等方面的信息，其检索结果主要是客观事实或为说明事实而提供的相关资料。例如：通过公司黄页检索××公司的销售业绩、人员组成、工资情况、市场规模等信息。与事实信息检索相对应的是各种指南数据库和全文数据库。

另外，近年来，出现了一种以信息检索对象的形式为划分标准的新的三分方法，即文本检索、数值检索、音频与视频检索。其中，文本检索以各种自然语言符号系统所表示的信息作为主要检索对象，是传统文献检索方式的延续，目前在信息检索领域仍占据主要地位并得到新的发展，检索对象既包括早期的结构化书目信息，也包括越来越多的非结构化或半结构化的自由文本信息，检索方式包括关键词检索、概念检索及语义检索。音频与视频检索主要是针对各种数字化音频与视频信息而迅速发展的一种新兴的信息检索类型，随着媒体数字化技术和网络技术的发展，人们对数字音频与视频信息的分析和查找的需求越来越突出，基于内容的音频与视频信息检索成为信息检索研究领域的热点之一。

2. 按系统中信息组织的方法划分

（1）全文检索。检索系统中存储的是整篇文章或整本书，用户检索时可根据自己的需要，从中查找、获取任意的字、句、段、节、章等信息，还可以进行各种频率的统计和内容分析。随着计算机存储容量的增大和运算速度的提高，全文检索已经由最初的法学、文学领域迅速向其他学科和专业扩展。

（2）超文本检索。超文本是由节点（Node）和节点之间的逻辑链路（Link）所构成的一种信息组织方式。节点与节点之间通过链路相互连接，形成了错综复杂的信息网络。超文本是一种非线性的信息组织方式，超文本检索能够提供浏览式的查询，通过链路的指引，信息用户可在浏览节点内容的过程中选择进一步阅读或查询的方向。

（3）超媒体检索。超媒体系统的存储对象突破了文本，集成了图像、动画、声音等多种媒体的信息，信息的存储结构从单维发展到多维，存储空间范围在不断扩大。超媒体是对超文本的补充和发展。

3. 按检索工具和检索方式划分

(1) 手工检索。手工检索对应于印刷型文献和检索工具。通过人工方式对文献进行著录和标引，建立著录卡片，并按一定方式编排，建立卡片式或书本式检索工具。在检索时，用手翻找著录卡片或书本式目录，眼睛查看其内容，并动用大脑思考，从而作出判断来完成检索过程。其特点是检索者可以边查边看边思考，并随时修改检索策略，但检索速度很慢，一次检索只能采用一种检索途径，检索效率低下，检索工具的更新慢。

(2) 机械检索。即机械穿孔卡片检索，是在手工穿孔卡片基础上发展起来的，依靠探针及其辅助设备，对代表检索标识（分类号或主题词）的穿孔卡片进行选取的一种检索方式。与纯手工检索方式相比，机械检索在一定程度上提高了检索效率。但由于设备笨重，操作复杂，适用范围较窄。

(3) 缩微品检索。它是以缩微胶片和缩微平片为存储载体，利用相应的光学或电子技术设备处理信息的一种检索方式。这种检索需要借助于缩微显示设备。

(4) 光盘检索。光盘是继缩微品、磁盘存储器之后的一种新型信息存储载体。它的原理是利用激光束改变存储介质对激光束的不同效应来识别和读出信息。按照数据存取方式，光盘检索可分为只读光盘、交互式光盘、一次写入式光盘、可擦写式光盘 4 种类型。按存储信息的类型可分为音频光盘、视频光盘、数字光盘和多媒体光盘等。光盘与其他载体相比，其显著特点是存储容量大、易保存、便携带、可套录、有限花费、无限检索。光盘检索特别适于开展专题检索和定题服务。

(5) 计算机检索。这是把信息及其检索标识转换成计算机可阅读的二进制编码，存储在磁性载体上。由计算机根据程序进行查找并输出结果。根据检索者与计算机之间进行的不同的通信方式和计算机信息检索的发展阶段，分为脱机检索和联机检索。

(6) 网络信息检索。网络信息检索是指互联网用户在网络终端通过特定的网络搜索工具（搜索引擎）或是通过浏览的方式，查找并获取信息的一种检索方式。网络信息检索以互联网基础设施、卫星通信技术、网络检索软件、网络标准通信方式等为基础。基于 WWW 的网络信息检索比传统的联机信息检索方便、快捷、低廉，但其稳定性、安全性、数据的准确性和权威性得不到保障，检索冗余度较大。

第二节　信息检索发展的历史及模式的演变

信息检索经历了手工检索、机械检索、脱机批处理检索、联机检索和网络信息检索五个阶段。早期的信息检索主要依靠信息分类，但是随着文献量的增加和文献类型的多样化，单纯依靠分类难以解决快速查找文献信息的需要，因此，出现了能基于某一线索深度揭示某一具体内容的工具——索引，以及能在一定程度上浓缩和揭示文献内容的工具——文摘。目录、索引和文摘等书目型检索工具成为手工检索时期查找印刷型文献最基本的工具。

机械检索开始于20世纪50年代，它采用各种机械工具和设备进行检索，是手工检索向计算机信息检索的过渡。

20世纪中期以来，计算机技术在信息检索领域的应用不断取得突破，计算机信息检索经历了脱机批处理检索、联机检索、网络信息检索等主要阶段。计算机具有强大的信息存储与信息处理能力，与手工检索相比，计算机信息检索具有检索速度快、检索途径多、检索范围广、检全率高等优点。

一、手工检索（19世纪70年代—20世纪40年代）

信息检索活动起源于图书馆参考咨询工作和文摘索引工作。从19世纪下半叶开始发展至20世纪初，信息检索逐渐成为图书馆的一项独立的用户服务工作。1876年，美国图书馆协会（American Library Association，ALA）成立并召开了第一届大会，马萨诸塞州伍斯特（Worcester）公共图书馆员塞缪尔·格林（Samuel S. Green）在会上首次提出了开展参考咨询服务的建议。1883年，美国波士顿公共图书馆设立了第一个专职参考咨询职位——参考馆员，并设立了参考阅览室，从此，作为信息检索起源的参考咨询工作成为图书馆的一项正式业务而得到发展。20世纪初，绝大多数图书馆都成立了参考咨询部门，其服务内容包括：利用图书馆的书目工具帮助读者查找图书、期刊，进行文献分析与翻译等。

在手工检索时期，独立性的文摘性刊物出现并得到发展，索引也成为独立的检索工具，而索引与文摘的结合使用，使各种手工检索工具的查询功能得到提高。在这一时期，出现了一批高质量的文摘和独立索引等大型检索工具，包括：美国工程信息公司编辑出版的《工程索引》（*Engineering Index*，EI）（1884年），英国电气工程师协会编辑出版的《科学文摘》（*Science Abstract*，SA）（1898年），美国化学文摘社编辑出版的《化学文摘》（*Chemi-*

cal Abstract，CA）（1907年），美国生物科学信息社编辑出版的《生物学文摘》（*Biological Abstract*，BA）（1926年），美国科学信息服务社编辑出版的《科学引文索引》（*Science Citation Index*，SCI）（1961年），等等。上述学术性的文摘和索引工具为各国科研人员提供了重要的文献信息源和检索服务。

手工检索的特点是：以印刷型文献为主要检索对象，以各类题录、索引、文摘等书目型工具为主要检索工具，以图书馆的参考咨询部门为检索服务的主要机构。手工检索操作简单，费用低廉，但检索效率很低。随着文献信息量和信息类型的增加，计算机信息检索技术的迅速发展，传统的利用印刷型文献进行手工检索的方式逐渐退出了检索的主流。

二、机械检索（20世纪40—50年代）

20世纪50年代，机械检索开始得到使用。1954年，现代情报学创始人美国的万尼瓦尔·布什（Vannevar Bush）博士在其论文As We may Think中首次提出了设计自动的、在大规模存储数据中进行查找的机器的设想，他与美国农业部图书馆馆员拉尔夫·肖共同制造了一台快速检索机——布什·肖检索机。它利用光电原理，对缩微复制在胶卷上的文献信息进行检索。

机械检索的原理是，通过设计和制作特定的机械装置，改进信息的存储和检索方式，通过控制机械动作，借助机械信息处理机的数据识别功能部分地替代人脑，在一定程度上实现了信息检索的自动化。但它只是采用单一的方法对固定的存储形式进行检索，成本高，检索复杂，检索效率不甚理想。机械检索系统很快被计算机情报检索系统所取代。

三、脱机批处理检索（20世纪50—60年代）

1946年世界上第一台计算机问世，20世纪50年代，计算机技术开始在书目情报检索领域得到应用，1954年，美国海军军械实验中心利用IBM701机将4 000篇技术报告进行了计算机存储与检索的实验，建立了世界上第一个计算机文献情报检索系统。20世纪40—60年代，在计算机应用领域“穿孔卡片”和“穿孔纸带”数据录入技术及设备相继得到应用，以它们作为存储文摘、检索词和查询提问式的媒介，使得计算机开始在文献检索领域中得到了应用，20世纪70年代之后，“穿孔卡片”和“穿孔纸带”被磁性媒介（磁带等）所代替。

计算机应用于信息检索的早期阶段主要以脱机检索方式为主。脱机检索利用单机的输入和输出装置，用磁带作为媒介进行检索。以脱机方式检索，计算机只能顺序检索磁带上记录的信息，每检索一次都必须从头到尾读一遍磁带，因此，一般采用批处理方式实施检索。脱机批处理检索的具体表现为：输入计算机的待检文献信息（文献题录、文摘等）存储在磁带上，检索提问则存储在穿孔纸带或穿孔卡片上，其特点是不对一个检索提问立即作出回答，而是集中大批提问后再进行处理。即由检索人员集中一批用户的检索提问，预先编制检索策略，存储在计算机检索系统中，定期地检索数据库中新增加的内容，然后把命中的文献信息分发给各个用户。脱机检索过程中，人机不能直接交互、对话，处理的周期较长，因此，检索效率往往不够理想。脱机检索方式适用于面向科技人员的定题服务。定题服务是登记用户提问并存入计算机中形成一个提问档，每当新的数据进入数据库时，就对这批数据进行处理，将符合用户提问的最新文献提交给用户，可使用户随时了解课题的进展情况。

四、联机检索（20 世纪 60—90 年代）

联机检索是在远程终端设备上借助通信线路与远距离数据库系统的一种问答式检索。联机检索产生于 20 世纪 60 年代中期到 70 年代初，由于计算机分时技术的发展，通信技术的改进，以及计算机网络的初步形成和检索软件包的建立，用户可以通过检索终端设备与检索系统中心计算机直接进行人机对话，从而对远距离之外的数据库进行检索。

1965 年，美国系统发展公司（SDC）研制成功了联机检索软件——书目情报分时联机检索（Online Retrieval of Bibliographic Information Time Shared，ORBIT），标志着联机检索的诞生。1966 年，美国洛克希德导弹与宇航公司研制了世界上第一个人机对话的信息检索系统——DIALOG 系统，开始了联机文献情报检索。此后，其他大型联机检索系统如 BRS 系统（存储和信息检索系统）、欧洲的 ESA-IRS 系统（欧洲航天局信息检索系统）等都开始研制并逐步发展起来。

20 世纪 70 年代开始，联机检索由实验转向商业化运营，对社会公众提供服务。20 世纪 80 年代，随着空间技术的发展，信息检索进入了国际联机检索的新时期。国际联机信息检索是指商业性的联机数据库检索服务机构通过国际（卫星）通信网络，为世界各地的用户终端提供人机对话式的检索服务方式；用户利用计算机终端设备，通过国际（卫星）通信网络，与世界上的大型计算机检索系统的主机联结，从而能检索世界范围内各个计算机检索系统的信息资源。国际联机信息检索使信息检索超出了一个国家和地区的范围，促进了全球信息资源的共享。

在此期间，出现了光盘检索。与国际联机检索相比，光盘检索不需要支付国际通信费，具有方便、易操作、费用低、寿命长，以及其海量存储可实现原文检索等优点，因此在我国十分普及。但光盘数据库更新速度慢，不能完全取代国际联机检索。

五、网络信息检索（20世纪90年代—至今）

网络信息检索是在国际联机检索和光盘检索基础上发展起来的，通过Internet对远程计算机上的信息进行的检索。20世纪90年代，随着卫星通信、光纤通信等现代通信技术以及信息高速公路等网络基础设施的迅速发展，基于Web的网络信息检索开始出现并得到迅猛发展。在这一时期，因特网资源爆炸式增长，网络搜索引擎技术的发展应用令人瞩目，同时，传统的联机检索系统如Dialog及各类数据库检索系统的信息服务也逐渐建立了Web服务平台，面向互联网终端的用户提供服务。

Internet技术发端于20世纪60年代，在经历了早期的军事、科技与教育等专门领域的试验和应用之后，于20世纪80年代末开始在全球范围内飞速发展。文件传输（FTP）、远程登录（Telnet）、电子邮件（E-mail）成为当时Internet上广泛使用的三大基本服务。进入90年代，WWW（“World Wide Web”，又称为“Web”、“3W”）在Internet上获得迅猛发展，它所支持的超文本技术和浏览器技术能够使用户获取联入Internet的世界上任何一台计算机上的文本、图形、声音以及视频等各类信息，WWW信息检索迅速取代了FTP和Telnet，成为主流的技术应用平台。

随着因特网资源的增长，搜索引擎技术产生并不断创新。1994年4月，美国斯坦福大学的两名博士生David Filo和美籍华人杨致远创办了网络资源目录Yahoo!，同年7月，具有现代意义的机器搜索引擎Lycos诞生。搜索引擎技术从此进入了高速发展时期。搜索引擎分为两类：①以Yahoo!为代表的目录式搜索引擎，主要采用人工方式搜集网络信息，进行分类整理，并以分类目录浏览的方式提供服务；②以Lycos、AltaVista、Excite等为代表的机器人搜索引擎则通过特定的搜索软件对Web信息进行搜索，建立索引文档，为用户提供关键词查询服务，具有自动化程度高、收录范围广、功能强大的优势。由于目录式搜索引擎成本高、更新不及时、数据量有限，逐渐被具有现代意义的机器人搜索引擎所超越。

在信息检索由手工检索、机械检索、单机检索、联机检索向网络信息检索的发展过程中，信息检索模式也随之发生着演变，即由传统文献信息检索的“提问—检索”模式，转向以 Internet 为基础的“浏览—查询”模式。

第三节 信息检索的基本模型

信息检索需要解决的核心问题之一，就是明确用户的信息需求形成机制以及如何最大限度地满足用户的信息需求。随着信息量和信息类型的快速增加，人们在信息检索过程中开始采用科学的方法。信息检索模型是应用数学知识和工具，对信息检索系统中的信息及信息处理过程进行概括、翻译、解释和抽象，并用特定的数学公式描述其基本原理，从而指导信息检索实践活动。

20 世纪中期，数学工具被引入到信息检索领域，研究人员先后提出了不同类型的信息检索数学模型，这些检索模型在信息检索实践中得到了不断的发展和完善。信息检索模型可以分为基于内容的检索模型和结构化数学模型两大类。其中，信息检索的三个基本模型是：布尔模型（Boolean Model）、向量空间模型（Vector Space Model，VSM）和概率模型（Probabilistic Model）。在布尔模型中，文献和查询用标引词集合来表示；在向量空间模型中，文献和查询用空间向量图来表示；概率模型则应用概率论原理来构建文献和查询机制。此外，使用比较广泛的检索模型还有模糊集合模型、扩展布尔模型，以及近年来广受关注的基于本体的检索模型、跨语言信息检索模型，等等。

一、布尔模型

布尔模型是产生最早、应用最广泛的经典信息检索模型。1957 年，Y. Bar-Hillel 首次探讨了布尔逻辑模型应用于计算机检索的可能性，至 20 世纪 60 年代中期，布尔模型正式被大型文学检索系统所采用，此后经久不衰，被各大联机检索系统以及网络搜索引擎所采用，成为各类信息检索系统都普遍采用的经典模型。

布尔检索模型采用了布尔代数和集合论的方法，用布尔表达式表述用户提问，通过对文献标识与提问式的逻辑运算来检索文献。检索提问往往涉及多个概念，同一个概念又可以表达为多个同义词或近义词，为了全面、准确地表达检索提问，检索系统采用布尔逻辑运算将不同的检索词组配起来，形成一个个具有简单概念的检索单元，将这些检索单元进一步组配，形成一个具有复杂概念的布尔表达式，从而表达用户的信息检索需求。

布尔检索的主要优点是形式简洁、结构简单、易学易用；主要不足之处是：检索词没有权重区别，不能体现检索项的主要程度；采用非是即否的精确匹配方式，无法描述与查询条件部分匹配的情况，导致检索结果不够精确，查全率受到影响。

二、向量空间模型

向量空间模型是一种利用统计学方法而建立的数学模型。20 世纪 60—70 年代，G·萨尔斯顿基于部分匹配（“partial matching”）的检索思想，在其开发的实验性检索系统 SMART 中首次提出了向量空间模型，其工作原理是将检索文档和检索提问式（关键词）都看做是一组数值向量，形成向量空间图，将检索文档向量与检索提问式向量进行相似度测定，对检出的文献按文档与检索提问之间的相似度降序排列，实现文献与查询的部分匹配。

向量空间模型的主要优点是：标引词加权处理，可以灵活地定义标引词与文献的关系深度，从而改进检索效果；部分匹配策略能检出与查询条件接近的文献，避免了布尔逻辑模型非是即否的僵化的缺点；余弦公式可对检索结果按照与提问的相关度排序输出，便于用户修正检索提问。其主要缺点是：检索过程转化为向量的计算方法，不能完全反应文献之间的复杂关系；标引词加权和检索词加权是分离的，随意性大，质量难以保证。

三、经典概率模型

概率论模型利用概率论原理来理解和解决信息检索问题，是基于文档与提问式是否相关的概率来进行信息检索。经典概率模型（Classic Probabilistic）是最早出现的概率模型，此后还出现了推理网络模型（Inference Network Model）和信念网络模型（Belief Network Model）。

经典概率模型由 S. E. Robertston 和 K. Sparck Jones 于 1976 年提出，它的基本指导思想是：给定一个检索提问，则检索系统中存在着一个与该提问相关的理想命中结果集合，如果已知该集合的主要特征及其描述，则用户的检索要求不难实现。但在现实中，用户并不知道这个理想结果集的特征，因此，需要在初始检索时对其进行猜测，并获得一个初步的命中结果集合。用户或者系统对这个初始检索的命中结果集合的文档进行相关性判断，并根据反馈的信息，不断优化和改进后续的检索策略，从而逐步使检索结果接近该提问的理想命中结果集合。

经典概率论的优点是实现简单，文献能根据它们相关的概率以递减的顺序排列。其不足之处是：各种参数估计难度较大；标引词没有考虑词频等加权因素；标引词假定为相互独立。

◎ 本章思考题

1. 试述信息检索的基本原理。
2. 信息检索主要经历了哪几个发展阶段？
3. 信息检索的基本模型有哪些？

第二章　档案信息检索概述

◎ **本章要点**

①档案信息特征及组织方式

②档案信息检索的内容和意义

③档案信息检索系统和检索效率

◎ **关键词**

分类检索途径　主题检索途径　检索系统　检索效率　检全率　检准率

第一节　档案信息特征及组织方式

档案信息是依附于各种有形的物质载体，反映事物对象的状态、特征及其规律的原始信息。档案信息具有一般文献信息的共性，又具有自己的特征。

一、档案信息特征

（一）档案信息与载体的不可分离性

档案信息固化于一定的物质载体上，其载体形态可以是以文字为表述形式的纸质材料，也可以是以图像、声音等非文字手段为表述形式的声像、缩微、机读材料等。我们应用数字化技术手段可以使档案信息在不同物理载体间进行转换，但档案信息不能与载体相分离，必须附着于特定载体之上。物理载体是档案信息存在的必要条件，载体遭受损毁档案信息也就不复存在。

（二）档案信息的流动性和再生性

档案信息在传递过程中经过人们的加工、整理、编纂、吸收和利用之后，会形成与原始档案信息形式不同的新的再生性信息。如地方志、年鉴、大事记、组织沿革、统计资料汇集、科技成果汇编、产品指南等常见的参考资料，都是在原始的档案信息内容基础上重新编写而成的再生信息。档案信息通过人们的加工、组织、编纂和整理之后，形成了新的信息产品，便于进行传递和交流。

（三）档案信息的可浓缩性

档案信息不断积累，信息量逐渐增多，为了迅速、准确地查找所需要的档案信息，有必要对原始的档案信息进行描述，提取能够反映档案内容和形式特征的表征信息，并进行编排和组织。例如，档案目录、索引、各类档案数据库都可认为是对原始档案信息进行加工和浓缩的产物。

（四）档案信息的原始性

档案信息是反映人类社会实践活动的原始记录。它真实地记录了人们在生产、生活、经济、科研、文化、教育、军事、外交、医疗等各方面活动的原貌，是第一手的材料，具有原始性特征。此外，不少档案信息涉及国家安全、企业商业秘密和个人隐私，必须保密。原始性特征是档案信息最本质的特征，它决定了档案具有独一无二的法律凭证性，这是其他文献信息所不能替代的。档案信息的原始性和保密性使档案信息的传播和利用受到了一定的限制，不可能像图书等其他文献信息那样不受限制地广泛传播和交流。

二、档案信息的组织方式

档案信息组织是将处于无序状态的特定档案信息，根据一定的原则和方法，使其有序化和系统化，便于人们进行利用。计算机技术、网络技术和人工智能技术等现代技术的应用为档案信息组织提供了先进的技术手段和技术环境，传统的档案信息组织方式逐步进行了改革和创新，档案信息检索系统的功能得到优化，档案信息组织的效率和质量大为提高。

第一，按对档案信息内容揭示的程度，档案信息组织方式分为目录法、索引法、文摘法、综述法等。

档案目录组织法是将档案的内容特征和形式特征进行全面系统的揭示，并按一定的方式加以记录和编排的方法，其表现形式是各种档案目录，如分类目录、主题目录、题名目录、责任者目录等。

档案索引法是对档案信息内容进行加工，按某一特征指明档案的出处和线索，从而揭示档案内容，提供档案信息的方法。与目录组织法相比，索引法能够更为深入、细致地揭示档案信息内容特征。

档案综述法是围绕特定主题集中档案文献，对一定时期、一定地域、一定数量的档案信息进行综合加工的方法。档案综述法是对一定范围内的众多档案材料进行分析、鉴选、研究和编撰，是对大量档案信息的集合和综述。

第二，按对档案信息特征揭示的角度，档案信息组织方式分为分类组织法、主题组织法、代码组织法、题名组织法、责任者组织法等。

分类组织法是指对档案信息内容依据档案分类法进行著录和标引，并按照分类号的顺序进行系统排列的方法。

主题组织法是将档案信息内容依据档案主题词表进行标引和著录，并依据主题词的字顺进行系统排列的方法。

代码组织法是利用档案代码系统如档号、文号等组织档案信息的方法。

责任者组织法是从档案责任者的角度，对档案信息进行揭示和著录，并依据责任者姓名字顺进行系统排列的方法。

第三，按排序方式，档案信息组织方式分为编号法、字顺法、时序法、地序法等。

编号法是将档案信息特征依号码顺序进行组织和排列的方法，如分类组织法和代码组织法都属于编号法。

字顺法是将档案信息特征依字顺进行组织和排列的方法，如主题组织法、题名组织法、责任者组织法等都属于字顺组织法。

时序法是将档案信息内容按照时间顺序进行组织和排列的方法，如大事记等属于时序组织法。

地序法是按照行政区划和地名顺序对档案信息内容进行组织和排列的方法，如地名索引的排列方式可采用地序组织法。

第二节　档案信息检索的内容和意义

一、档案信息检索的内容

档案信息检索，是对档案材料中能表征档案内容特征和形式特征的情报信息进行描述和揭示，使之有序存储，编制检索工具，建立档案信息检索系统，并按照一定的方法查找和利用档案材料的档案管理业务活动。

广义上讲，档案信息检索包括信息存储和查找两方面的内容：

（1）档案信息的存储，是指对档案信息进行描述、存储、加工，编制各种档案检索工具，建立档案信息检索系统，其目的是将无序的、纷杂的档案信息进行有序化和组织化；

（2）档案信息的查找，是指根据利用者的检索需求，利用档案检索工具和档案信息检索系统查找所需要的档案信息。

狭义的档案信息检索只包括第二个方面的内容，即仅指查找档案信息的过程。

档案信息检索的全过程是：档案人员通过著录、标引等手段，将档案的内容特征和形式特征揭示和记录下来，即把档案文献中具有检索意义的情报特征用语词、代码等表示出来，通过编目、编写提要等方式将档案原件转换、压缩成一个简短记录档案文献特征的条目，并按照一定的规则把这些条目组织起来，形成各种档案检索工具，建立档案信息检索系统；根据利用者的特定需求，利用档案检索工具或档案检索系统查找所需要的档案信息。档案信息检索实质上应该包括这样两个阶段：档案信息的存储阶段（输入阶段）和档案信息的检索阶段（输出阶段）。档案信息的存储是查找档案信息的基础，档案信息检索的检全率和检准率在很大程度上取决于档案信息存储和组织的质量。档案信息检索的过程见图 2-1 所示。

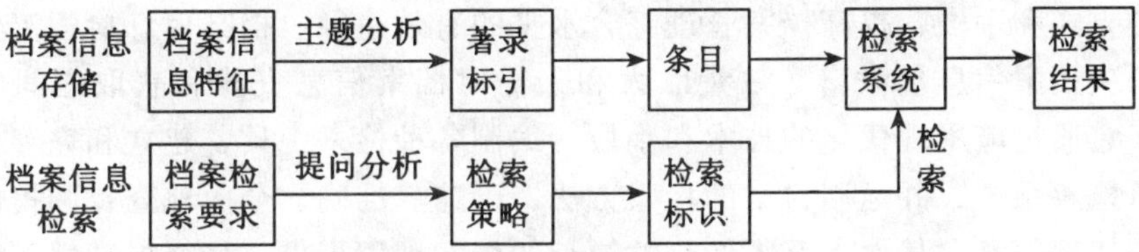

图 2-1　档案信息检索过程

二、档案信息检索的意义

档案信息检索一方面对大量、无序的档案信息进行描述和组织，建立检索系统，另一方面则提供对档案信息的查询和利用服务，满足用户的需求，是联系档案基础业务工作和档案利用服务的关键环节。随着社会经济、科技和文化的发展，档案的数量急剧增加，如何对数量庞大、内容丰富、种类繁多、载体多样的档案材料进行描述和组织，帮助、引导用户查找所需要的档案信息，是档案信息检索工作面临的一项艰巨任务。档案信息检索的效率直接关系档案信息利用服务的效果，因此，档案信息检索工作在整个档案管理工作中占有重要的地位。

（一）档案信息检索是档案业务管理工作的一项重要内容

档案信息检索是档案业务工作的一个独立环节，它具有双重性，既具有档案基础业务工作的性质，又具有档案利用服务工作的性质：一方面，它存储、组织档案信息，编制各种检索工具，建立档案数据库和检索系统，为查找档案提供手段，属于档案基础业务工作的范畴；另一方面，它根据利用者的检索需求，通过已经建立的检索工具和检索系统查找所需要的档案信息，介绍和报道档案的内容和成分，又属于档案利用服务工作的范畴。档案信息检索工作的特殊性使得它在档案工作中占有特殊的地位，其作用是其他档案业务工作所不能替代的。

（二）档案信息检索是提高档案管理整体水平的有效途径

档案信息检索的效率是反映档案管理工作综合水平的重要指标。档案二次信息的组织和存储对原始档案信息的覆盖率、档案信息的检全率和检准率、检索的速度、检索系统的易用性等诸多反映档案信息检索效率的要素，实质上都与档案管理工作的整体水平相关联。任何在档案实体管理和档案信息管理中的缺点和疏漏都可能降低档案信息检索的效率，档案信息检索工作是一个对档案管理各项工作高度敏感性的环节，这使它往往成为改革档案管理的方式和手段，提高档案管理综合水平的有效途径。档案信息检索工作旨在解决档案信息量激增、数量巨大和人们对档案信息查找和获取之间的矛盾。它通过应用现代化的技术和手段，编制各种检索工具，建立和完善档案信息检索系统，并运用科学的检索方法，迅速、准确、全面地查找和提供特定的档案信息，从而满足人们日益增长的档案利用需求，最终提高档案管理的整体水平。

（三）档案信息检索是档案信息资源开发和利用的基础

档案信息资源只有得到充分的开发和利用，档案的利用价值才能得到实现。档案信息资源的开发和利用离不开档案信息的组织和检索，档案信息组织和检索的基本工作内容构成了档案信息资源开发和利用的基础，如档案著录和标引、档案检索系统的建设是将分散、无序状态的一次档案信息进行有序组织和存储的基础工作，没有这些基础工作，档案信息资源开发和利用就无从谈起。因此，建立和完善高效、易用的档案信息检索系统，是开发和利用档案信息资源的重要基础。

（四）档案信息检索是实现档案管理现代化的关键环节

档案信息检索对于现代技术的应用具有高度的敏感性，现代技术和方法在档案管理工作中的应用，首先体现在档案信息检索工作中，如档案著录标引的机读化和标准化、计算机档案信息检索系统的开发、元数据在档案信息描述中的应用，等等。档案信息检索工作是档案管理现代化的前沿，是现代化技术和方法在档案工作中应用最为广泛和深入的工作领域。因此，实现档案信息检索的现代化是提升档案管理现代化水平的关键。

第三节　档案信息检索系统和检索效率

档案信息检索系统由与档案信息检索密切相关的因素所构成，主要包括：档案信息检索系统的目标、数据库、检索语言、检索设备和装置、检索软件、检索方式等。

一、档案信息检索系统的构成要素

（一）系统目标

明确档案信息检索系统的服务对象、专业范围、所包含的档案种类、档案载体类型、档案的时间跨度等，从而确立档案信息检索服务所要达到的基本目标和基本任务。

（二）档案数据库

数据库是档案信息检索系统必不可少的要素，包括档案目录数据库、档案全文数据库和多媒体档案数据库等。档案目录数据库是对档案内容和形式特征的描述和表达，它反映了档案的情报特征，可以记录和识别一份档案，档案目录信息的有序集合构成了不同的档案检索工具。档案全文检索系统则以档案全文信息为检索对象，能够满足用户对一份档案中的任意一个字、句、段、章、节的检索需求。随着多媒体技术的广泛应用，在档案目录检索系统、全文检索系统的基础上，多媒体档案信息检索系统将逐渐增多。

（三）档案检索语言

档案检索语言是表达档案主题概念及其相互关系的概念标识系统，是档案标引和检索的工具。检索语言是转换主题概念的依据，它的作用是将档案文献内容和检索课题的主题概念转换成检索系统可以识别和处理的标识，从而实现档案信息的检索。

（四）计算机硬件

系统中采用的各种硬件设备和装置的总称。包括存储和记录档案信息的载体，用于档案检索的机具、装置和信息传递设备等，如卡片式、书本式、缩微式、计算机网络检索设备等。从20世纪70年代末至今，档案检索设备和装置的更新和换代反映了档案手工检索逐步走向计算机化和网络化检索的发展历程。

（五）档案检索软件

档案检索软件是计算机档案信息检索系统的构成要素之一。档案检索软件可自行开发，也可以从市场上购买。必须事先分析本单位、本系统档案检索需求，以档案信息检索系统服务的目标定位为依据，开发或选择档案检索软件。

（六）检索方式

检索方式是指档案信息检索系统操作和运行的方式，可分为文献单元方式和标识单元方式。所谓文献单元方式，是以一份文献为单元进行存储和检索，一份档案著录一个条目，并按检索标识的顺序进行排列，查到检索标识即可找到档案条目，并可查看条目中所记载的档案信息，文献单元方式又称为顺检方式或顺排文档；标识单元方式是以一个检索标识为单元，指明含有该标识的全部文献，一般只有标识和文献号（档号）两个项目。检索时通过查找检索标识，即可查找所需要的有关文献。在计算机检索中标识单元方式又称为逆检方式或倒排文档。

二、档案信息检索系统的功能

（1）以档案条目和机读数据形式对档案机构所收藏的档案文件和案卷的特征进行文件级和案卷级描述，并对描述、著录信息按一定方式编排、存储。

（2）通过规范化的检索标识对相同和相关主题的档案及属于同一机构、人物、地区、工程、产品的档案信息加以集中。

（3）对大量原始档案信息进行特征描述和系统组织，通过排序使每个检索标识都被固定在特定位置上，可以缩小查找范围，提高检索速度。

（4）提供多途径组合检索、关联检索，帮助用户迅速、准确地查到所需要的档案信息。

（5）通过档案信息检索系统的反馈功能，使用户和系统之间进行交互，改进系统功能，满足用户的需求。

（6）可输出、复制、打印或远距离检索书本式、卡片式、机读式的各类检索工具，实现信息报道、传递和交换，促进档案资源的共享。

三、档案信息检索系统的组织原则

（1）档案信息检索系统所收录的档案信息应尽可能覆盖全部馆藏，利用检索体系中的档案检索工具或计算机档案信息检索系统应能查到任何一份馆藏案卷或文件。

（2）在档案目录型检索系统的基础上发展全文型检索系统。检索工具应齐全、配套、实用，检索界面友好易用，检索途径多样，照顾不同层次用户的检索习惯和需求。

（3）档案信息检索系统建设应实行标准化。标准化是提高档案信息检索系统的质量及建立计算机档案信息检索网络的基础。

（4）对于特色馆藏、利用率高的馆藏档案应优先组织和开发，建立较完善的检索系统。

（5）档案信息检索系统应具有动态性和开放性，能及时扩展其检索性能，采用新方法、新技术，不断提高其检索效率。

四、档案信息检索系统的检索效率

检索效率是反映档案信息检索系统质量和水平的重要评价指标。建立档案信息检索系统的目的，是为了获得好的检索效果，对档案信息检索系统的研究和改进，其根本目的是为了提高其检索效率，获得更好的检索效果。因此，检索效率的高低是衡量档案信息检索系统质量的重要标志，是对检索系统及其组成要素（检索语言、检索软件）的基本评价标准。

简而言之，检索效率可以从如下 5 个方面来衡量：全、准、快、便、省。“全”，指检全率，是指与检索课题有关的档案应尽可能被全部检出，不要遗漏；“准”，指检准率，是指所检出的档案要与检索课题相关，不要将无关的档案检出来；“快”，指检索速度快；“便”，指检索工具、检索系统方便易用，要求检索工具、检索系统的排检方法科学合理，便于利用。“省”，指成本低，能用较低的成本获得较大的效益。其中，检全率和检准率是两个最主要的评价指标。

检索系统具有某种过滤功能：输出所需要的文献信息，而对不需要的、不相关的文献信息阻止其输出。理想的检索效果是，所有收录在检索系统中的符合检索要求的文献信息都能被全部检出，没有遗漏；而且，所检出的全部文献信息都符合检索要求，没有不相关的文献信息，即达到 100% 的检全率和 100% 的检准率。但在实际的检索中很难达到这样的要求，一般情况下，总有一部分符合检索要求的档案文献未被检出，存在漏检现象；而在检出的档案中，总有一部分档案文献与检索要求不符或不相关，存在误检现象。

1. 检全率

检全率与漏检率是两个相对的概念。检全率高则漏检率就低，漏检率高则检全率就低。如果检全率为70%，那么漏检率就为30%。检全率高意味着所需要的档案文献能大部分被检出，而漏检率高则表明所需要的重要文献被遗漏的危险性大。检全率表明档案检索系统避免相关档案文献信息漏检的能力，是评价检索系统效率的一个重要指标。保持较高的查全率是检索系统的一个基本目标。在档案文献检索中，总是力求提高检全率，降低漏检率。

2. 检准率

检准率与误检率也是两个相对的概念。检准率高则误检率就低，误检率高则检准率就低。如果检准率为65%，那么误检率就是35%。检准率表示检索系统排除与检索提问无关信息的能力。提高检准率可以节省用户甄别、挑选有用信息所花的时间，对提高检索系统的实际使用效果具有重要作用。检准率也是评价档案检索系统质量的重要标志。在档案文献检索中，总是力求提高检准率，降低误检率。

检全率与漏检率、检准率与误检率这两对概念及其计算公式见图2-2所示：

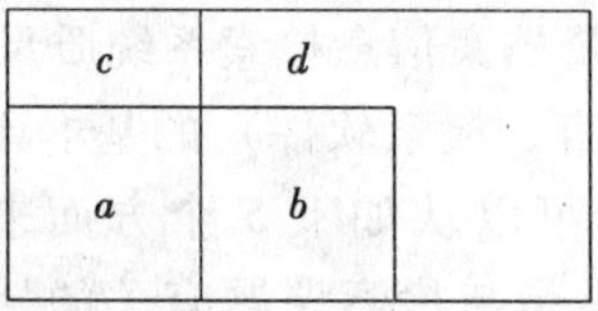

图 2-2　检全率、漏检率、检准率、误检率概念示意图

图中：

a：检准的档案　b：误检的档案　c：漏检的档案　d：无关的档案

$a+b+c+d$：系统中所有档案

$a+c$：系统中与某课题有关的全部档案

$a+b$：检出的全部档案

检全率 $=\frac{a}{(a+c)\ \times 100\%}$　　漏检率 $=\frac{c}{(a+c)\ \times 100\%}$

检准率 $=\frac{a}{(a+b)\ \times 100\%}$　　误检率 $=\frac{b}{(a+b)\ \times 100\%}$

实践证明，在检全率和检准率之间存在互相制约的现象，即互逆相关性。提高检全率会降低检准率，反之，提高检准率会降低检全率。这是因为，提高检全率，必然会检出一些内容关联程度较低的信息，从而影响系统的检准率；反之，提高检准率，要求排除与检索提问相关程度较低的信息，

从而影响到检全率。

检全率、检准率的高低与文献标引、检索以及检索语言都有密切的关系。例如，提高标识的专指度可以提高检准率，但会对检全率有负面影响；反之，降低标识的专指度会提高检全率，但会使检准率下降。不过应当指出，这种互逆相关性有一定的作用范围，在检索语言中，并不是为提高检全率和检准率所采取的一切方法和手段都会出现这种现象。

为了保证档案检索系统的性能，档案检索系统应力求达到较高的检全率和检索率，但要注意二者之间的制约关系。应根据检索系统的特点及用户的需求，保持检全率和检准率之间的恰当比例。用户在检索过程中可根据自己的实际需要，制定相应的检索策略，调整和选择检全率和检准率。

3. 检索速度

检索速度指实施检索时获得检索结果花费的时间。检索速度快，可以及时检出所需要的档案信息，直接影响检索系统的使用效果。这一指标不仅与系统响应检索提问的速度直接相关，同时，也与档案信息资源的组织是否合理直接相关。检索速度的快慢直接影响到检索效率的高低，如果一个检索系统的其他性能都很好但检索速度过慢，则会使检索的时间成本过高，用户往往会放弃这个检索系统而选择其他的检索系统。

4. 系统的易用性

对用户而言，系统的易用性是指检索系统是否易于使用，操作是否简单，是否需要预先学习和培训才能实施检索；检索界面是否友好，是否能提供检索提示、检索帮助等。此外，易用性还指容易获得信息的程度，包括：只能获得基本的描述信息、可以获得文摘、可以获得原文信息等不同的获取信息的程度。显然，既能提供描述信息，又能提供文摘信息和原文信息的检索系统具有很大的易用性。如果一个检索系统在其他方面的性能很好，但易用性差，就会使很多检索者或用户对此望而却步，其检索功能就不可能得到充分发挥。

5. 检索的成本效益比

成本一般指购置检索系统的设备费用、标引费用、检索费用、检索软件开发费用等，效益则是指检索系统的性能及因此产生的效益，包括获取信息能取得的经济效益和社会效益。成本效益比是建立检索系统时不可回避的问题，一般情况下，应尽量降低成本，获得所期望的检索效益。

影响检索效率的因素是多方面的，包括：检索语言的功能、文献著录和标引的质量、检索软件的性能、检索策略的优劣、检索设备和检索方式的选择、检索途径的数量、检索人员的素质等，都会对检索效率产生影响。

◎ 本章思考题

1. 档案信息组织方式有哪几种？
2. 档案信息检索的内容和意义是什么？
3. 档案信息检索系统的构成有哪些？
4. 档案信息检索效率及影响因素是什么？

第三章　检索语言

◎ 本章要点

①检索语言的特点和类型

②分类语言及《中国档案分类法》

③国内外具有代表性的文献分类法

④主题语言与《中国档案主题词表》

⑤《汉语主题词表》与《中国分类主题词表》

⑥档案检索语言的发展趋势

◎ 关键词

分类语言　主题语言　自然语言

检索语言是为了文献信息标引和检索的需要而创建的一种人工语言，用于表达文献主题概念和检索课题概念，是将主题概念和检索课题概念转换为检索标识的依据。检索语言是信息检索系统的重要组成部分，是联系信息存储和信息检索之间的桥梁，是整个检索过程得以完成的语言保证。

第一节　检索语言的特点、作用和类型

检索语言是人们在标引和检索过程中所使用的一种人工语言。所谓人工语言，是人们根据预先规定的规则对自然语言进行挑选、规范、编制而成的，而自然语言则是人们在日常生活中进行口头或书面交流所使用的语言，是约定俗成的。

一、检索语言的特点

检索语言与自然语言相比，具有如下特点：

1. 单义性

语词与概念一一对应，排除了自然语言中同义词、多义词和词义含糊的

现象。例如：

精神（心理学）精神（哲学）

通过括号内的限定词将词义进行注释，排除了多义现象。

2. 规范性

检索语言采用确切、规范、通行的语词作标识，而不采用不通行的同义词、近义词、译名、俗称、旧称、不能准确表达全称含义的简称作标识。例如：

番茄（俗称）	莱塞（旧译名）	伤科（旧称）
用 西红柿	用 激光器	用正骨科

3. 关联性

检索语言中采用了各种手段来表达概念之间的相互关系。

4. 系统性

检索语言的标识都按一定方式进行了系统排列。分类法按号码顺序排列，主题法按字顺排列，系统排列能固定标识的位置，使之有序化，从而提高检索速度。例如：

CB 司法
1 律师
11 组织
111 机构的设置管理
1111 国内机构设置管理
1112 外国律师在华机构管理
……
（摘自《中国档案分类法》）

DuiWaizhengce
对外政策 [EA]
D 外交政策
F 闭关政策
S 政策
C 和平共处五项原则
……
（摘自《中国档案主题词表》）

5. 简明性

检索语言对大量的自然语言词汇进行了压缩和精选，只选取文献标引和检索所需要的词汇作标识，具有简明性。

检索语言与一般的词典不同，词典虽然也表达概念并进行了系统排列，但没有明确显示概念之间的相互关系。

与自然语言相似，检索语言也有自己的词汇和语法。检索语言的词汇是指表达档案文献主题概念、登录在分类表、词表、代码表中的全部标识，一个标识（分类号、主题词、代码）即为检索语言的一个语词，由这些标识系统编排而成的分类表、词表、代码表即为检索语言的词典。语法则是创造和运用这些标识所需要的一整套规则。

二、检索语言的作用

检索语言的主要作用是作为概念转换的依据。在进行信息存储和信息检索的过程中，以同一检索语言为依据，对文献中分析出来的主题概念和从检索提问中分析出来的主题概念进行标引，转换成检索标识，从而使标引用词和检索用词相匹配，使信息检索全过程得以完成。具体体现在：在信息存储时，文献标引人员首先对文献进行主题分析，提炼出能够准确、全面表达文献内容的主题概念，并对照检索语言，用检索语言的语词（标识）把这些主题概念标示出来，然后录入检索系统；在信息检索时，检索人员也需要首先对检索课题进行主题分析，提炼出相应的能全面、准确反映检索意图的主题概念，并对照同一检索语言，将这些主题概念转换成检索标识，然后再从检索系统中查找用该检索标识标引的文献，从而找到含有所需情报的文献。

信息检索的基本原理之一是匹配。即对表达文献主题内容的概念标识与表达检索者情报需求的概念标识进行相符性比较，如果二者一致，则意味着文献的内容符合情报检索需求，该文献即被检出。要实现这样的匹配，必须有一个前提条件，即在文献标引和文献检索过程中使用同一种检索语言，而且对同样的主题概念使用相同的标引用词（检索标识），这样才能使相符性比较获得成功，达到较好的检索效果。由此可见，检索语言在信息存储和信息检索全过程中起到了十分重要的作用，它是标引人员和检索人员共同使用的语言工具，是沟通文献标引和文献检索的桥梁，也是影响检索效率的关键因素之一。

三、检索语言的类型

1. 按构成原理分

检索语言按构成原理可分为三大类型：分类检索语言、主题检索语言和代码检索语言。

(1) 分类检索语言

分类检索语言以分类号作为标识，表达各种概念，按照学科性质对各种概念进行分类，并按分类号的顺序进行系统排列。包括等级列举式分类法、分面组配式分类法和列举—组配式分类法三种，统称为分类法系统。等级列举式分类法主要采用的是概念划分与概括的方法，分面组配式分类法主要采用的是概念分析与综合的方法。列举—组配式分类法则是上述两种方式的结合，是广泛采用各种组配方式的方法。

(2) 主题检索语言

主题检索语言用语词来表达各种概念，将各种概念按照主题词的字顺进行排列。它包括标题法、单元词法和叙词法，统称为主题法系统。

(3) 代码语言

代码语言一般就事物的某一方面特征，用某种代码系统加以标引和排列，如化合物的分子式索引系统等。

此外，还有引证关系追溯法（引文索引法）这样一种特殊的检索语言，它是显示科学论文之间相互引证关系的一种方法。通过引文索引，科研人员可以从一篇被引论文追溯检索引用它的全部文献，了解论文之间的相互关联，从而掌握某一学科领域某一学术观点、研究课题、研究方法的发展过程。在科学研究领域，追踪一条被引的参考文献展开搜索已经成为一种常规的信息检索方法，引文索引法的应用能够促进科研人员创造性地获取情报，从而推动研究的创新与发现。

2. 按标识的组合方式分

检索语言按标识的组合方式可分为：先组式的检索语言和后组式的检索语言。先组式检索语言的特点是文献标识在编表时就固定组配好，后组式检索语言的特点是文献标识在检索时才组配起来。

3. 按所包括的学科和专业范围分

检索语言按学科、专业可分为综合性语言、多学科语言和专业性语言。

4. 按所采用的语言分

检索语言按采用的语言可分为单语种语言和多语种语言。

第二节　分类语言

一、文献分类法的基本原理

客观世界中的各种事物都具有自己的属性，具有某种共同属性的事物可归为同类，具有不同属性的事物为异类。类，是具有某种共同属性特征的事物或信息的集合，是人类在认识事物的过程中对类似事物进行归纳和集合的结果。所谓分类，是指以事物的属性或其他显著特征为依据，对同种属性的事物进行集合，并将不同属性的事物区分开来。分类是人们认识事物、区分事物、组织和整理事物对象的一种逻辑方法。由于同一事物具有多方面的属性，具有多向成族的特点，因此，对于事物的分类，可以有不同的依据和标准，既可以采用事物的某一方面属性特征为依据，也可采用事物的另一方面属性特征为依据，但在每次划分时只能采用同一种标准，不能同时采用多种标准。此外，对事物的分类是可以连续进行的，即可以层层划分、逐级展开。先将各种事物按某种属性区分开来，区分为若干组，再在同种属性的一组事物中，按照另一属性特征继续划分为更小的组，这样逐级展开，形成一个层次分明的分类体系。例如档案，就可以按照档案的类型、产生的时期以及载体形态等依次、逐级进行分类。

文献分类与事物的分类原理类似，是以文献所反映的学科知识内容和其他显著属性特征为依据进行分类的。所谓文献分类，是以文献分类法为工具，根据文献所反映的学科知识内容和其他显著属性特征，分门别类、系统组织和揭示文献的一种方法。文献分类法的概念逻辑原理包括：

1. 概念的内涵和外延

概念是人们对事物本质属性的概括，是在感觉、感知和印象的基础上，用语词表达出来的。概念都有内涵和外延。内涵是指概念所反映的事物的本质属性，外延是指它所包括的一切事物，即概念的适用范围。如“鱼”这一概念的内涵是“完全水生并在水中呼吸的有头冷血脊椎动物”，而“鱼”这一概念的外延有“金枪鱼”、“鲫鱼”、“淡水鱼”、“咸水鱼”，等等。概念的内涵有深、浅之分，即它所概括的事物的本质属性有多有少；概念的外延有广、窄之别，即它所囊括的范围有大有小。概念的内涵与外延存在反向关系：概念的内涵越深，外延就越窄；概念的内涵越浅，外延就越广。例如：“鱼”这个概念的内涵浅，它的外延就很广，而“淡水鱼”这个概念的内涵相对深一些，它的外延就相对窄一些。

2. 概念之间的关系

概念之间的关系按其外延间的性质，可分为4种最基本的关系：①同一关系，指两个概念的外延完全重合，如“番茄”和“西红柿”。②属种关系，指一个概念的外延包括另一个概念的全部外延。外延大的称为属概念（上位概念），外延小的称为种概念（下位概念），如“档案”与“文书档案”。③交叉关系，指两个概念的外延部分重合，如“电子文件”和“电子邮件”。④并列关系，指同一属概念之下的几个种概念之间的并立关系。如在“公共图书馆”这个属概念（上位概念）之下，“省图书馆”、“市图书馆”和“县图书馆”这3个种概念（下位概念）之间就是并列关系。并列关系的种概念在外延上一般是相互排斥的。

3. 概念的划分与概括

概念的划分是以事物的某种属性作为标准，将一个属概念的外延分成若干个种概念的逻辑方法。对概念进行划分，可以形成更为专指的新的概念，表现事物现象各自的特性和它们之间的差异性。概念的划分为我们提供了从“一般到特殊”来认识事物、区分事物的途径。

概念的划分应遵循4条原则：一次划分必须采用同一分类标准，不得同时采用两个或两个以上的分类标准；划分后所得各子项的外延之和应该等于其母项的外延；各个子项的外延之间必须相互排斥；划分必须按层次逐级展开。

概念的概括是一种由种概念上升到属概念的逻辑方法，如“工业科技档案”、“农业科技档案”→“科技档案”→“档案”。对概念进行概括，可以形成更为泛指的上位概念，表现事物之间的联系和共同的属性特征。

利用概念的划分与概括的逻辑方法，能够系统揭示概念之间的隶属关系和并列关系，使概念与概念之间的关系以“树”状结构的方式清晰地展现出来，形成一种层层划分和隶属的概念等级体系。等级列举式分类法就是以概念的划分与概括为基本的构成原理。

4. 概念的分析与综合

分析是指在思维过程中将客观对象分解为各个部分、方面和因素，然后分别加以考察的逻辑方法。综合是指在思维过程中将客观对象的各个部分、方面和因素结合起来进行考察而得出结论的方法。概念的分析与综合用于情报检索语言领域，主要体现在可以将概括事物的主题概念分解为若干细小的概念；反过来，可通过对这些细小概念的组配而形成一个复杂的概念，从而建立一种概念组配分类体系。分面组配式分类法和叙词法都以概念的分析和综合为基本的构成原理。

二、等级列举式分类法

等级列举式分类法是以知识分类为基础，依据概念的划分与概括原理，将概括文献内容与事物的各种类目组成一个层层隶属、详细列举的等级结构体系的一种文献分类法，又称为列举式分类法、枚举式分类法、等级体系分类法。等级列举式分类法的主要特点是按学科、专业集中文献，并从知识分类角度揭示各类文献在内容上的区别和联系，适合从学科、专业角度系统检索和利用文献。国内外影响较大的等级列举式分类法有《中国图书馆分类法》、《中国科学院图书馆图书分类法》、《中国人民大学图书馆图书分类法》、《杜威十进分类法》（DDC）、《美国国会图书馆分类法》（LCC）等。《中国档案分类法》也采用了等级列举式的分类方法，但其以档案所反映的社会职能属性为主要分类依据而不以学科知识属性为分类依据。

三、分面组配式分类法

分面组配式分类法是依据概念的分析与综合原理，将概括文献内容与事物的主题概念组成“分面—亚面—类目”的结构体系，按一定的规则，通过各分面类目内之间的组配来表达文献主题的一种文献分类法，亦称分面分类法、组配式分类法、分析—综合分类法。著名的分面组配式分类法有《冒号分类法》（CC）、《布立斯书目分类法（第2版）》（BC2）。

四、列举—组配式分类法

列举—组配式分类法是在详细列举类目的基础上，广泛采用各种组配方式编制的分类法，亦称为半分面分类法。它既具有直观性较强的分类等级体系，又具有文献主题概念的组配功能，较著名的有《国际十进分类法》（UDC）。

第三节　中国档案分类法

《中国档案分类法》（简称《中档法》）是以不同历史时期的国家机构、社会组织，从事社会实践活动的职能分工为基础，并紧密结合档案记述和反映的事物属性关系，来建立从总到分，从一般到具体的逻辑体系。《中国档案分类法》是进行档案分类标引的依据，主要是供分类检索，组织分类目录、建立目录和咨询中心之用。

《中档法》以职能分工为主要分类标准，并结合档案记述和反映的事物的属性，选择其他辅助分类标准，如行业分类、载体分类、学科分类等。档案是人类社会实践活动的历史记录，而人类社会实践活动是以国家机构、社会组织和个人的职能分工形式来进行的，因此，职能特性是档案所特有的最主要的属性，以职能分工为基础建立起来的分类体系能反映出社会实践分工情况，与档案实体的全宗管理原则相协调，具有稳定性和客观性，也便于档案利用者有效地检索和利用档案。职能分工原则是中国档案分类法区别于其他文献分类法的主要标志。

一、《中档法》的体系结构

由于各个历史时期档案的性质和种类具有不同的特点，《中档法》针对不同历史时期的档案分别编制了分类表。《中档法》（第2版）共有四个独立的档案分类表：《中华人民共和国档案分类表》、《新民主主义革命档案分类表》、

《民国档案分类表》、《清代档案分类表》。在这四个分类表中，《中华人民共和国档案分类表》的体系最庞大，约占总篇幅的9/10强，三个历史表的篇幅相对很小，不足1/10。《中档法》（第2版）共有类目10万余条。以下以《中华人民共和国档案分类表》为例，详述《中档法》的微观结构。

《中华人民共和国档案分类表》适用于类分中华人民共和国成立以后形成的档案，由主表和5个复分表（综合复分类、世界各国和地区表、中国地区表、中国民族表、科技档案复分表）组成。主表是分类表的主体，共设有19个大类。每一大类下，视需要分设若干属类，一般设立5、6级类目，个别的设7级类目。

（一）基本大类一览表

《中华人民共和国档案分类表》的基本大类一览表共分为19个大类。排列如下：

A　中国共产党党务
B　国家政务总类
C　政法
D　军事
E　外交
F　政协、民主党派、群众团体
G　文化、教育、卫生、体育
H　科学研究
J　计划、经济管理
K　财政、金融
L　贸易、旅游
M　农业、林业、水利
N　工业
P　交通
Q　邮电
R　城乡建设、建筑业
S　环境保护、土地管理
T　海洋、气象、地震、测绘
U　标准、计量、专利

（二）主表

主表是分类法的正文，由类目、类目之间的关系、标记符号、注释组成。

1. 类目

类目是分类法的基本单位，包括类号、类名。

2. 类目之间的关系

分类法主要通过主表的等级结构来表达类目之间的相互关系（见图3-1）。在此图中，类目之间的隶属、并列关系一目了然。

	K	财政、金融、保险、审计 ……………………	一级类目
	KA	财政 ……………………………………	二级类目
	1	财政制度 ………………………………	三级类目
		计划、监检入此。	
	11	预算 …………………………………	四级类目
（同位类并列关系）	12	工交财务	
	13	商贸、金融财务	
	14	农业财务	
	⋮		
	2	财政预算、决算、总决算	
	21	财政总预算、总决算	
	22	企业财务计划与决算	
	⋮		
	29	其他预算、决算（年报）	
		……（等同关系）	
	3	财政收入	
	31	企业上缴利润、预算收入	
	[32]	税收	
		宜入 KC	

图 3-1 档案分类法类目体系图示①

① 中国档案分类法（第2版）[M]. 北京：中国档案出版社，1997：268-269.

3.《中档法》的标记系统

《中档法》采用汉语拼音和阿拉伯数字相结合的混合号码制，数字的数位一般表示类目的级位，并能显示类目之间的各种逻辑关系，基本上遵循了层累制的编号原则。当同位类过多时，灵活采用了八分法和双位制的编号法。

所谓八分法又称为“扩九法”，它用前8位数字1~8表示8个同位类，当同位类超过8个时，第9个同位类开始展开，不用9而用91，第10个同位类用92……直到第16个类目用98，第17个类目若不扩展用99，若继续扩展从第17个同位类目分别用991，992，993，…，998来标记。

双位制又称为“百分法”，是为了缓解类列扩展与符号基数不足之间的矛盾而采用的一种编号方法。具体做法是，当一个类目展开的下位类太多时，第一类不用1，而用11；第二类不用2，而用12；第三类不用3，而用13……第九类不用9，而用19；第十类不用20，而用21；第十一类用22……

此外，《中档法》还采用了空号法，这是为了便于今后类目的扩展而采取的一种间隔编号方法，以增强类表的伸缩性和灵活性。

为了补充基本类号的不足，《中档法》采用了以下辅助符号，用以更为确切、深入地表达类目的特定含义。

（1）“+”并列符号，为了适应分类标引的需要，对有并列关系的多主题档案进行标引时，需要赋予多个分类号，其间用“+”号相连，以便把多主题档案的类号组配起来。如：××县第×届人大代表赴乡、镇视察与调研的文件材料，分类标引结果为“BA17+BA15”。

（2）“：”关联符号，又称组配符号。它将主表中两个或两个以上类目的号码组成一个复合类号，用以表达一个复杂的主题概念。如：××中学关于学生饮水卫生情况的调查报告，分类标引结果为“GE23：GF55224”。

（3）“-”综合复分号。凡依综合复分表复分，必须标记此符号，使用时将“-”置于综合复分号码之前，与主类号连接。

（4）“( )”世界各国和地区复分号。主要用于区分世界各国和地区，使用时用“( )”标识将国家、地区复分号码括起来，与主类号相连。

（5）“[ ]”中国地区复分号。用于区分中国地区。使用时将中国地区复分号码用“[ ]”括起来，与主类号相连。

（6）“《》”民族复分号。主要用于区分民族，使用时将民族复分号码用“《》”括起来，与主类号相连。

（7）"〈〉"科技档案复分号。使用方法同上。

（8）"·"专类复分号。用于对主表中特定类目的复分，使用时将"·"置于专类复分号码之前，接在主类号之后。

（9）"="专用复分号。中华人民共和国档案分类表在外交、文化、新闻通讯、教育、卫生、国内贸易、对外贸易、农业、煤炭、铁路、公路、水陆等大类（或二级类目）后，设有专用复分表。使用时，将专用复分表的号码用复分符号"="接在主表的分类号码之后。

（10）"〔〕"交替类号。用以标识供选择的类目，不作为档案分类的实际号码使用。

（11）"/"起讫符号。表示类目号码的起止范围，只在主表中出现，不作为档案分类的实际号码使用。

4. 注释

为了帮助分类人员理解和使用类目，《中档法》对一部分条目作了必要的注释。注释的作用主要体现在：

（1）指明类目的内容。例：

NA2151 环境地质调查

环境背景值调查入此

（2）指明类目之间的关系和范围。例：

HP1897 专门史

综论入此。专论某一学科的历史入有关各类。如有需要，按下列类目细分。

（3）指明交叉和参照关系。例：

KB9211 货币银行学

参见 HP2237

（4）指明细分方法。例：

GF2124 民族卫生

依中国民族表分

（三）《中档法》的复分表

复分是分面组配的一种基本使用形式，用于处理共性区分问题，是将主表中具有共性特征的类目抽取出来，单独列表，也称副表、辅助表、共性区分表。复分表的作用是：缩小类目的篇幅，加强类表的伸缩性，增强类表的规律性，包括通用复分表、专类与专用复分表。

1. 通用复分表

通用复分表适用于主类表的各大类。《中档法》设置了下列5种通用复分表：

（1）综合复分表，也称总论复分表。它是各类具有共性的有关综合事务方面档案复分的依据。复分符号为“-”。如《农业条例》标引为“MA-14”。在使用综合复分表时要注意两点：第一，综合复分表的类目一般不在主表反映，但有时也作为专类在主表或专用复分表中列出，此时应本着先主表、专用复分表，再综合复分表的原则，分类时不使用综合复分表的相应类目复分；第二，具有综合复分表中两种以上特征的档案文件，只能选择其中主要的一种加以复分，不能重复使用。

（2）世界各国和地区表。它是各类目档案需要按国家和地区标准复分时的依据，凡主表中注明“依世界各国和地区表分”的都可用此表复分，其符号为“( )”，如“日本林业”的分类号为“MB（392）”。

（3）中国地区表。它是各类目档案需要按行政区划复分时的依据，凡主表中注明“依中国地区表分”的，均可用该表复分，其符号为“[ ]”。如“湖北省汽车工业”的分类号为“NO［42］”

（4）中国民族表。需按民族复分时用，凡主表中注明“依中国民族表分”的，均可用该表复分，其符号为“《》”，如“回族自治”的分类号为“BE1《03》”。

（5）科技档案复分表。它共有5个组成部分，分别为1科学研究档案；2基本建设档案；3设备仪器档案；4标准、计量档案；5产品档案。凡主表中注明“依科技档案复分表分”的类目，均可用该表复分。其符号为“〈〉”。如“体育场馆设施标准规划”的分类号为“GG86〈412〉”

2. 专类与专用复分表

专类与专用复分表是主表中附加的供某大类或某大类中的部分类目作进一步区分用的复分表，它是依据档案材料分类的实际需要而设置的。专类复分表（供三级~七级类目复分使用）一般插在主表有关类目之间，而供一级、二级类目使用的专用复分表一般附于该类之后。《中档法》（第2版）一共设置了17个专用复分表，138个专类复分表。其中，中华人民共和国档案分类表中的专类及专用复分表占绝大多数，包括17个专用复分表，125个专类复分表。其他三个历史表因为档案数量少，分类只到三级、四级，民国档案分类表在二级、三级类目设置了12个专类复分表，清代档案分类表在三级类目设了一个专类复分表。

专类复分表的分类号码前加圆点“·”，表的两侧均以印刷黑体竖线括起。

专用复分表的分类号前用“=”号，复分时将复分号码接在主类号之后，如“接收泰国通讯社新闻照片”的分类号为“GB2291=122”。中华人民共和国档案分类表中的17个专用复分表是：

E　外交类：联合国、国际组织、国际会议表

GA　文化类：艺术表

GB　新闻通讯类：世界各国、地区通讯社表

GD　广播影视类：广播影视语言表

GE　教育类：专业学科表

GF　卫生类：疾病病种表

LA　国内贸易类：商品表

LB　对外贸易类：国际产业表

MA　农业类：农作物品种表

NC　煤炭工业类：煤炭矿区表

NH　有色金属工业类：有色金属品种表

PA　铁路类：中国铁路干线表

　　中国铁路枢纽表

PB　公路类：中国干线公路表

PC　水路类：中国沿海主要港口表

　　中国内河主要港口表

　　中国内河航道表

在使用专类与专类复分表的使用时，应注意以下几点：

（1）专类、专用复分表的使用与通用复分表的使用相同，任何时候都不能单独使用，只有同主表中有关类目一起才能使用。相应地专类和专用复分号附在主类号之后。

（2）专类、专用复分表只能在主表限定的类目范围内使用。主表中已经注明可以使用专类与专用复分表的类目，才能用专类与专用复分表。使用时，将专类和专用复分号接在主表的分类号码之后。例如：“家庭财产保险合同”的分类号为“KB9122·3”，“东北大鼓”的分类号为“GA314=3311”。

（3）《中档法》中的专类复分表往往与通用复分表结合使用，复分时，应先依通用复分表分，再依专类复分表分。例如：

GA432 少数民族语言文字

依中国民族表分，再依下表分。

.1 规范化
.2 语音
.3 文字
.4 词汇
.5 语法
.7 翻译、数理处理

根据上表，“蒙古族语言文字的翻译”的分类号为“GA432《02》·7”。其中，GA432是主表中的分类号码（即主类号），“02”为蒙古族在民族复分表中的复分号，用“《》”标记，·7为专类复分号。

此外，专类复分表有时也与专用复分表结合使用，一般先专用复分，再专类复分。例如：

GA3112 戏曲

先依艺术表1分，再依下表分。

.1 传统戏
.2 新编古装剧
.3 现代戏

根据上表，“京剧现代戏”的号码是“GA3112 = 1211 · 3”。其中，“1211”是专用复分表艺术表中京剧的专用复分号码。

3. 仿分

所谓仿分，是仿照、利用相邻或相关类目的子目，作为有关类目复分的依据，将其中一个类详细列出子类，其他类下注明“仿××分”。

仿分应依据主表有关类目注释的要求进行，凡类目注释指明“仿××分”的类目，都可依“××”类细分；反之，未注明“仿××分”的类目，不宜应用仿分。仿分时将被仿分类目的子目号码加在仿分类目的类号之后即可。

GF 2298 中医药收费	GF	1923	医疗收费
仿 GF1923 分		19231	公费医疗
		19232	劳保医疗
		19233	统筹医疗
		19234	自费医疗

根据上表，中医药公费医疗收费的分类号是“GF22981”。

4. 组配编号法

用于分类表中规定可以组配的类目，将概念相关的两个或多个类目

（主类号）通过组配符号“:”连接起来，也称为冒号组配编号法，以表达分类表中没有列举的一个较专指或较复杂的主题。《中档法》为了解决专业之间的交叉以及集中与分散的矛盾，规定了在特定类目下使用冒号组配，同时也允许在较广范围内展开组配。冒号组配编号法的应用有助于提高体系分类法描述复杂主题的能力，并提供多途径检索的性能。例如：渔业专科教育号码是“MA43：GE51”，渔业本科教育是“MA43：GE52”。

二、《中档法》第2版对第1版的修订

《中档法》的编制始于1983年，于1987年出版试行本（第1版），是我国第一部统一的档案分类法。实践表明，《中档法》（第1版）的编制原则、基本框架、标记符号制度等是正确的，但存在类目过于概括，注释、参照系统不够完善等突出问题。因此，《中档法》编委会于1989年12月开始对第1版修订。1989年12月至1994年12月编制了中国档案分类法53个专业表，修订了3个历史表。1995年1月至1995年10月，成立了《中档法》第2版编委会及综合编审组，在53个专业表和3个历史表的基础上，汇总第2版主表，完成了第2版的征求意见稿。1997年12月《中档法》（第2版）出版。

《中档法》（第2版）编制的指导思想是：从我国档案的实际情况出发，坚持第1版的基本体系，贯彻科学性、实用性原则，对分类法的类目进行全面的扩充和调整，强化其检索功能，适应我国档案管理现代化的需要。《中档法》第2版主要在以下方面对第1版进行了调整和修订：

（1）根据我国档案资源构成的实际情况，确定了“一法四表”的体系结构。在第1版《中华人民共和国档案分类表》、《民国档案分类表》、《清代档案复分表》3表的基础上，增补了《新民主主义革命档案分类表》，扩大了《中国档案分类法》的适用范围。

（2）在第1版19大类基本稳定的情况下，对类目进行了调整和扩充，提升和增加了一批类目。类目总量由第1版的5 000条增加至10万条，其中，国民经济管理、工农业以及科学研究方面的类目增加幅度很大，同时，对经济贸易管理、税务、外贸等重要类目作了升位处理。

随着我国社会经济和科学文化的发展，在社会实践的分工活动中，新的专业领域不断涌现并迅速发展，档案种类不断增多，数量激增。为了在档案分类表中反映这种变化，需要增加类目、细分类目、提升相关类目的级次（升位处理）。例如：在第1版中，将汽车工业列为机械工业的下级类目，而在第2版中，将汽车工业单独设类，设置“NO 汽车工业”，又如：在第2版中，将“对外贸易”从原来的“商业”大类下分立出来，单独设立“LB 对外经贸类”。

(3) 加大了使用复分、仿分、注释、参见等现代文献分类技术的力度，提高了分类表的概括力和检索功能。增加了科技档案复分表，解决了各行业形成的具有共性的科技档案的复分问题。根据各专门档案的实际情况，设置了17个专用复分表，138个专类复分表。此外，参见、注释的比例较第1版大幅增加，约占总类目量的1/10。编号方面，在更多的二级类目上使用了双位汉语拼音代码，使其保持各同级类目之间的基本平衡，也为检索提供了方便。

三、《中档法》在使用中的调整

由于档案种类的多样性和内容的复杂性，档案部门在使用《中档法》时一般都面临调整的需要。所谓《中档法》使用中的调整，是指《中档法》的使用者根据本单位档案数量、内容等实际情况，确定分类法类目使用的详略程度，适当地增加、删除、修改分类表的类目，将部分类目集中的过程。

调整《中档法》必须遵循如下原则：①与原分类表的体系结构、逻辑关系、分类标准和类号编制一致；②必须根据档案的数量多少和使用频率适当增加类目或细分类目，应选择那些使用频率过高，汇集档案数量过多的类目进行细分；③调整后的类名和注释应简洁、明确；④类目体系应具有扩展性，类号配置留有余地，类名应准确、科学，具有单义性。

《中档法》调整使用的方法：①各使用单位可根据本单位的档案数量和种类情况规定使用分类表的详略程度，是使用全部类目还是使用到某一级类目为止。如一个综合性档案馆可规定“D 军事类”使用到二级类目为止，不需要细分。②增加新类目，扩充加细。可通过直接增加下位类、将注释改为下位类、加注仿分、复分、扩大组配编号法的使用范围等方式扩充类目，细分类目。③删除不必要的类目，更改类目、复分表和注释，对分类法中的漏洞、错误进行订正和修改。④增设附表和注释。

各级档案部门在使用《中档法》的过程中，对于类目和注释有增加和修改意见，应报省级档案行政管理部门汇总，再提交《中档法》编委会审批，经过编委会批准后方可正式使用。

四、档案分类法和图书分类法的联系与区别

档案分类法与图书分类法相比，具有很多共同之处：都以概念逻辑和知

识分类为基础；结构体系大同小异，都由基本大类、主表、附表、索引等组成；采用的方法和手段类似，都采用了复分、仿分、类号组配、注释、设交替类目等方法；标记制度、标记符号以及标记方法相近，如采用拉丁字母与阿拉伯数字相结合的混合号码制度、层累制、八分法、双位制及辅助符号等。

档案分类法与图书分类法的区别在于：

（1）分类对象不同

档案分类法用来类分档案，图书分类法用来类分图书资料。档案和图书虽然同属于文献或信息的范畴，但二者属性不同。档案是国家机关、社会组织和个人在社会实践活动中直接形成的历史记录，是履行其职能活动的副产品，而图书是经过归纳、总结反映系统科学知识的载体。从二者所蕴含的知识的层次上来分析，档案所蕴含的是未经整理的、原始的知识即事实，而图书所蕴含的是经过整理的、系统化和抽象化的知识。

（2）分类标准不同

档案分类法是以人类社会实践活动的职能分工为基础，以档案内容所反映的事物的属性为主要分类标准。图书分类法是以科学分类为基础，以图书内容所反映的学科、知识属性为主要分类标准。这主要归因于档案和图书不同的属性特征。档案的内容具有原始记录性，图书的内容具有学科或知识属性。

（3）分类体系不同

由于采用的分类标准不同，使得档案分类法和图书分类法形成了不同的分类体系，这在档案分类法和图书分类法的类目设置上得到充分的体现。档案分类法是根据国家机构、社会组织和个人从事政治、经济、科学、文化等社会实践活动的分工，并紧密结合档案所记述和反映的事物的属性特征形成的较为实用的逻辑分类体系，而图书分类法是根据图书内容的学科性质形成的比较严密的知识分类体系。

（4）适用范围和通用程度不同

档案分类法主要用于档案分类标引、编制档案分类目录工具等，一般不用于档案实体的分类排列。档案实体的分类遵循来源原则，以全宗为单位来区分和集中档案。档案的信息分类和实体分类采用了不同的分类体系。而图书分类法既可用于组织分类编目，又可用于组织分类排架。图书分类法除了用于类分图书、编制分类目录、进行分类检索以外，还可用于组织藏书、进行分类排架，对藏书建设和图书流通情况进行分类统计等，用途十分广泛。

此外，档案大多是孤本，各行各业所形成的档案在内容和形式上各有其特点，而同本图书的发行量有若干册，图书的内容不似档案的内容成分那样繁杂，一般能按照学科知识分类体系归入相应的类别。所以，档案分类法的通用程度大大低于图书分类法。现实中，DDC、UDC 等分类法能在许多国家广泛应用，《中图法》也在我国各级各类图书馆得到广泛应用，而《中档法》的应用范围较窄，适用于综合性档案馆，对于各种专门档案馆其适用性不强。而且，档案部门在使用《中档法》时普遍存在类目调整的需要。

第四节　国内外具有代表性的文献分类法

一、《中国图书馆分类法》

《中国图书馆分类法》（原名《中国图书馆图书分类法》）是当前国内图书馆使用最广泛的分类法体系，简称《中图法》，初版于 1975 年。1999 年出版的《中图法》第 4 版增加了类分资料的类目，并与类分图书的类目以“+”标识进行了区分，因此正式改名为《中国图书馆分类法》，简称不变。2001 年《中图法》（第 4 版）电子版出版。2010 年《中图法》修订出版了第 5 版。此外，建立在《中图法》和《汉语主题词表》基础上的对照索引式分类主题一体化检索工具《中国分类主题词表》Web 版已于 2010 年 3 月 17 日正式发布。

1.《中图法》的体系结构

《中图法》是一部大型等级列举式综合分类法。按学科和专业集中文献，提供从学科和专业出发检索文献的途径，重视类目之间的内在联系，贯彻从总到分、从一般到具体的划分原则。包括“马列主义、毛泽东思想，哲学，社会科学，自然科学，综合性图书”五大部类，22 个基本大类，具体如下：

A　马克思主义、列宁主义、毛泽东思想、邓小平理论
B　哲学、宗教
C　社会科学总论
D　政治、法律
E　军事
F　经济
G　文化、科学、教育、体育

H 语言、文字

I 文学

J 艺术

K 历史、地理

N 自然科学总论

O 数理科学和化学

P 天文学、地球科学

Q 生物科学

R 医药、卫生

S 农业科学

T 工业技术

U 交通运输

V 航空、航天

X 环境科学、安全科学

Z 综合性图书

《中图法》的宏观结构包括：编制说明，基本大类表，基本类目表，主表，附表，索引，使用手册；微观结构即类目的结构包括：标记符号，类名，类级，注释和参照。《中图法》具有两个方面的基本功能：用于编制分类检索工具和组织文献分类排架。

2. 《中图法》的标记符号和编号方法

《中图法》的标记符号包括基本标记符号和辅助标记符号两部分。基本标记符号采用拉丁字母与阿拉伯数字相结合的混合号码制，以拉丁字母标记基本大类，并可根据大类的实际配号需要再展开一位字母，用以标记二级类目，在字母段之后，使用阿拉伯数字标记各级类目。基本采用层累制的编号制度，同时，采用八分法、双位制、借号法等方法克服层累制的局限性，便于扩充类列和类系，增强号码系统的容纳性。为满足某些类目按主题名称区分和排列其所属的大量同类事物的需要，在具体分类中，选择地使用了“字母标记法”，起到了字母标记其下位类的作用。

辅助标记符号包括：

. 间隔符号。置于字母段之后，自左至右每三位数字之后加一圆点，当最后一段正好三位时其后不必再加圆点。

a 推荐符号。置于马克思、恩格斯、列宁、斯大林、毛泽东、邓小平六位经典作家著作的互见分类号之后。

/ 起止符号。表示类目的起止范围，在主表类号中，用以表示概括一组相连类号的起止区间；在注释中，表示类目仿分的类号区段或参见的类目范围。

[ ] 交替符号。用以标记交替类目，表示该类目是供选择使用的。

- 总论复分符号。置于总论复分号码之前，是总论复分号的前置标识符。

3.《中图法》的复分、仿分和冒号组配

复分、仿分和冒号组配是组配技术在《中图法》中的具体应用。

(1)《通用复分表》和《专类复分表》

《中图法》共有 8 个通用复分表，即“总论复分表”、“世界地区表”、“中国地区表”、“国际时代表”、“中国时代表”、“中国民族表”、“世界种族与民族表”、“通用时间、地点表”，通用复分表一般可适用于主表中的各个类目。《中图法》编制了 67 个专类复分表，专类复分表只能在类目注释规定的类目范围内使用。

(2) 仿分

《中图法》的类目仿分有“仿邻近类目分”和“仿总论性类目分”两种类型。“仿邻近类目分”是指当一组相邻的类目以相同的分类标准展开时，一般将排列在前的类目详细展开，排列在后的类目不再展开，而是仿照前面类目展开的子目细分，在注释中注明“仿×××分”。《中图法》类目编列的模式一般是将一个类区分为两大部分，总论性类目在前，专类性类目在后，总论性类目一般用“一般性问题”、“理论”、“通论”、“世界”等方式编列，“仿总论性类目分”是指专类性类目仿照总论性类目的划分标准细分。

(3) 冒号组配

《中图法》要求按有关注释的规定使用冒号组配。冒号组配的使用要点：图书分类，一般按主表规定的范围使用冒号组配；资料分类，可根据需要灵活地运用组配编号；凡主表中已经列出的主题，不可再利用冒号组配法进行组配；凡通过主类号的复分、仿分可以表达的主题，不得使用冒号组配；主表类目经过复分或仿分组合的类号，也可用于冒号组配；用于新主题合成时，要使用概念组配，使用最专指类目的类号进行组配。

二、《杜威十进分类法》(Dewey Decimal Classification & Relative Index，DDC)

《杜威十进分类法》(DDC) 是世界上流传最广、影响最大的一部文献分类法，由美国人麦维尔·杜威 (Melvil Dewey，1851—1931) 于 1873 年设计并于1876年首次出版，因其使用阿拉伯数字十进（小数）制号码作为标记符号而得名。DDC现已用30多种语言出版，被世界上135个国家和地区的图书馆所采用。在美国，95%的公共图书馆及中小学图书馆、25%的高校图书馆和20%的专门图书馆采用了DDC。DDC最新版为2003年7月出版的第22版，简称DDC 22。

1. 体系结构

杜威编制DDC的指导思想是实用主义。杜威在DDC第1版的导言中宣称，不求什么理论上的完整体系，而只是从实用的角度来解决一个实际的问题。DDC受美国圣路易斯市图书馆哈利斯分类法的影响，根据17世纪英国哲学家培根关于知识分类的思想，将人类知识分为记忆（历史）、想象（文艺）和理性（哲学）三大部分，并将其倒置排列，展开为10个大类（总纲），以10个主要的学科（main classes）来概括整个知识体系。

DDC第22版的10个大类（总纲）分别是：

000 Computer science, information & general works 计算机、信息及总论

100 Philosophy & psychology 哲学和心理学

200 Religion 宗教

300 Social sciences 社会科学

400 Language 语言

500 Science 自然科学

600 Technology 技术

700 Arts & recreation 艺术和娱乐

800 Literature 文学

900 History & geography 历史和地理

上述10个大类每个大类之下再分10个分类（divisions），每个division又进一步细分成10个小类（sections）。这样，第二层的分类总共有100个divisions，以小数中的百分位数字表示，例如：300为社会科学，310则表示统计学、320是政治学、330是经济学、340是法律……390是风俗、礼仪及民俗。以此类推，第三层的分类则有1 000个sections，以小数中的千分位数字表示。例如：330表示经济学，而其下的331则是劳动经济学、332是金融经济学……339是宏观经济及其相关主题。这样，学科知识形成了一个从大类（main classes）到分类（divisions），再到小类（sections）的等级式分类体系。其中，division称为门，section称为纲。

关于“门”的举例。具体以“200 Religion”这个大类为例，其下扩展

为如下 10 个 divisions（门）:

200 Religion 宗教

210 Philosophy & theory of religion 哲学与宗教理论

220 The Bible 圣经

230 Christianity & Christian theology 基督教与基督教神学

240 Christian practice & observance 基督教的实践与仪式

250 Christian pastoral practice & religious orders 基督教的圣职实践与宗教圣职

260 Christian organization, social work & worship 基督教组织、社会工作与崇拜

270 History of Christianity 基督教历史

280 Christian denominations 基督教教派

290 Other religions 其他宗教

关于纲的举例。在每一个 division 之下，又分为 10 个 section（纲）。具体以“220 Bible”为例，其下分为 10 个 sections:

220 Bible

221 Old Testament (Tanakh)

222 Historical books of Old Testament

223 Poetic books of Old Testament

224 Prophetic books of Old Testament

225 New Testament

226 Gospels & Acts

227 Epistles

228 Revelation (Apocalypse)

229 Apocrypha & pseudepigrapha

此外，纲以下的类目也可按上述原则逐级细分，细分出来的类目称为子目。如:

600 Technology（大类）

630 Agriculture and related technologies（门）

636 Animal husbandry（纲）

636.7 Dogs（子目）

636.8 Cats（子目）

2. DDC 的标记符号与标记制度

DDC 的标记符号是阿拉伯数字（少数类目采用拉丁字母或其他符号作为标记符号的一部分）。所有数字看作小数，按小数值的顺序来排列。为了醒目、易读，第三位和第四位小数之间用小圆点“.”隔开。

DDC 采用小数层累标记制度，用第一位（十分位）小数标记第一级类目，第二位（百分位）小数标记第二级类目，依次类推，层层划分，层层隶属。小数的级位与类目的级次相一致。

目前，DDC 由美国国会图书馆负责维护，Forest Press 负责 DDC 的出版，它于 1988 年成为 OCLC 下的一个部门。DDC 网址是 http://www.oclc.org/dewey/versions/webdewey/。

三、《冒号分类法》（Colon Classification，CC）

CC 是印度著名的图书馆学家阮冈纳赞（S. R. Ranganathan，1892—1972）创制的一部综合性分面组配式分类法，因 1933 年首次出版时用冒号作为组配符号而得名。此后，阮冈纳赞从概念、语词和标记符号三个层面对 CC 进行了系统的理论研究，并对其进行了多次修改。1950 年第 3 版采用了“焦点”、“组面”和“相”等概念。1952 年第 4 版提出本体、物质、动力、空间和时间 5 个基本范畴（分别用 P、M、E、S、T 为标记）和 5 种分面指示符。自 1957 年第 5 版起，同时出版基本分类表（适用于普通读书的分类）和深度分类表（适用于论文资料的分类）两种版本。1960 年第 6 版对类表及标记符号作了全面修改。1972 年第 7 版在动态适应和深度描述两方面进行了新的探索。

阮冈纳赞编制 CC 的基本思想来自梅卡洛（Meccano）模拟。梅卡洛是一种机械组合玩具。只用槽条、齿轮、螺钉和螺帽等 12 种零件进行变换与组合，就能装配各种不同样式的玩具。由此得到启发：将类表中的各种成分加以适当变换，就可组成表达任一主题的类号。

阮冈纳赞根据对梅卡洛（Meccano）的模拟，利用概念的分析和综合原理编制了 CC。阮冈纳赞认为知识是“多维的”、“动态的”、“无限领域的”，而等级列举式分类法侧重对概念的单向列举，存在无法深入细致地揭示主题概念各个概念因素的局限性。为此，他采取了另一种描述概念的途径：分析与综合。通过对事物进行基本范畴分析、相分析、面分析、巡分析和层分析这 5 个层次的分析-合成程序，可以完成对任何一种文献主题的描述。CC 所倡导的分析-综合原则、分面分析及分面标记等方法给文献分类学带来了一场革命。CC 比传统的等级列举式分类法有许多显著的优势，例如：类表篇幅小，容纳性大，标引文献能力强，能及时、动态地反映新学科和新主题，满足读者多种检索要求，等等。

1. CC 的体系结构

CC 第 6 版分为综合类、自然科学及人文科学、社会科学三大部类，共 42 个大类（第 7 版改为 100 多个大类）。CC 是分面分类法的典型，在基本类下按照不同分类标准同时列出多组单独概念，形成若干分面，在类分文献时，根据文献主题因素，在各分面中选取对应概念，然后将代表这些概念的标记符号按预先规定的分面排列次序组配成代表该文献主题的分类号。除了主类表外，还有通用复分表，称之为共同焦点。

阮冈纳赞把概括文献主题的分类特征归纳为 5 种基本范畴，即：本体 (personality)，物质 (matter)，能量 (energy)，空间 (space)，时间 (time)。本体指事物本身的各种体现；物质指构成事物的材料；能量指事物的各种活动、影响、状态和问题；空间指事物存在或发生的地点；时间指事物存在或发生的时间。5 种基本范畴就是 5 个基本分面。阮冈纳赞以 P、M、E、S、T 分别代表这 5 种基本范畴（基本分面），用逗号“,”、分号“;”、冒号“:”、句点“.”、倒逗号“‘”5 种分面符号依次表示这 5 种基本范畴（基本分面）。各个分面依据分面公式确定组配次序和标记符号。CC 的总分面公式是“,〔P〕;〔M〕:〔E〕.〔S〕‘〔T〕”。

2. CC 的分面标记制

CC 采用由字母（包括拉丁字母及希腊字母）和阿拉伯数字组成的混合号码作为标记符号。其最大特点是采用分面标记制。CC 的 5 个基本范畴就是 5 个基本分面，每一个基本类有各自的分面公式。例如有一篇主题为“英国大学图书馆的期刊流通工作”的文献，其类号为“2，34；46：6.3”。其中分号、冒号、点三个分面指示符将整个分类号分割成 4 段。其中“2”表示基本类“图书馆学”，“，34”表示“大学图书馆”，“；46”表示物质面中的“期刊”，“：6”表示动力面中的“流通工作”，“.3”表示空间面中的“英国”。在分面标记时，组面的排列具有固定的次序。CC 为每个基本类都设定了分面公式，规定了不同组面组配时的先后次序及符号，分类时只要查出组成这一主题的各个焦点的类号，依次填入分面公式，就得出了这一主题的完整的分类号。

当然，CC 也存在自身的缺陷，如：各类的划分比较注重形式，忽略内在的联系和知识分类的惯例，标记符号复杂，术语比较费解，错误较多。这些都成为影响其实际推广应用的障碍。

四、《国际十进分类法》(Universal Decimal Classification, UDC)

《国际十进分类法》是目前国际上使用最广泛的一部体系-组配式分类法，它由比利时的奥特勒（Paul Otlet）和拉封丹（Henri La Fontaine）在DDC的基础上编制而成，并于1904—1907年首次用法语出版。

1. UDC的体系结构

UDC的编制原理与DDC相似，突出了实用主义思想。UDC的目的是对于任何一篇文献，只要经过正确的编号与排档，就可从任何角度查到。UDC不同于DDC之处是加入了一套辅助符号，可通过类号组配表达复杂的主题概念。

UDC的大类如下：

0 GENERALITIES 总类

1 PHILOSOPHY. PSYCHOLOGY 哲学、心理学

2 RELIGION. THEOLOGY 宗教、神学

3 SOCIAL SCIENCES 社会科学

4 VACANT 留空

5 NATURAL SCIENCES 自然科学

6 TECHNOLOGY 技术

7 THE ARTS 艺术

8 LANGUAGE. LINGUISTICS. LITERATURE 语言、语言学、文学

9 GEOGRAPHY. BIOGRAPHY. HISTORY 地理、传记、历史

2. UDC的标记制度

UDC以小数层累制作为标记制度，分类号码的级位体现类目的等级。UDC的标记符号与DDC基本相同，采用阿拉伯数字作为分类号码，但比DDC区分程度更细。其大类采用一位数字作标记，二级类目用两位数字作标记，三级类目用三位数字，依次类推，大多数类号能反映类目之间的从属关系，为了醒目和帮助记忆，其类号从左至右通常每隔3位加一个圆点“.”。

例如：

6 APPLIED SCIENCES. MEDICINE. TECHNOLOGY

60 Biotechnology

61 MEDICINE

619 Veterinary medicine

62 ENGINEERING. TECHNOLOGY IN GENERAL

621 Mechanical engineering

621. 3 Electrical engineering

621. 38 Electronics

3. UDC 的辅助符号

UDC 采用了十多种辅助符号，主类号与各种辅助符号组配，能够全面揭示一个复合主题各个组面的概念因素，表达概念能力强。UDC 通过广泛使用复分表、各种辅助符号及其冒号组配技术使其成为世界上第一部列举-组配式的分类法。

（1）并列符号“+”

用以连接两个或两个以上不相连贯的类号。“+”前后的类号可以轮排。如：341+347　国际法和民法

（2）扩充符号 、起讫符号“/”

用以连接一组并列的相连贯的类号中最前、最后两个类号，或作为起讫符号。

（3）关联符号“:”

用以连接两个或两个以下的类号，表达一个新的主题概念，冒号前后的类号可以轮排。如：17：7 艺术道德。

（4）语文辅助号“=...”

用以区分文献的语种，“=”后接通用语文复分表中的具体文种号，如：61=30 德文医学图书。

（5）形式辅助号“（0...）”

用以区分文献资料的编辑出版形式，与类型复分表结合使用，如：51（038）数学词典。

（6）地区辅助号“（1/9）”

用以表示文献主题内容所涉及的地点及区域，与地区复分表结合使用，如：美国汽车工业 629.113（73）。

（7）种族与民族辅助号“（=...）”

用以表示文献所涉及的种族与民族，与种族与民族复分表结合使用，

如：008（=927）阿拉伯民族的文化。

(8) 时间辅助号“...”

用以表示文献资料内容所涉及的日期、时间或其他时间属性，与时间复分表结合使用，如：159.9“19”20世纪的心理学。

(9) 观点辅助号“.00...”

表示主题的各个方面、某些特殊方面的问题或表示主题的不同观点或角度，与观点复分表结合使用，加在主类号后，不能单独使用，如：628.1.005 给水设备与安装问题。

(10) 专用复分符号“-…”及“.01/.09”

专用复分符号与有关专用复分表结合使用。在使用时，省去“-”或“.0”前面的数字，直接加在主类号后，如：622.341.1-78 铁矿石开采的防护装置 622.341.1.06 铁矿石采矿工艺和技术。

(11) 合成符号“'”

撇号常用于化合物、冶金、高分子材料等特定门类。用撇号表示，构成一个复合概念。

UDC 的辅助符号在连续使用时有特定的次序，一般根据“具体性递减”原则来选用。UDC 对常用的辅助符号选用的次序如下：主类号→专用复分号→观点辅助号→地区辅助号→时间辅助号→形式辅助号→语文辅助号

例如：52.001.5（73）“19”（082）=30《20世纪美国天文学研究论文集》（德文版）

第五节 主题语言

主题检索语言是用语词作为概念标识，将它们按字顺排列，并用参照系统及其他方法显示概念之间的相互关系的一种情报检索语言。主题检索语言包括标题词型主题检索语言（标题法）、单元词型主题检索语言（单元词法）、叙词型主题检索语言（叙词法）、关键词型主题检索语言（关键词法）等，可统称为主题法系统。

一、主题检索语言的特点

主题检索语言的基本特点是：

(1) 对自然语言中的名词术语规范化后作为文献主题标识，直观性好；

(2) 按字顺序列排列标识，检索者较易使用；

（3）具有按文献主题（文献所论述的事物）集中文献情报的功能，对有关某一事物的检索效率较高；

（4）用参照系统及其他方法间接显示文献主题概念之间的关系；其系统性不及分类检索语言，对一学科或一专业文献作全面、系统的检索比较困难；

（5）较接近自然语言，所以较易与自然语言结合使用。

二、标题法

所谓标题法，是以标题词作为语词对文献进行标引与检索的主题检索语言。标题（标题词）不是指文献“标题”中的词，而是作为主题标识的经过规范化的自然语言语词。标题法是最早出现的一种主题检索语言，它的构成原理可归纳为以下几个方面：

（1）按主题（文献所论述及涉及的事物）集中文献；

（2）用经过规范化的语词直接标引文献主题；

（3）用参照系统间接显示主题之间的相互关系；

（4）用字顺序列直接提供主题检索途径。

标题法是一种先组定组式的情报检索语言，任何一个标题都是一个完整的标识，可以独立地标引一个文献主题。

标题词一般可分为以下几种类型：

（1）单级标题，即一个标题仅由一个术语构成，如：“湖泊”。

（2）带说明词的标题，如：“期刊，生物学的”，“中子散射，质子所引起的”。

（3）多级标题。即在主标题之下又细分为子标题（副标题）、次子标题。如：“矿山—开采”，“肿瘤—治疗”、“汽车—设计”，等等。多级标题形式往往采用的是二元组配，即一组款目由一个主标题词和一个副标题词组成。

（4）倒置标题。即将复合标题中起限定作用的词倒置于被限定的词之后，可集中同族事物，如：

低速飞机　　飞机，低速

超音速飞机　　飞机，超音速

高超音速飞机　　飞机，高超音速

（5）带限定词的标题，如“杜鹃（植物）”，“杜鹃（动物）”。

标题法的优点是固定组配，直观性强，专指度高，组配误差小，其缺点是先组式的组配形式不能发挥主题词组配的灵活性，对于多途径检索、自由扩检和缩检有很大限制，不能达到按事物各种特征的任意组合来自由检索文献的可能性。

三、单元词法

单元词法是在改革标题法先组式标识的基础上出现的一种主题检索语言，它是一种后组式语言，目前已经发展为叙词法。单用词法是以规范化的自然语言语词作为标识，来表达文献所论及或涉及的事物的。

单元词法的基本原理是：任何一个复杂的概念都可分解为若干单元概念，而每个单元概念一般只需用一个单词（单纯词或合成词）来表达。这样，标题法的词组标题、倒置标题、带子标题的标题、带说明词的标题、带限定词的标题等所表达的任何一个复杂的概念，都可由若干单词及其单词之间的组配来表达。

单元词是最小、最基本的词汇单位，它们在概念上不能再进一步分解，如果再分解，就会出现意义失真，如："轮船"不能再分解为"轮+船"。单元词组配可以构成一个专指的标识，精确表达文献主题或检索主题，如：将"汽车"和"设计"这两个单元词组配可构成"汽车设计"这个标题。

单元词法的特点是，"标题"是通过组配构成的，而且是后组式的，即到检索时才将它们组配起来。其优点在于，第一，能提供更多的检索途径，组成"标题"的每一个单元词都是排检词，不存在词序问题，都可作为检索"入口"；第二，检索更具灵活性，通过对单元词的增减，可以自由地扩大、缩小或改变检索范围；第三，由于采用了后组式组配，单元词表可用较少的词量表达较多的主题概念，单元词法检索系统比标题法检索系统体积小，编制所需的工作量小。单元词法的缺点是：后组式组配的专指度低，字面分解和字面组配容易产生组配误差和意义失真，检准率低。

四、叙词法

（一）叙词法的构成原理

1. 叙词法是多种情报检索语言原理和方法的综合

叙词法产生于20世纪50年代末、60年代初，是当前占主流地位的一种主题检索语言。叙词法是一种采用表示单元概念的规范化语词对文献主题进行描述的后组式的词汇型标识系统，从其构成原理上，叙词法是多种情报检索语言的原理和方法的综合，包括：

（1）摒弃了标题法的先组方式，采用了单元词法的后组式单词组配标引法。

（2）采用了组配分类法的概念组配来代替单元词法的字面组配。

（3）范畴索引及词族索引，吸收自体系分类法。

（4）轮排索引，借鉴了关键词法。

（5）字顺表及范畴索引中的字顺排列，吸收自标题法。

叙词是叙词法的基本要素之一。国内一般称为主题词。叙词是指一些以概念为基础、经过规范化的、具有组配性能、显示词间语义关系和动态性的词和词组。这些词和词组用来描述与表达文献的主题。叙词与标题词的主要区别在于，标题属于先组式语言，表达主题固定，而叙词是后组式语言，表达主题灵活；标题描述和表达主题的深度受组配级别的限制，一般在三级左右，而叙词的组配级别和表达主题的深度一般可不受限制；标题法主要用于手工标引和检索，而叙词法主要用于计算机信息检索。叙词与单元词的主要区别在于选词原则不同，单元词侧重于词的结构，重在拆词，采用字面组配，而叙词则侧重于从专业的主题概念出发，重在拆义，采用概念组配。叙词与关键词的不同在于，关键词属于自然语言系统，没有经过人工规范，没有词表的约束和限制，同义词、近义词和一词多义现象无法控制，这会对检全率和检准率产生严重干扰，而叙词经过了人工规范，克服了自然语言的一词多义、多词一义和词义不清现象，具有单义性，因此，应用叙词法进行信息检索，其检全率和检准率有保障。可见，叙词比标题、单元词、关键词优越，取其所长而避其所短，博采众长，成为占据主流的主题检索语言。

2. 叙词法的基本原理是概念组配

语词组配分为字面组配和概念组配两种。字面组配是根据构词法的原理，将一个专指、复杂的概念按其字面构成分拆为两个或两个以上的单词，标引时同样按构词法的原理，将两个词拼接，表示一个专指、复杂的概念。概念组配是根据概念的分析和综合原理，将一个专指、复杂的概念按其语义分解为两个或两个以上较为宽泛的概念，标引时则按语义将两个或两个以上较为宽泛的概念组合表达一个专指、复杂的概念。

字面组配与概念组配的原理不同，前者是拆字，后者是拆义，采用这两种方式组配的结果往往不同，但有时也会相同。例如："键盘乐器制造"这个复杂的概念，按字面组配分解为：键盘-乐器-制造，按概念组配则分解为：键盘乐器-乐器制造，这两种方式组配的结果就不同。如果字面组配符合概念逻辑，就与概念组配的结果一致，称为非歧义字面组配，如"图书馆”和“建筑”组配，表示“图书馆建筑”，字面组配与概念组配结果一致，不会产生歧义。叙词组配应采用概念组配，避免字面组配。概念组配更能符合族性检索的要求，可避免虚假组配造成的误检，但概念组配的标引难度高，不符合用户的习惯。因此，用于机检的主题标引允许采用非歧义字面组配，反对歧义字面组配。

叙词组配主要有如下两种形式：

(1) 同级词组配。所谓同级词，是指表达相同性质概念的叙词。同级词组配指用两个或两个以上具有概念交叉关系的同级主题词组配表达其相应的下位概念。例如：《关于组建钢铁联合企业的通知》，用“钢铁企业”和“联合企业”两个具有交叉概念的主题词组配标引，来表达“钢铁联合企业”这一专指概念。

(2) 方面词组配。即限定组配，指由一个表示事物的主题词，与另外一个或几个表示事物某个属性或某个方面的主题词组配表达相应的下位概念。例如：《高考制度改革方案》，用“高考”和“规章”限定“教育改革”，从而表达了“高考制度改革”这一专指概念。

叙词组配的基本作用在于：

(1) 可以控制词汇量，缩小词表篇幅。

(2) 可以充分表达文献主题，提高标引专指度。

(3) 可以进行多途径检索和精确检索，自由扩大、缩小和改变检索范围。

(4) 可以及时反映新事物、新概念。

(5) 适应计算机检索的需要。

(二) 叙词法的词汇控制

叙词语言是对自然语言进行挑选、加工，以概念组配为基础，经过严格的词汇控制而发展起来的一种情报检索语言。所谓词汇控制，是把非控的自然语言加工成受控的检索语言的过程。词汇控制包括两个方面的内容：一是对大量的自然语言进行压缩、优选和规范化处理；二是对自然语言进行结构化处理。词汇控制的主要范围和方法包括：

1. 词量控制

自然语言词汇量巨大，如果不加选择地采用，必然会给信息的存储、组织和检索带来困难，因此，必须对自然语言进行压缩，只将具有标引和检索意义的词汇精选出来加以系统组织和排列，对使用频率过低的词汇予以删除或合并。词量控制的方法：

（1）建立一套完备而精练的核心词汇。核心词汇应是各学科专业所通用的基本词汇，应相当完备，同时，又要相当精练，要将不常用的词压缩至最低限度。

（2）控制专指度。专指度是指主题法的标识与主题概念相符的程度。专指度过高的词使用频率过低，可将它们合并到其上位词中，以减少词汇量。

（3）采用组配标引法，控制先组度。先组度是指表达专指概念的复合词（先组词）在整个叙词词汇中所占的比例。词汇中收录的复合词越多，其先组度越高，词汇量也随之增大。叙词法作为组配型检索语言，既选用了表达简单概念的单词（后组词），也收入了相当数量的表达复杂概念的词组（也称复合词、先组词），同一复杂概念，是选用复合词，还是用单词组配，是叙词法中须解决的问题。一般来说，凡是用单词组配能准确表达不会产生歧义的概念，都应选用单词，而下列情况则须用复合词：

①当组配表达会产生明显的意义失真或失去检索意义时，如“猎户星云”、“亲属语言”、“文化水平”等；

②在标引和检索中使用频率很高的词组，分拆后又要组合在一起的，如“火箭推进剂”。

③表达单独概念的专有名词，如“环境工程”、“北京图书馆”等。

2. 词类控制

汉语中有名词、动词、形容词、副词、介词、叹词等十几种词类。叙词法中，只能选用表达主题概念的名词或名词性词组，对于形容词、数词及量词要慎重处理，其他词类如动词、副词、介词、连词、感叹词等，一概不选用。词类控制可以大大压缩词汇量。

3. 词形控制

它指对字面形式不同但含义相同的词进行规范处理，达到概念和词的一一对应。包括对词的不同形体、拼写形式、词序和单复数形态的规范及对同义词和准同义词的优选。

（1）词长的规定。为了便于排检，一般对叙词的长度作出规定。超长的叙词，可用简称、缩写、分解等方法处理，使其保持在规定的长度内。

（2）词的不同形体和写法的规范。汉语词有几种写法或几种形体（简体、繁体、异体）的，外语词的不同拼写形式及单复数形态，都以现在通行的习惯用法为准。

（3）词序的控制。一般采用自然词序，不采用倒置词序。必要时可倒置词序形式作非正式叙词保留，引向自然词序。

(4) 同义词的优选。在学名与俗称之间选用学名；在新称与旧称之间选用新称；在不同译名、全称和简称之间选用通行的词；在普通同义词之间选用科学、确切、通用的词作正式主题词。

(5) 准同义词的优选。准同义词是指那些在语义上十分相近，不是同义词但可作为同义词处理的那些词，包括部分近义词、反义词、否定词和某些过于专指的词。优选时，一般选用其中较概括、通行的词作为叙词。

4. 词义控制

它指对多义词和词义含糊的词加以限定和注释。

(1) 加限义词

一般可从学科、专业、地域、时间等方面对词的含义加以限定，使其具有单义性。如：

词（语言学）、词（文学）

黑旗军（山东）、黑旗军（广西）

巴黎和会（1918）、巴黎和会（1946）

(2) 加含义注释

注释是对词义含糊的词进行说明或加以定义，以明确词的含义。如：

特大城市

注：100万人以上的城市

限义词和注释在使用时的区别在于：限义词作为叙词的组成部分，标引时要标出；而注释只是用来明确词的含义和范围，标引时不标出。

5. 词间关系控制

叙词法采用了两种词间关系控制方法：一是建立参照系统；二是通过各种索引如范畴索引、等级索引等来显示词间关系。其中参照系统为词间关系控制的主要手段，它用参照符号将叙词间的等同关系、等级关系和相关关系予以全面显示，形成了一个语义网络。

(1) 等同关系

它是指叙词与非叙词之间的关系，主要包括同义关系和准同义关系，用“Y”（用）和“D”（代）两个参照符号来显示。具体形式为：“非叙词 Y 叙词”，“叙词 D 非叙词”。用项参照和代项参照是互逆的。如：

碳素钢	非合金钢
Y 非合金钢	D 碳素钢

(2) 等级关系

它是指不同专指度的上位叙词和下位叙词之间的关系，又称为属分关系、族系关系，用“S”（属）、“F”（分）和“Z”（族）三个参照符号显示，分别指示上位叙词、下位叙词和族首词。族首词指没有上位叙词的族系词，即没有S项的族系词，是一个词族中等级最高的主题词。属项参照和分项参照是互逆的。如：

档案馆
　F 综合性档案馆
　　专业性档案馆

综合性档案馆
　S 档案馆

专业性档案馆
　S 档案馆

排球运动
Z 球类运动

玉米属
　S 禾本科
　Z 种子植物

（3）相关关系

如果两个叙词之间存在密切的关联、提示及联想关系，它们既非等同关系，又非等级关系，它们之间构成相关关系。如：

信息论
　C 控制论
　　系统论

控制论
C 系统论
　信息论

系统论
C 信息论
　控制论

五、叙词表的结构

叙词表，又称主题词表，是叙词法的具体体现。它是一种概括某一学科、专业领域，以规范化的、受控的、动态性的叙词（主题词）为基本成分和以参照系统显示词间关系，用于标引、存储和检索文献的规范化词典。在文献标引和情报检索过程中，它是用以将文献、标引人员及用户的自然语言转换为统一的系统语言的一种术语控制工具。

叙词表一般由一个主表与若干个附表和辅助表所组成。

1. 主表（字顺表）

这是将全部主题词按字顺排列，并添加必要的标记项、注释项及显示词间等同、等级或相关关系的参照项，是叙词表的主体。

叙词款目是叙词表的基本构成单元，由款目词项、标记项、注释项、参照项组成。其中，款目词项是必备的，其他各项可以缺省。

（1）款目词项。款目词是叙词款目的首项，相当于辞典条目中的“条头”，是指词表中被描述的词，可以是叙词（正式主题词），也可以是非叙词（非正式主题词）。前者称为叙词款目，后者称为非叙词款目。

（2）标记项。该项著录款目词所属的范畴号、分类号或字顺序号，依据范畴号或分类号，可以进入范畴索引查找相关的叙词。

（3）注释项。该项是对款目词的含义、范围等的说明。

（4）参照项。此项显示款目词的各种词间关系，由参照符号和参照指引词两部分组成。汉语叙词表中的参照符号按 Y（用）、D（代）、F（分）、S（属）、Z（族）、C（参）的顺序著录。

2. 附表

它为专用叙词表。如地名表、机构名表、人名表、产品名表等，是从主表中分离出来的专用词汇表。专用叙词数量巨大，不宜将它们与普通叙词一起编入字顺表，一般在字顺表之外，另设专用叙词表，称为附表。附表中收录的专用叙词与主表（字顺表）中的叙词具有同等的效力，可用于标引和检索。

3. 辅助表

辅助表一般有词族索引（族系表）、范畴索引（分类表）、轮排索引（轮排表）、双语种对照索引等，它们是叙词表的辅助部分。

词族索引，也称等级索引，是把具有等级关系即具有属种关系、包含关系、整体与部分关系的主题词汇集在一起，构成一个从泛指词到专指词的等级体系，从而可从一族中外延最广的叙词（族首词）出发，找到一系列同族的叙词，并且可以明确它们之间的层层隶属关系。词族索引是机器检索时实现自动扩检、满足族性检索要求的重要手段。

范畴索引，也称分类索引，是将全部叙词及非叙词按其概念所属的学科或范畴分成若干大类，在大类之下再分成若干小类，在小类之下则将叙词按字顺排列，形成一个类似体系分类表的概念分类系统，满足从分类的途径查词和族性检索的要求，便于从学科或专业的角度选用叙词。

轮排索引是利用汉语字面成族的原理，将主表中的全部主题词（包括非正式主题词）按词素的字顺排列起来，词素字面相同的主题词集中、成族显示。一个词组叙词由几个单词构成就可轮排几次，能在几处查到它。轮排索引有聚类功能，便于迅速查找，并在一定程度上起到了族性检索作用。轮排索引是叙词表不可缺少的组成部分，通过字面成族，轮排索引能显示叙词概念之间各种关系，在受控语言和自然语言的标引及检索中都具有重要作用。轮排索引的编制有三种形式（见表 3-1）：题外关键词索引（KWOC）（也称词外轮排）；题内关键词索引（KWIC）（也称词内轮排，适用于机编轮排索引）；倒置标题形式（也称倒置轮排）。

双语种对照索引是汉语叙词及非叙词与其外语译名的对照表，是汉语叙词表的外语检索入口，可提供从另一种语言字顺入手查词的途径，有助于在标引外文文献时选准叙词或利用本国叙词表查阅外国的检索工具。

表 3-1　　　　　　　　**轮排索引的三种形式**

题外关键词索引（词外轮排）	题内关键词索引（词内轮排）	倒置轮排
查词入口	查词入口	查词入口
↓	↓	↓
档案　档案教育	档案　教育	档案教育
企业档案	企业　档案	档案，企业
档案人员	档案　人员	档案人员
管理　档案馆管理	档案馆管理	管理，档案馆
教育管理	教育　管理	管理，教育
管理人员	管理人员	管理人员
教育　档案教育	档案　教育	教育，档案
教育管理	教育管理	教育管理
人员　档案人员	档案　人员	人员，档案
管理人员	管理　人员	人员，管理
人员培训	人员培训	人员培训

第六节　《中国档案主题词表》

《中国档案主题词表》是一部档案叙词表，也是中国第一部通用的档案主题词表。档案主题词表是进行档案主题标引的依据，它是将档案主题概念转换成主题标识、编制主题目录、主题索引及建立计算机主题文档的重要工具。《中国档案主题词表》按照档案论述和涉及的主题及事物集中档案材料，用规范化的自然语言语词作标识来直接表达档案主题概念，用参照系统间接显示概念之间的关系，并用字顺序列对档案信息进行系统化组织，提供按字顺主题检索的途径。

(一)《中国档案主题词表》的结构

《中国档案主题词表》由主表、范畴索引、词族索引、附表(人名表、机构名表),以及首字笔画检字表和附录等构成。

1. 主表

主表是词表的正文,由全部正式主题词(叙词)和非正式主题词(非叙词)按汉语拼音顺序排列而成。《中国档案主题词表》的选词范围包括20世纪初叶以来反映党、政管理工作的词汇,及档案中经常涉及的政治活动、科学研究、生产技术、经济建设等方面的专业词汇和反映新事物、新概念的词汇。具体来说,主要包括以下方面的词汇:中国各民族、各民族文字与语言的名称,世界上其他重要文字、语言的名称,主要宗教名称;行政职务与专业技术职务名称,军职与军衔名称;部分国家法律和规章名称;节目、节令名称,具有特殊意义的会议名称和有重大影响的历史时间名称;学科名称及反映学科具体内容概念的部分词目,重要的、常见的化学元素、矿物、合金、化合物名称;小说、戏剧、曲艺、诗歌、绘画等文学艺术作品的泛称及其使用频率高的下位词;田径运动、水上运动、冰上运动和体操等体育运动项目名称及其直接下位词;常见的动物、植物、疾病、医药及各类工农业产品的名称;枪械、火炮、弹药等武器及其下位词。

主题词表中的词分为正式主题词和非正式主题词两类,正式主题词用于标引和检索,非正式主题词也称为入口词,不可用于标引和检索。词的款目结构如图3-2所示。

Youyong………………………………………汉语拼音
游泳　　[GE]…………………………款目词及其范畴号
D 游水……………………………………“代”项　　(等同关系)
F 蝶泳……………………………………“分”项　　(等级关系)
　蛙泳
　仰泳
　自由泳
S 水上运动………………………………“属”项　　(等级关系)
Z 体育运动………………………………“族”项
C 水球运动………………………………“参”项　　(相关关系)

图3-2 档案主题词表款目结构图

款目项主要起排列和检索入口的作用，其中的范畴号是该词在范畴索引中的分类号。参照项的作用是显示词间关系，其中“代”项（用参照符号“D”表示）显示等同关系，说明“游水”是“游泳”的同义词，在此作为非正式主题词，用来指引和查找正式主题词，不能作为标引和检索词使用，其对应的参照项为“用”项（用参照符号“Y”表示）；“分”项（用参照符号“F”表示）、“属”项（参照符号“S”表示）、“族”项（参照符号“Z”表示）显示等级关系，“分”项中的主题词是款目词的下位词，“属”项中的主题词是款目词的上位词，“族”项中的主题词是款目词的族首词（最上位词），其后注以“*”号；“参”项显示相关关系。

此外，为了明确主题词的含义，主表中还设有限定词和注释。限定词用圆括号“( )”注于主题词之后，作为主题词的组成部分。如：

Wangji

旺季（商业）

注释是对主题词的含义所作的简要说明，用圆括号“（）”注于主题词之下，不作为主题词的组成部分。如：

Wuaijiaoyu

五爱教育（爱祖国、爱人民、爱劳动、爱科学、爱护公物）

2. 范畴索引

《中国档案主题词表》范畴索引的类目是参照《中国档案分类法》主表的类目并结合主题词的特点而设置的，所有类目不超过三级，共有 20 个一级类，103 个二级类，37 个三级类。其标识符号采用汉语拼音字母与阿拉伯数字混合制，一、二级类目用字母标识，三级类目用阿拉伯数字标识。当一词具有两个类目的属性时，在有关类目重复出现。如：

G 文化、教育、卫生、体育 ……………………一级类目

GA 文化 ………………………………………………二级类目

GA1 文学 ………………………………………………三级类目

八股文

白话诗

　Y 新诗

报告文学

传记

传记文学

传奇文学

春联
词（文学）
词人
　用诗人

3. 词族索引

《中国档案主题词表》的词族索引由主表中具有属分关系的全部正式主题词编制而成（共收词族 1 233 个，入族主题词 11 398 条）。同一词族的词在索引中是用缩格的形式显示其等级关系的，其中概念外延最广的主题词称为族首词，其右上角缀以“＊”号，族首词之间按汉语拼音音序排列。从最上位词（族首词）到最下位词的层数称为词族的等级数。族首词为一级词，其下分词前一个点“·”为二级词，两个点“··”为三级词，三个点“···”为四级词，以此类推。如：

Dianqigoujian
电器构件＊
·电器元件
··电容器
··电子管
···电子束管
····电视摄像管
　　显示管
······彩色显像管

词族索引能增强词表的族性检索功能，是实现自动扩检、缩检及上位登录的重要手段。具有属分关系的主题词，一般以一个词入一个词族为原则，少数主题词按其属性须跨两个或两个以上词族者，分别在不同词族中显示。同一词族内，有少数主题词按其属性须跨两级者，则在两级下重复显示。

词族索引与主表之间通过缀以“＊”号的族首词联系，在主表中看到带有“＊”号的主题词，可在族首词目录中先查到该词在词族索引中的页码，便可在词族索引中查到该族词。

4. 附表

《中国档案主题词表》设有两个附表，即人名表和机构名表。设置附表可以避免主表体积过于臃肿，又可以方便利用者查找专有的人名和机构名。人名表和机构名表中主题词款目的著录事项、著录格式及排列顺序与主表完全相同。

人名表和机构名表分别收录明清以来 11 771 位名人和 1 900 个中央级党、政、军、社团、企业事业机构名称。

人名表的收词范围是：清时期各榜进士、三品以上命官及全国范围的知名人士；民国中央政府及执政党正部级官员（含代职），其他党派、团体主要负责人，上将、军长以上军职人员，全国范围的知名人士；中华人民共和国中央人民政府及中共中央部委局办级机构正职以上领导（含代职），其他党派、群众团体主要负责人，上将、正军级以上军职人员，全国劳动模范、战斗英雄，政治、经济、工商、教育、文学、艺术、科技、体育、宗教等各界著名人士，著名华侨与国际友人；与中国重大历史事件有关的著名外国人。

机构名表的收词范围是：明清中央政府机构名称以及著名工矿、学堂名称；辛亥革命以来，中央政府及其直属机构（不含司局级内部机构）和派出机构，中央立法、司法、军事机构及大军区，执政党中央机构和派出机构，其他政党、团体中央机构，有影响的全国性学会、协会、宗教团体，中央级企事业单位以及与上述机构有相同级别的临时机构。

5. 主表拼音音节索引、词目首字笔画检字表和附录

主表拼音音节索引将主表中的款目词首字的汉语拼音音节按音序排序，在每个音节后指出该音节在主表中的起始页数。首字笔画检字表包括词目首字笔画检字表、机构名首字笔画检字表和人名首字笔画检字表，按款目主题词首字的笔画字顺排列而成，字后注明了该字在主表或附表中最先出现的页码。首字笔画检字表可帮助使用者按字顺迅速查找有关款目词，提高了查词的速度。

《中国档案主题词表》的附录有《档案著录规则》、《中国历史纪年表》、《韵目代日表》、《干支次序表》和《化学元素周期表》。

（二）《中国档案主题词表》第 2 版对第 1 版（试行本）的修订

《中国档案主题词表》于 1988 年 12 月出版试行本，是我国第一部通用的综合性档案主题词表。该表选词范围广泛，符合档案特点，在编制过程中遵循了国际标准《单语种叙词表编制规则》（ISO2788）和国家标准《汉语主题词表编制规则》（GB13190-91），并注意与其他词表尤其是《汉语主题词表》的兼容，规范化、兼容化程度较高。但该表存在不少问题，主要体现在结构、词汇、词间关系显示等方面。该表结构简单，只有主表和范畴索引，功能略嫌不足。选词偏重于文书档案中涉及的词汇，对于科技档案和其

他专门档案中的专业词汇收录不多，因此，主要适用于普通档案的标引，而不适用于科技档案及其他专门档案的标引。该表的词间关系显示不够完整、严谨，参照度低。因此，《中国档案主题词表》试行本经过3年的试行之后，从1992年3月起开始对其进行修订，并于1995年正式出版第2版。修订情况如下：

（1）对词汇进行了增、删、改。对试行本中27 288条主题词进行逻辑校验，订正错误405处，新增词2 134条，删词3 531条。修订后的主表共收词25 891条，其中正式主题词21 785条，非正式主题词4 106条。

（2）修改补建词间关系1.5万余多处。将凡是具有属种关系、整体与部分关系、包含关系的主题词，尽可能地建立属分关系，修改了不合适的参照项。

（3）部分调整了范畴索引的二级类目。同时对一些范畴划分不合适的词目作了调整，全表共改动范畴号2 769个。

（4）编制了词族索引和附表。

（5）编制了人名和机构名首字检字表，调整优化了词目首字笔画检字表的编排顺序。

（6）改写了前言和说明，并将款目词依音序结合字形笔画排序，更便于查词。为了方便使用，修订后的词表分装上、下两册，上册为主表，下册为辅助索引（范畴索引、词族索引）和附表、附录。

经过上述修订，《中国档案主题词表》的结构更趋合理，词汇水平得到提高。《中国档案主题词表》的编制和修订，有力地推动了档案主题法的推广和应用，对档案主题检索体系的建立，档案计算机检索的发展以及档案信息的报道与交流，具有重要的意义。

展望《中国档案主题词表》的未来发展和应用，可以《中国档案主题词表》为源词库，编制一批与之兼容的篇幅较小而又切合专业档案部门需要的系列专业词表（分表），这样能够弥补《中国档案主题词表》对科技档案和专门档案词汇收录较少，无法满足专业档案部门档案标引和检索的不足。另外，应成立一个常设的《中国档案主题词表》管理机构，负责管理和修订词表，密切关注主题检索语言的发展趋势，开发《中国档案主题词表》电子版，促进档案主题词表和分类表的一体化，加强自然语言与主题语言的结合应用。

（三）档案主题词表的评价指标

为了提高档案主题词表的质量，有必要对其结构及词汇水平进行评价，为今后进一步修订奠定基础。

1. 词表结构的评价

对词表结构评价总的要求是结构简明，使用方便，功能齐全。具体可从以下几个方面进行评价：

（1）词表结构的严密性

主要指词表的各个组成部分相互对应、相互指引的程度。主表和辅助表各司其职，功能互补，提供不同的查词途径，又相互联系，构成一个有机整体。

（2）词表结构与功能的成本效益

用尽可能简明的结构达到尽可能齐全的功能。功能齐全但结构复杂、不便使用或结构简单但功能单一，都是不可取的。

（3）词表的易用性

它指词表的结构模式、排检方式是否易于标引和检索，如有无详尽的使用说明，是否提供了多种查检手段或辅助工具等。

2. 词汇水平评价

（1）完备性

词汇量是词表完备性的重要指标。一般来说，词汇量越大，词汇的完备性就越高。词汇量受词表性质、专业范围、档案数量、先组度等多种因素的制约。词汇量并非越大越好，应以能基本满足标引需要为限。

（2）专指度

专指度是表达档案主题概念的确切程度，可通过词汇的使用频率来衡量。若词汇的使用频率过高，说明专指度偏低，需要增加下位词，若使用频率过低，说明专指度偏高，应予以合并或删除。

（3）等同率

等同率指非正式主题词与正式主题词的比率。非正式主题词也称为入口词，是在规范化处理过程中落选但保留在词表中作为检索入口的词，主要是一些具有共同关系的词如同义词、准同义词、过于专指的词。等同率越高，检索入口越多，查询就越方便。国外词表的等同率平均在50%左右，而我国几部档案主题词表的等同率就低很多。等同率的计算公式：

$$\text{等同率}=\frac{\text{非正式主题词}}{\text{正式主题词}}\times 100\%$$

（4）参照度

参照度指词表中主题词间等级关系和相关关系的显示程度，它是衡量词汇相关性的主要指标，参照度越高，相关性越强。参照度的计算公式：

参照度=词表中有等级、等同关系的词数/词表中正式主题词总数×100%

（5）关联比

关联比指词表中有关联词的词数与词表总词数的比率，它反映了词表显示概念之间相互关系的充分程度。词表有关联的词越多，关联比就越高，词表的性能就越好。关联比的计算公式：

$$关联比=\frac{词表中有关联词的词数}{词表总词数}\times 100\%$$

（6）先组度

先组度指词表中复合词（先组词）与主题词总数的比率。先组度的高低直接影响到词表的词汇量及其组配性能，以适中为宜，既不能过高，增加词表体积；又不能过低，增加组配误差产生的可能性，降低标引的准确性。先组度的计算公式：

$$先组度=\frac{词表中复合词总数}{词表中主题词总数}\times 100\%$$

《中国档案主题词表》（第2版）出版至今已经使用了15年，词表结构和词汇都有待再次修订、补充和更新。在词表结构方面，可配置轮排索引、双语种对照索引，以增加词表的功能。在词汇方面，应增补反映新概念、新事物的主题词和入口词，删除或合并使用频率过低和重复多余的主题词，将它们作为非正式主题词保留在词表中，用参照指向正式主题词。进一步完善词表的参照系统，提高词表的等同率、参照度和关联度，控制词表的先组度，保持适当的专指度。

第七节 《汉语主题词表》与《中国分类主题词表》

一、《汉语主题词表》

《汉语主题词表》是我国编制的第一部大型综合性的叙词表，由中国科技信息研究所和北京图书馆负责主持，1975年开始编制，1980年正式出版。分为社会科学、自然科学和附表3卷，共10个分册，全表收录主题词108 568个。其中正式主题词91 158个，非正式主题词17 410个，词族数3 707个。第一卷（2册）为社会科学部分，第二卷（7册）为自然科学部分，两部分均包括字顺主表、范畴索引、词族索引和英汉对照索引，第三卷为附表，包括世界各国政区名称、自然地理区划名称、组织机构名称及人物名称。《汉语主题词表》涵盖各个学科专业，收词量大，编制体例规范，对推动中国主题标引工作的开展和促进专业叙词表的编制发挥了重要作用。

《中国档案主题词表》和《汉语主题词表》之间存在一定的联系和区别。《中国档案主题词表》继承和借鉴了《汉语主题词表》的编制原理及词表结构。首先，在构成原理上，二者都采用了叙词法的原理，即都按主题集中文献；通过概念组配表达复杂的主题；用参照系统（由“Y”、“D”、“S”、“F”、“C”、“Z”六个参照项组成）和辅助索引显示概念之间的相互关系；按字顺序列提供主题查找途径。其次，在词表结构上，二者都由主表、附表和辅助索引三个部分构成。主表是将众多正式主题词款目和非正式主题词款目按字顺排列的词汇表，通常只收录普通主题词；附表是将一些特殊领域的众多专有名词单独抽出，另行编排的词汇表；辅助索引则是将主表和某些附表中的主题词，根据某些特定的检索需要，以各种索引方式编制起来的辅助查检系统。

《中国档案主题词表》与《汉语主题词表》在词表规模、适用范围等方面存在差异性。首先，在词表规模方面，《汉语主题词表》的收词量达到了108 568 条，具有“源词表”作用，是迄今为止世界上规模最大的一部综合性主题词表；而《中国档案主题词表》为档案文献领域的综合性词表，以反映党政机关所形成的档案内容为主，收词量为 25 891 条。其次，在适用范围方面，《汉语主题词表》适用范围很广，可用于国内外社会科学和自然科学领域内的图书、连续出版物、会议论文、学位论文、专利、标准等各类文献的标引和检索，还可进行汉英—英汉词汇的对照检索；而《中国档案主题词表》主要适用于各级综合性档案馆（室）收藏的中文档案的主题标引和检索，企事业单位的文书档案可参照使用。清代、民国及革命历史档案则依照专门编制的《清代档案主题词表》、《民国档案主题词表》及《革命历史档案主题词表》进行标引和检索。

二、《中国分类主题词表》

《中国分类主题词表》是《中图法》和《汉语主题词表》之间的对照索引式分类主题一体化词表。它是为实现分类主题一体化标引，提高检索和标引工作效率编制而成的分类语言和主题语言兼容互换的工具。《中国分类主题词表》共收录分类法类目 52 992 个，主题词 110 837 条，主题词串 59 738条，入口词 35 690 条，包括哲学、社会科学和自然科学、工程技术等各领域的学科和主题概念，是我国规模最大的分类-主题一体化标引工具。

《中国分类主题词表》采用了“分类法—叙词表对照索引式”的分类主题一体化结构，分为两卷（两个表）。第一卷是《中图法》类号与《汉语主题词表》的对照索引，为“分类号—主题词对应表”，每个类目列出对应的一个或多个主题词或词串（主题词的组配形式），是《中国分类主题词表》从分类到主题、从类号到叙词的对照索引体系。该卷分左右两栏编排，左栏是《中图法》的类表，右栏是相对应的主题词和主题词串构成的先组式标题。其主要功能是进行分类标引和通过分类的途径查找主题词，进而进行主题标引；第二卷是《汉语主题词表》叙词与《中图法》类号对照索引，为“主题词—分类号对应表”，每个叙词列出对应的一个或多个分类号，是《中国分类主题词表》从主题词到分类号，从标题到分类号的对照索引体系。它按主题词款目和主题词串标题的字顺排列，其后列出对应的分类号。其主要功能是文献主题标引和通过主题查找相关的分类号，作分类标引的辅助手段。

《中国分类主题词表》的应用范围非常广泛，可适用于图书馆、档案馆、情报所、书店、电子网站等进行各种类型、各种载体文献信息资源的分类主题一体化标引和检索。它最重要的价值在于构建了一个完整的知识地图，既描述了知识的等级体系，又描述了主题概念的语义关联，既可以适用于传统文献信息的标引和检索，又能对网络资源的描述、组织和检索发挥重要作用。

2005 年《中国分类主题词表》第 2 版和电子版出版，2010 年《中国分类主题词表》Web 版发布，其 Web 版访问地址是 http：//cct. nlc. gov. cn。如图 3-3 所示，其 Web 页面分为上、下两栏，上栏为检索框，用户个人管

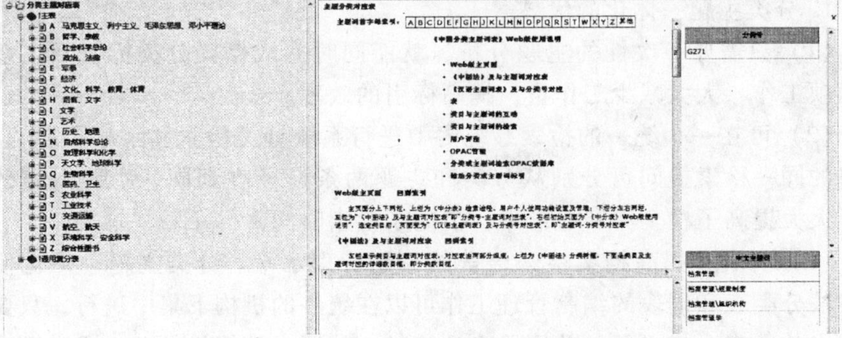

图 3-3 中国分类主题词表 Web 版检索示例图

理功能设置及管理，下栏分为左右两栏，左栏为“分类主题对应表”，右栏为“主题分类对应表”。例如，在上栏检索框内输入检索词“档案管理”，选择全部途径进行检索，则可同时从分类和主题两个途径进行检索，右栏最右边检索结果显示为：分类号 G271，中文主题词为“档案管理”及其相关联的与“档案管理”前方一致的主题词。

第八节　档案检索语言的发展趋势

随着档案检索工作的发展，档案检索语言的类型逐渐多样化，各种分类表、词表不断编制使用，质量也逐渐提高，与一般文献检索语言相呼应，呈现出分类主题一体化、标注化、兼容化、计算机化和网络化的发展趋势。

一、分类主题一体化

分类法和主题法是当前最主要的两种检索语言，它们的结构体例、组织方式和标记系统各有不同，具有不同的功能及应用，但它们之间具有密切的概念对应关系，通过词汇控制手段，可以将分类号和主题词之间隐含的概念对应关系显示出来，实现二者的一体化。

分类主题一体化，指的是分类法与主题法的有机结合，即对分类法和主题法的标识、参照、结构体例等实施统一的控制，将其有机地融合为一个整体，从而同时满足分类标引和主题标引的需要。档案分类法以系统性见长，适于族性检索；档案主题法以直观性见长，适于特性检索，如果将它们结合起来使用，就既能从分类的途径，也同时能够从主题的途径标引和检索档案文献，减少工作量，提高效率。

1. 分类主题一体化的优势

（1）只需要一次性的主题分析，就能同时完成档案分类标引和主题标引两项工作，大大减少工作量，提高标引的效率。

（2）可在一个统一的检索系统内中进行系统分类检索和字顺主题检索，用户的同一检索提问可分别从分类和主题两条途径查到同一主题内容的档案，大大提高了检全率和检准率，节约了检索时间。

（3）有利于提高档案检索语言的编制管理水平。分类主题一体化使得档案法分类表和词表的编制管理工作可以在统一的机构下集中进行，只要人工编出分类表，将必要的数据输入计算机，就可由计算机自动生成字顺主题表和各种辅助索引，大大节省人力物力，提高档案检索语言的编制速度和质量。

(4) 有利于我国档案检索体系的兼容化、标准化和计算机化。

国际上，分类主题一体化开始于20世纪60年代末70年代初，到现在已经取得了相当大的进展，出现了一批分类主题一体化检索系统。我国图书情报界从80年代初开始探索分类法和主题法结合的理论与技术，陆续编成了《常规武器工业分面叙词表》、《教育主题词表》、《中国分类主题词表》、《社会科学检索词表》等一体化的检索词表。我国档案界也进行了分类主题一体化的尝试，并取得了初步的成果，包括：《民国档案分类主题词表》(中国第二历史档案馆编制)、《清代档案分类主题词表》(中国第一历史档案馆编制)、《革命历史档案机检分类、主题词对照表》(河北省档案馆编制)，等等。上述分类主题一体化词表的编制为研制全国通用的《中国档案分类法》和《中国档案主题词表》的一体化词表奠定了基础。

2. 分类主题一体化词表的类型

按照兼容转换的方式，目前分类主题一体化词表的类型有3种。

(1) 分面叙词表

分面叙词表以1969年英国艾奇逊（J. Aitchison）等编制的世界上第一部分面叙词表《分面叙词表：工程及相关学科的叙词表及分面分类法》的名称而得名。我国编制出版的分面叙词表有《教育主题词表》、《社会科学检索词表》、《农业科学叙词表》、《音像资料叙词表》等。在结构上，分面叙词表由分面分类表和字顺叙词表两部分构成，叙词与类目名称具有等值对应关系。在功能上，分面叙词表具有分类法和主题法的双重功能，可以用于分类标引和主题标引，也可用于手检和机检。

分面叙词表的编制方式有如下几种：

① 编制全新的分面叙词表

这种分面叙词表通常由一部分面分类表和一部字顺叙词表组成，类目和叙词一一对应，两部分用分类号相连。20世纪中后期出版的影响较大的检索语言都属于该种类型，如艾奇逊（J. Aitchison）的《联合国教科文组织叙词表》(1977)、英国标准化协会的《基础叙词表》(1981)，等等。新编词表可以不受旧表约束，采用最新的理论和技术，完全从检索系统的要求出发进行设计，性能优良。但这种词表结构较复杂，编制难度大，要注意充分利用现有检索语言提供的词汇和词间关系资料。

② 将叙词表的范畴索引和词族索引合并，改造成严格的分类体系

叙词表的范畴索引和词族索引仅仅是辅助查词的手段，不具备独立的分

类标引功能。可以把叙词表的范畴索引进一步细分，并将其与词族索引合并、改成，将所有叙词都纳入一个严格的分类体系中，然后配上标记符号，并在词形、词义方面进行统一控制，就可同时满足从分类和主题标引和检索的需要，从而达到分类主题一体化的目的。

③ 将分类表的字顺索引改造成叙词表形式

在分类表的字顺主题索引款目中增加参照项，显示概念之间的关系，与此同时，对分类表类目进行严格的词形、词义和词间关系控制，这部分类表就既可用于分类标引又可用于主题标引。

（2）分类主题词表

分类主题词表又称为分类法-叙词表双向对照索引，如《中国分类主题词表》就是典型代表。从标引查词（查类）和选词（选类）的方便性来看，分类法-叙词表对照索引优于单纯的分类表和叙词表，它可以作为中介词典用于两表的兼容互换，也可以作为独立的标引工具进行分类标引和主题标引。但这种对照索引有其局限性，在编制过程中存在一定的难度，表现在以下几个方面：

① 对原表的依赖性大，其质量直接受原表质量的影响；

② 由于参加对应的两表在先组度、专指度、选词等方面的差异性，使得类号和词难以等价对应，常常是一个分类号同几个主题词对应，一个主题词对应于多个分类号，如此互相迁就，易削弱索引的功能。

③ 由于编制对照索引时，需对分类表、词表的现有词汇进行分析对应，必要时还要对标识形式进行改造，因此编制一部对照索引的工作量往往不小于新编一部词表的工作量。如果被对应的分类表、词表一种是先组式语言，一部是后组式语言，编制的难度就更大。

④ 由于被对应的两表往往使用时间较长，使用范围较大，已形成一批固定的用户，因此，对照索引不太可能完全替代原表，而原表的修订必然影响到对照索引。

（3）集成词表

集成词表（integrated thesaurus）是将某些特定主题领域的如干叙词表和分类法汇编而成的一种词表，可以用于联合分类标引和主题标引，实现分类法和叙词表之间的兼容和转换。如中国医学科学院编制的《〈中图法〉R类与医学主题词表、中医药学主题词表对照表》就是以《中图法》R类分类表为主干，与两部医学专业主题词表进行对应标引的。又如山西省图书馆主编的“对照索引系统”，就是一部包括《中图法》、《汉表》、《科图法》、

《人大法》在内的大型集成词表。这些机读化集成词表的应用有助于中文文献的自动标引和自动分类的发展。此外，美国医学图书馆主持开发的《一体化医学语言系统》（UMLS）中的超级叙词表（Metathesaurus，又称元词表）收录有100多万个生物医学概念和500多万个概念名称，而所有这些都源自UMLS所收录的100多部受控词表和分类系统，对于克服不同医学信息资源在表达相同概念时所采用的不同方式的障碍和相关情报在不同信息资源中的分散性障碍方面，发挥了极大的作用，具有强大的兼容性。

我国档案分类法和主题法一体化的方式可借鉴《中国分类主题词表》的做法，在对《中国档案分类法》和《中国档案主题词表》进行修订完善的基础上，编制两表的对照索引。

二、标准化与兼容化

1. 档案检索语言的标准化

档案检索语言的标准化主要体现在三个方面：

（1）编制全国通用的标准化的档案分类表和词表并推广使用。《中国档案分类法》和《中国档案主题词表》实际上是作为档案分类和主题检索标准而编制的，它们作为全国统一的档案分类标引和主题标引规范，已经起到了国家标准的作用。

（2）制订分类表和词表的编制标准并推广实施。我国已经制定了《中国档案分类法专业表编制规范》，作为编制专业分类表的准则。主题词表的编制规则可参照国际标准《单语种叙词表编制与发展规则》和《汉语叙词表编制规则》。分类表和词表的编制标准对其标识、款目格式、标识符号、概念之间关系的显示、结构体系、管理与修订等作了统一规定，根据这些标准编制的分类表和词表具有统一的格式，质量有保证，并可为今后各种分类表和词表的兼容提供了必要的条件。

（3）著录、标引规则的标准化。已有的分类表或词表如果没有与之相配套的统一著录和标引规范，著录、标引的质量依然难以保证。因此，实现著录、标引规则的标准化也是非常必要的。我国已经颁布的《档案著录规则》、《档案分类标引规则》、《档案主题标引规则》，以及明清、民国、革命历史档案（资料）和军队等专业系统档案的著录、标引规则，与《中国档案分类法》和《中国档案主题词表》及各专业分类表和主题词表相互配套，大大推动了我国档案标引和检索的标准化进程和档案目录中心的建设，为建立联机档案信息检索系统创造了条件。

2. 档案检索语言的兼容化

兼容化也属于标准化范畴，不同的是，标准化相对于兼容化更具强制性，统一的力度更强，往往难以彻底实现，而兼容化是非正式的，只是在某种程度上实现统一，容易实现。随着档案分类表和词表的增多，它们的体系结构、词汇上存在的差异逐渐扩大，而每一种分类表和词表都是根据特定的需要编制，适合特定的档案检索系统，导致它们之间缺乏互换性，给档案检索的网络化带来了障碍。因此，有必要采取兼容化措施。

检索语言兼容化的方式有以下几种：

（1）词汇自动转化。通过一套转换规则实现检索语言标识的自动转换。

（2）中介词典。中介词典是一种协调词表，不能用于标引，只能作为词汇的转换中心，连接一批需兼容的检索语言。

（3）集成词表。它是某个特定领域若干分类法和词表的集合和汇编，形成一种集成式的词表，用于检索语言的兼容转换，必要时可用于标引，并可作为新编分类表和词表的源词表。

（4）词库。将多部分类表、词表的数据汇集、保存，是众多受控词汇的集合，类似于集成词表。

（5）综合性用语言与专业性语言的兼容。将一部通用综合性分类表或词表作为主干，在此基础上编制各种专业性的分类表和词表。专业表的结构、词汇、标记符号等都与综合表兼容。档案检索语言的兼容宜采用这种方式。

我国档案检索语言的编制和使用起步较晚，开始于20世纪80年代，因此，标准化和兼容化程度较高。各种专业分类表基本上是按照编制规范，在《中国档案分类表》的基础上编制而成的，与《中国档案分类表》是兼容的。各类专业主题词也在《中国档案主题词表》的基础上编制而成，如国家气象局的《气象部门档案文件主题词表》、中共中央纪律检查委员会的《纪检文件档案主题词表》、原国家教委的《高等学校档案通用主题词表》等，这些专业主题词表与《中国档案主题词表》也是兼容的。但在此之前编制的专业主题词表与《中国档案主题词表》的兼容问题则需要妥善解决。

三、计算机化

档案分类表和词表的编制和管理以手工为主，这需要花费大量的人力、物力和财力，而且编表周期长，质量难以保证，更新慢，采用计算机编制和管理，能大大提高编表的效率，利于分类表和词表的维护与更新。

我国图书情报界从20世纪80年代早期开始研制计算机词表编制和管理

系统，相比之下，档案检索语言的机读化水平低，计算机辅助编制档案分类表和词表是今后档案检索语言的发展趋势。

计算机技术主要在以下几个方面辅助词表的编制和管理：

（1）辅助排序。

（2）自动生成词表的各个组成部分。人工输入各种数据后由计算机自动生成字顺表、分类索引、轮排索引、双语种对照索引等。

（3）根据需要随时输出机读版或印刷词表。

（4）管理和维护词表。自动进行词频统计，根据统计结果和标引需要随时进行词汇的增删改。

分类表、词表在计算机编制和管理的情况下，自然而然也就实现了电子化。与此同时，可将手工编制的分类表和词表输入计算机，创建电子版的分类表和词表。电子版分类表和词表除了可以作为各种形式的输出，便于完善和维护外，还可用于联机检索，提高档案信息检索系统的检索效率。

四、自然语言化

自然语言是人们在日常交流中所使用的口头或书面语言。随着计算机检索技术和网络技术的发展和应用，出现了检索语言向自然语言的回归。在档案信息检索中使用自然语言，具有很多优势：对于档案标引而言，自然语言的应用可以取消费时、费力的标引工作，或大大降低标引工作的难度和成本；对于大多数未经过专门训练的用户而言，他们可以使用自己熟悉的自然语言直接查询各种数据库，提高检索效率。

自然语言用于档案信息检索的方式：

1. 关键词法

所谓关键词，是指那些出现在文献的标题（篇名、章节名）、摘要和正文中，对表征文献主题内容具有实质意义，可以作为检索入口的语词。关键词法指用人工或计算机将这些对表征文献主题内容具有实质意义，具有检索意义的语词抽出来加以排列组织，提供检索途径的方法。

关键词法是自然语言用于文献检索的一种常见方法，用来编制关键词索引，也可用于联机检索。常见的关键词索引有题名关键词索引（包括题内关键词索引和题外关键词索引）、双重关键词索引、词对式关键词索引、单纯关键词索引等。如 1987 年浙江省档案馆开发的“档案信息管理系统”运用了自动抽取关键词的原理，实现了档案题名关键词自动标引。

2. 文本检索

即对数据库中存储的文本（包括文献全文或摘要或篇名）不进行任何标引，检索时用检索者认为合适的关键性的字词来表达检索课题，借助各种检索方法，直接在文本（篇名、文摘、正文）中进行扫描匹配查找。如果数据库中存储的是文献的全文，则称为全文检索。文本检索最简单，是自然语言检索最普遍的方式。

3. 采用“自由标引+后控词表”的方式进行档案检索

自由标引指不依据分类表和词表，而是从档案题名、文摘、正文中选择合适的词或用自拟的词进行标引。这种标引方式可以达到较高的专指度，避免档案文献主题在概念转换中失真，大大提高了标引速度。但由于在自由词标引过程中存在大量的同义词、近义词现象，如果在检索时不加以控制，极易出现漏检、误检现象，而后控词表有助于解决这一问题。所谓后控词表，实质上是将自然语言中的同义词、近义词、相关词联系起来的词汇集合，它只用于检索不用于标引。其作用是将相关的自然语言组建一个语言网络，检索者可以从任何一个词出发，在词表中查到一批同义词、近义词和相关词，减轻检索者寻找、确定检索入口、拟定检索策略的劳动，方便检索，提高检全率。可见，“自由标引+后控词表”的检索方式其实是一种前端不控制，而后端控制的方式，不加任何控制的检索难以达到理想的检索效果。

4. 自动标引

它指由计算机自动分析档案信息内容，判别档案主题，自动归类或自动选定标引词的标引方式。具体的应用方式包括：

（1）自动抽词标引。这是最早出现的一种自动标引方式。它是从文献的题名、文摘和正文中抽词，将抽出的词与禁用词表（非关键词表）对照，排除没有实质意义的词汇，并进行词频统计，将合乎要求的词作为关键词。

（2）自动赋词标引。这是在自动抽词的基础上，根据自然语言与检索词的对应表，将关键词转换成检索词（规范词），建立倒排索引文档或编成书本式检索工具。它是自然语言与情报检索语言的结合。计算机检索时，既可从自然语言入手，也可从规范化的检索词入手。手工检索时，只能从规范化的检索词入手。

（3）自动归类。这是在自动抽词的基础上，根据自然语言与分类号的对应表和自动分类规则，对抽取的关键词给出相应的分类号，建立倒排索引文档或编成书本式检索工具。

（4）人机结合抽词标引。通过人工对计算机抽出的关键词进行甄别，或用人工对文本加插抽词标志，然后由计算机抽取整理。这种方式可提高抽词质量。

5. 自然语言接口方式

即建立一种自然语言与情报检索检索语言的对应表（入口词表），进行概念或标识的对应转换，在规范化语言中吸取自然语言因素和手段。这种方式是使情报检索语言检索系统易用化的一种有效措施。由于自然语言大中量同义词、近义词的存在，一个主题词往往对应若干自然语言语词，采用专用的对应表（入口词表）能收录大量的入口词。比如，在词表中大量增加入口词，编制专用的入口词表等。所谓入口词，是词表中作为检索入口的非正式主题词，可供标引人员由自然语言语词向规范化词转换，从而降低标引难度，提高检索效率。检索者既可以用检索语言构造检索表达式，也可用自然语言构造检索表达式，通过自动转换程序，可将自然语言转换成情报检索语言进行检索。自然语言接口的对应表（入口词表）可在使用过程中不断增补，趋于完备。

6. 同时使用主题词和自由词标引

所谓自由词，是指词表中未收的，取自档案本身，但作了适当控制的用于标引和检索的自然语言语词，主要是专有名词，其专指度高于词表中的主题词。同时使用自由词与主题词标引，即是指在标引档案时遇到主题词表未收录的表达新事物、新概念的语词或明显漏选的语词，可用自由词作补充标引。用自由词作补充标引，可弥补规范化语言不能及时表达新概念及其专指度偏低的缺点，是对主题词标引的一种补充。

由于受到计算机技术水平和自然语言自身特点的限制，在我国档案信息组织与检索中，自然语言还不能完全取代规范化的人工语言，自然语言与人工语言结合使用能用其所长，避其所短。

◎ 本章思考题

1. 简述分类语言的类型及构成原理。

2. 简述主题语言的类型及构成原理。

3. 简述《中国档案分类法》和《中国档案主题词表》编制原理及结构。

4. 简述档案检索语言的发展趋势。

5. 如何实现档案分类法和主体法一体化？

6. 谈谈你对编制档案分类法和主题词表电子版的看法。

第四章　档案著录

◎ **本章要点**

①档案著录的含义和作用

②档案著录的基本内容

③档案著录的组织管理

④计算机档案著录与档案机读目录格式

◎ **关键词**

档案著录　著录项目　条目　著录格式　著录级别　档案机读目录

第一节　档案著录的含义和作用

一、档案著录的含义

档案著录，是对档案内容特征和形式特征进行分析、选择和记录的过程。档案内容特征，是指文件或案卷所论述的主题内容，表现为分类号、主题词、摘要等记录项目。档案形式特征，是指文件或案卷的形成时间、数量、责任者、档号、文种、载体等不直接揭示档案主题的有关记录。揭示档案内容特征和形式特征的记录事项称为著录项目；档案著录的结果，称为条目，它是反映文件（案卷）内容与形式特征的著录项目的组合；由揭示档案特征的条目汇集而成，并按照一定次序编排的条目组合，称为档案目录。

档案目录是档案信息检索的基本工具，它是由条目组成的。条目是组成目录的基本单元，档案条目又由著录项目组成。在著录项目中，分类号、题名、主题词、文号等特征常被用来选作标目，标目是排列条目顺序的依据及档案检索的媒介，标目的名称决定了条目和目录的名称。

1985 年我国颁布了国家标准《档案著录规则》（GB/T3792. 5—1985），该标准以国家标准《文献著录总则》（GB 3792. 1—1983）为基本依据，在著录项目、著录格式、标识符号等方面都参照了《文献著录总则》的规定，并与其他各项文献著录标准保持了协调性。同时，突出了档案本身的特点。

经过十几年的推广使用，国家档案局对《档案著录规则》进行了修订，修订时参照了《档案著录国际通用标准》（ISAD（G）—1993）①，并结合我国档案管理的实际情况，规定标准的适用范围是对文件和案卷的著录，不包括以全宗和类别为对象的著录。1999年国家档案局以行业标准形式发布了新的《档案著录规则》（DA/T18—1999）。此外，我国还制定了有关的档案著录细则，如《明清档案著录细则》（DA/T8—1994）、《革命历史档案著录细则》（DA/T17.1—1995）、《革命历史资料著录细则》（DA/T17.2—1995）、《中国人民解放军档案著录规则》等，使我国的档案著录标准初步形成了一个内容全面、相互补充和协调的体系。

二、档案著录的作用

（1）它是揭示与获取档案文献中所含档案信息的重要手段。著录项目中所包含的档案主题内容、成分、作者、保存价值、存放地点等信息，能够有效地揭示馆藏，宣传报道档案信息资源，使利用者不查原文即可对档案材料有一个大概的了解，以便有针对性地快速查到所需要的档案材料。

（2）它是建立档案信息检索系统的基础和前提条件。无论是手工检索系统还是计算机检索系统，在运行之前都要纳入充足的经过加工的数据。手工检索系统中的各种档案目录和计算机检索系统中数据库的建立都必须依赖著录项目的输入，档案著录是实现档案信息检索必不可少的前提条件。

（3）它是决定检索工具和检索系统质量的重要因素。检索工具和检索系统要有效地发挥存储和检索功能，必须依赖于著录事项的完备性以及揭示档案内容的深度和确切程度。档案著录中的任何疏漏、不当和错误都会影响检索工具和检索系统的质量，降低检索效率。

（4）它为查找档案材料提供途径和依据。利用者通过查阅检索工具，辨别检索标识可以准确找到自己所需要的档案材料，大大提高检索速度，节省翻阅原件所需要的时间。

总之，档案著录是建立档案检索系统，开展档案的报道与交流，开发档案信息资源的基础，也是档案管理现代化必不可少的前提。档案著录和档案

---

① 国际档案理事会著录标准委员会于2000年第14届国际档案大会上正式通过了《档案著录国际通用标准》（ISAD（G））第2版。

标引因此被称为档案信息的“前处理工作”。

第二节 档案著录的基本内容

《档案著录规则》规定了单份或一组文件、一个或一组案卷的著录项目、著录格式、标识符号、著录用文字、著录信息源及著录项目细则。

一、著录项目

著录项目是揭示档案内容特征和形式特征的记录事项。《档案著录规则》（DA/T18—1999）根据各种类型档案著录和目录编制的特点，将著录项目规定为七大项，在各大项下设若干小项。

（一）题名与责任说明项

包括正题名、并列题名、副题名及说明题名文字、文件编号、责任者、附件六个小项。

（二）稿本与文种项

包括稿本与文种两个小项。文件的稿本反映了文件的形成过程，不同稿本在形式、作用、有效性等方面都有差异，据此可鉴别文件的价值和可靠程度，是利用者识别和选择档案材料的重要线索之一。

（三）密级与保管期限项

包括密级与保管期限两个小项。密级反映文件内容的机密程度，便于控制文件的利用范围。保管期限是根据档案价值确定的档案应该保存的时间。

（四）时间项

时间是指文件的形成时间和案卷内文件的起止时间，它能够帮助人们了解文件产生的时代背景，对于深入理解文件内容，正确判断档案价值，具有重要意义。

（五）载体形态项

包括载体形态、数量及单位、规格三个小项。

（六）附注与提要项

包括附注和提要两个小项。附注指各著录项目中需要补充和说明的事项。提要是对文件和案卷内容的简介和评述，是利用者了解档案内容，选择所需档案的依据。

（七）排检与编号项

排检与编号项是目录排检和档案馆（室）业务注记项。它是在档案加工和整理过程中所形成的各种号码和标识，包括分类号、档案馆代号、档号、电子文档号、缩微号、主题词或关键词六个小项。它是编排目录、指明档案存址，进行检索的主要途径，有着很重要的查检作用。

二、著录格式

著录格式是构成条目的各个著录项目在载体上的排列顺序及其表达方式。《档案著录规则》（DA/T18—1999）规定，一般可采用段落符号式（见图4-1），实际工作需要时也可以使用表格式。所谓段落符号式，是将著录项目划分为四个段落，每个著录项目之间用特定的标识符号区分开来。段落符号式的优点是每一著录项目的字数不受限制，而且采用通用的标识符号分割各个项目，便于识别不同的著录事项，克服不同语言间的障碍，与国际通用的著录规则和我国国家标准《文献著录总则》的规定一致，有利于信息交流和资源共享。表格式是将著录项目名称及填写位置印刷成表格，虽然比较直观，但是每一著录项目字数受到表格的限制。

分类号		档案馆代号
档号	电子文档号	缩微号

正题名=并列题名：副题名及说明题名文字：文件编号/责任者+附件．—稿本：文种．—密级：

保管期限．—时间．—载体类型：数量及单位：规格．—附注

　　提要

主题词或关键词

图4-1　档案著录段落符号式条目格式

段落符号式条目著录格式说明（实例见图4-2、图4-3）：

（1）段落符号式条目格式将著录项目划分为四个段落。第一段落中分类号、档号分别置于条目左上角的第一、二行，档案馆代号、缩微号分别置于条目右上角第一、二行，电子文档号置于第二行的中间位置。第二段落从第三行与档号齐头处依次著录题名与责任说明项、稿本与文种项，密级与保管期限项、时间项、载体形态项、附注项，回行时，齐头著录。第三段落另起一行空两格著录提要，回行时与一、二段落齐头。第四段落另起一行齐头著录主题词或关键词，各词之间空一格。

（2）实际工作需要使用表格式条目时，其著录项目应与段落符号式相同，其排列顺序可参照段落符号式。

（3）无论著录对象为单份文件、单个案卷还是一组文件或一组案卷，均按此格式著录。

（4）著录条目的形式为卡片式时，卡片尺寸一般为12.5cm×7.5cm，著录时卡片四周均应留1cm空隙，如卡片正面著录不完，可接背面连续著录。

GE5.75 411010
2—53—107—8 46—94

转发国务院批转国家教委关于改革高等学校毕业生分配制度报告的通知：京政法［1989］56号/北京市人民政府+国务院…通知+国家教委…报告+［市计委、市高教局、市人事局实施意见］．—副本：通知．—内部：永久．—19890702．—8页：260㎜×184㎜．—教委报告不全；市计委、市高、教局、市、人事局实施意见全无

国家教委报告分析了毕业生分配制度上存在的问题及进行改革的意见。国务院通知要求各地区各部门制订改革措施。北京市有关单位提出了实施意见。

毕业生分配　高等院校　教育改革　制度

图4-2　档案著录实例（以文件为著录对象的著录条目）

JD15211 411001
16—2—30 92—1

各省、自治区、直辖市1952年粮食产量统计表．—永久．—19530314-19530520．—新疆维吾尔自治区统计表因污渍大部分不清

1952年全国各省、自治区、直辖市耕地面积、粮食作物播种面积、总产量和各种粮食作物产量分省与综合累计统计。

粮食生产　统计　1952年　耕作面积　粮食产量

图4-3　档案著录实例（以案卷为对象的著录条目）

三、著录用标识符号

为识别各著录项目、单元（小项）及其内容，可添加如下规定的标

识符：

. 置于下列各著录项目之前：稿本与文种项、密级与保管期限项、时间项、载体形态项、附注项。

= 置于并列题名之前。

: 置于下列各著录单元之前：副题名及说明题名文字、文件编号、文种、保管期限、数量及单位、规格。

/ 置于第一个责任者之前。

; 置于多个文件编号之间、多个责任者之间。

, 用于相同职责、身份省略时的责任者之间或同一责任者的不同职责、身份之间。

+ 置于每一个附件之前。

[ ] 置于下列著录内容的两端：自拟著录内容、文件编号中的年度、责任者省略时的“等”字。

( ) 置于下列著录内容的两端：责任者所属机构名称、责任者真实姓名、责任者职责或身份、外国责任者国别及姓名原文、中国责任者时代、历史档案中的朝代纪年、农历、地支代月、韵目代日转换后的公元纪年。

? 用于不能确定的著录内容，一般与“[ ]”号配合使用。

… 用于节略内容。

□ 用于每一个残缺文字和未考证出时间的每一数字，未考证出的责任者及难以计数的残缺文字用三个“□”号。

— 用于下列著录内容之间：日期起止和档号、电子文档号、缩微号各层次之间。

著录用标识符使用说明：

(1) 除“题名与责任说明项、排检与编号项”外，各项目连续著录时，其前均冠“. —”。如遇回行，不可省略该标识符。但各项目另起段落著录时，则可省略该标识符。

(2) “. —”符占两格，在回行时不应拆开；“;”和“,”各占一格，前后均不再空格。

(3) 如某个项目缺少第一个单元（小项）时，应将现位于首位的单元原规定的标识符改为“. —”。

(4) 凡重复著录一个项目或单元时，其标识符也需重复。

(5) 不著录的项目或单元，其标识符应连同该项目或单元一并省略。

四、著录用文字和著录信息源

著录用文字必须规范化。汉字应使用规范化的简化汉字。外文与少数民族文字应依照其文字规则书写。文件编号项、时间项、载体形态项、排检与编号项中的数字应使用阿拉伯数字。图形及符号应照录，无法照录的可改为其他形式的相应内容，并加“［］”号。

著录信息来源于被著录的档案。单份或一组文件著录时主要依据文头、文尾。一个或一组案卷著录时主要依据案卷封面、卷内文件目录、备考表等。被著录档案本身信息不足时，参考其他有关的档案资料。

五、著录细则

（一）题名与责任说明项

1. 题名

题名，又称标题、题目，是表达档案中心内容、形式特征并使其个性化的名称。题名包括正题名、并列题名、副题名及说明题名文字。

（1）正题名：档案的主要题名，一般指单份文件文首的题目和案卷封面上的题目名称。正题名照原文著录。需要注意的是：没有提名的单份文件依据其内容拟写题名，并加“［］”号；单份文件的题名不能揭示内容时，原题名照录，并根据其内容另拟题名附后，加“［］”号；单份文件的题名过于冗长时，在不丢失重要信息和不损伤原意的情况下，可删去冗余部分，节略内容用“…”号表示；案卷题名不能揭示案卷内容或过于冗长时，一般应重新拟写，将原案卷题名修改好后再著录。但是不可动辄重新拟写，特别是历史档案，原案卷题名的用词用语具有时代特征，一般不宜随意更改。

（2）并列题名：以第二种语言文字（如外文、少数民族文字）书写的与正题名对照并列的题名，必要时并列题名与正题名一并著录，便于按两种不同的文字进行检索。并列题名前加“=”号。

（3）副题名及说明题名文字：解释或从属于正题名的另一题名。必要时副题名照原文著录，当正题名能够反映档案内容时，副题名不必著录。副题名前加“：”号。

说明题名文字是指在题名前后对档案内容、范围、用途等的说明文字，必要时照原文著录，其前加“：”号。

（4）文件编号：文件编号是文件制发过程中由制发机关、团体或个人赋予文件的顺序号，包括发文字号、科研实验报告流水号、标准规范类文件的统编号、图号等。文件编号照原文著录，其前加“:”号。

2. 责任说明

责任说明著录责任者。责任者也称为作者，是指对档案内容进行创造、负有责任的团体或个人。

(1) 责任者只有一个时照原文著录，其前加“/”号。

(2) 责任者有多个时，著录列居首位的责任者，立档单位本身是责任者的必须著录，其余视需要著录。被省略的责任者用“［等］”字表示。第一责任者之前加“/”号，责任者之间以“;”号相隔，职责或身份相同的责任者之间以“,”号相隔。例如：“/国家计委；财政部；商业部等”，“/中共北京市委办公室，北京市人民政府办公厅”。多个责任者具有同一职责或身份又必须著录时，可将职责或身份置于最末一个责任者后的“()”中，责任者之间用“,”号相隔。例如：“/舒适，项堃，上官云珠（主演）”。同一责任者有多个职责或身份又必须著录时，可将多个职责或身份置于责任者后的“()”号中，职责或身份之间以“,”号相隔。例如：“/徐昌霖(编剧，导演)”。

(3) 机关团体责任者必须著录全称或不发生误解的通用简称。例如“中国共产党中央委员会”简称“中共中央”；“湖北省人民政府政治协商会议”简称“湖北省政协”；中华人民共和国各部省略“中华人民共和国”，只著录部的名称；国务院直属局、委、办冠以“国家”二字，简称为“国家经贸委”、“国家税务总局”等。不得使用非通用简称，不得著录“本省”、“本部”、“本公司”、“省政协”等。

(4) 历史政权机关团体责任者，其前应冠以朝代或政权名称，并加“()”号，以便于了解该机构的所属朝代，并区分不同历史时期相同名称的机构。例如：“/（清）内阁”，“/（民国）外交部”等。

(5) 个人责任者一般只著录姓名，必要时在姓名后著录职务、职称或其他职责，并加“()”号。例如：“/陈毅（外交部长)”。文件所署个人责任者有多种职务时，只著录与形成文件相应的职务。例如：由江泽民签署的中央军委文件，责任者著录为“/江泽民（中央军委主席)”。

(6) 清代及其以前的个人责任者应冠以朝代名称，并加“()”。例如：“/（清）李鸿章”。

(7) 少数民族个人责任者称谓各民族有差异，著录时应按少数民族的署名习惯著录。

(8) 外国责任者姓名前应著录相应历史时期易于识别的国别简称，其后著录统一的中文姓氏译名。必要时著录姓氏原文和名的缩写。国别、姓氏原文和名的缩写均加“( )”号。例如:“/(苏)斯大林(Сталин, И. В.)”,“/(美)爱因斯坦(Einstein, A.)”。

(9)文件所属个人责任者为别名、笔名时,均照原文著录,但应将其真实姓名附后,并加“()”号。例如:“/胡服(刘少奇)”,“/茅盾(沈雁冰)”。

(10)未署名责任者的文件,应著录根据其内容、形式特征考证出的责任者,并加“[ ]”号;经考证仍无结果时,以三个“□”代之,著录为“□□□”。

(11)文件责任者不完整时,应照原文著录,将考证出的完整责任者附后,并加“[ ]”号。例如“/周[周恩来]”。

(12)文件的责任者有误时,仍照原文著录,但应将考证出的真实责任者附后,并加“[ ]”号。例如:“/王国央[王国英]”。

(13)考证出的责任者证据不足时,在其后加“?”号,一并录于“[ ]”号内。例如:“/[张治中?]”。

3. 附件

附件是指文件正文后的附加材料。有些附件是正文的重要补充和说明,不可忽视。附件只著录题名,其前冠以“+”号。文件正文后有多个附件时应逐一著录各附件题名,各附件题名前均冠以“+”号。例如:“+工程项目单+北平市立中小学校校舍修缮工程标准说明书”。如附件题名过长也可简略,其节略内容用“…”号表示,自拟附件题名加“[ ]”号。

如果附件题名具有独立检索意义,亦可另行著录条目,并在附注项中说明。

(二)稿本与文种项

(1)稿本是指档案文件的文稿、文本和版本。稿本依实际情况著录为草稿、定稿、手稿、草图、原图、底图、蓝图、正本、副本、原版、试行本、修订本、影印本、各种文字本等,其前加“. —”号.

(2)文种是指文件种类的名称。文种依实际情况著录为命令、决议、指示、通知、报告、批复、函、会议纪要、说明书、协议书、鉴定书、任务书、判决书、国书、照会、诰、敕、奏折等,其前加“:”号。

(三)密级与保管期限项

(1)密级是指文件的机密程度,密级依GB7156—87《文献保密等级代码》划分为6个级别。名称与代码如表4-1所示。

表 4-1 **文献保密等级代码**

名 称	数字代码	汉语拼音代码	汉字代码
公开级	0	GK	公开
国内级	1	GN	国内
内部级	2	NB	内部
秘密级	3	MM	秘密
机密级	4	JM	机密
绝密级	5	UM	绝密

密级一般按文件形成时所定密级登录，公开级、国内级可不登录，对已升、降、解密的，应著录新的密级，其前加“. —”号。

(2) 保管期限是指根据档案价值确定的档案应该保存的时间，一般按案卷组成时所定的保管期限著录，其前加“:”号，对已更改的应著录新的保管期限。

(四) 时间项

时间项视不同著录对象，分为文件形成时间、卷内文件起止时间等，其前均加“. —”号。以单份文件为对象著录一个条目时，著录文件形成时间；以一组文件或一卷、一组案卷为对象著录一个条目时，著录文件起止时间，即其中最早和最迟形成的文件的时间，其间用“—”号连接。

(1) 文件形成时间一般按以下规则著录：公私文书、信札为发文时间；决议、决定、命令、法令、规程、规范、标准、条例等法规性文件为通过或发布时间；条约、合同、协议为签署时间、技术评审证书、技术鉴定证书、转产证书为通过时间；获奖证书、发明证书、专利证书为颁发时间；科研实验报告、学术论文为发表时间；工程施工图、产品加工图为设计时间；竣工图为绘制时间；原始实验记录、测定检验报告为记录时间。

(2) 时间项依据 GB2808—81《全数字式日期表示法》著录，一律用八位数表示，第 1 ~ 4 位数表示年，第 5 ~ 6 位数表示月，第 7 ~ 8 位数表示日。

(3) 历史档案中的朝代纪年、农历、地支代月、韵目代日，应照原文著录，同时将换算好的公元纪年附后，并加“( )”号。例如：“. —清乾隆十年 9 月 26 日 (17451021)”。

(4) 没有形成时间的文件，应根据其内容、形式等特征考证出形成时间后著录，并加“［］”号。例如：“. —［19630124］”。

（5）文件时间不完整或部分时间字迹不清时，仍著录原文时间，原时间中缺少或字迹不清部分以“□”代之，再将考证出的时间附后，并加“［］”号。例如：“. —195□□□□□［19550307］”。

（6）文件时间记载有误或有疑义时，仍照原文著录，再将考证出的时间附后，并加“［］”号。例如：“19500105［19500115］”。

（7）文件形成时间考证不出时，著录为“□□□□□□□□”，亦可著录文件上的收文时间、审核时间、印发时间等其他时间，但应在附注项中说明。

（8）如果考证出的时间根据不足时，在其后加“?”号，一并著录于“［］”号内，例如：“. —1935□□□□［19350916?］。

（9）著录起止时间时，无论是本年度或跨年度都要著录完整，不能省略年度，例如：“. —19890107—19891015”。

（五）载体形态项

该项包括载体类型、数量及单位、规格三个小项。

（1）档案的载体类型分为甲骨、金石、简牍、缣帛、纸、唱片、胶片、胶卷、磁带、磁盘、光盘等。以纸张为载体的档案一般不著录，其他载体类型据实著录，并加“. —”号。

（2）数量用阿拉伯数字，单位用档案物质形态的统计单位进行著录，如“页”、“卷”、“册”、“张”、“片”、“盒”、“米”等。其前加“:”号。例如“. —5 页”，“. —唱片：3 张”。

（3）规格是指档案载体的尺寸及型号等，其前加“:”号。例如：“. —5 页：260 mm×184 mm”，“. —磁盘：4 片：3.5 英寸”。

（六）附注与提要项

附注项是著录各个项目中需要解释和补充的事项，依各项的顺序著录。著录时有则录，无则免，除确系需要外，一般可不著录。项目以外需要解释和补充的列在其后。附注项前加“. —”号，各附注项内容之间亦用“. —”号分隔。如每一附注都分段著录时，可省略该标识符。各项附注中使用的标识符可与各著录项目使用的符号相一致。各著录项目中需要说明的事项主要有以下几个方面：

（1）题名附注：注明同一文件的不同题名或其他称谓。例如：对《新民主主义的政治与新民主主义的文化》一文，在附注项中注明“. —现名《新民主主义论》”。又如：“《中共中央关于无产阶级“文化大革命”的决定》一文，在附注项中注明“又名十六条”。

(2) 责任者附注：注明考证出责任者的依据和责任者项未著录责任者的数目或名称。例如：“责任者项据笔迹考证。”又如：对于《天津污染气象要素的研究》一文，除在责任者项中著录课题负责人之外，在附注项中注明“. —参加本课题人员还有边海、李檬、陈英、刘学军”。

(3) 时间附注：注明考证出时间的依据。著录非文件形成时间时应注明为何种时间。例如：“时间依据收文登记考证”，“时间为收文时间”。

(4) 载体形态附注：注明载体形态的破损、残缺、变质及字迹褪色等情况。例如：“. —中间缺 3 页”，“. —西藏自治区统计表因污渍大部不清”。

著录项目以外需要注明的事项主要有：

(1) 被著录文件的不同稿本。例如：清代一些档案有汉文和满文两种版本，应在中文版的著录条目中附注项中注明“另有满文版”。

(2) 被著录文件另有其他载体形式应予注明。例如：为北京业余英语广播讲座教学唱片著录时，应在附注项中注明“. —同内容纸质铅印教材 2 本”。

(3) 被著录文件的来源为捐赠、购买、交换、复制、寄存等情况时应予注明。例如“. —复制件”。

(4) 被著录文件经考证为赝品者应予注明。

(5) 与被著录文件关系密切的相关文件应予注明。

(6) 需要注明的其他事项，如科研课题的获奖情况、音像档案的播放时间等。

提要项对文件和案卷内容的简介和评述，应力求反映其主要内容、重要数据（包括技术参数等），简明扼要，准确清楚，文字流畅。提要在附注之后另起一段空两格著录，一般不超过 200 字。

（七）排检与编号项

排检与编号项是目录排检和档案馆（室）业务注记项。该项包括分类号、档案馆代号、档号、电子文档号、缩微号、主题词或关键词六个小项。

(1) 分类号依据《中国档案分类法》和《档案分类标引规则》的有关规定著录，置于条目左上角第一行。

(2) 档案馆代号依据《编制全国档案馆名称代码实施细则》所赋予的代码著录，置于条目右上角第一行。档案馆代号在建立目录中心或报道交流时必须著录。

（3）档号是指档案馆、室在整理或管理档案的过程中赋予档案的一组代码。文书档案通常包括全宗号、案卷目录号、案卷号、件号或页号，某些科技档案包括具有检索意义的专业号、工程号、专题号、产品型号等编号。档号著录于条目左上角第二行，与分类号齐头，各号之间用“-”号相隔，占半格。例如：“21-3-57-6”。

（4）电子文档号是档案馆、室管理电子文件的一组符号代码，著录于条目第二行中间位置。

（5）缩微号是档案缩微品的编号，著录于条目右上角第二行，与档案馆代号齐头。

（6）主题词或关键词。主题词是在标引和检索中用以表达档案主题的规范化的词或词组，关键词是取自文件题名或正文，用以表达档案主题并具有检索意义的未经规范的词或词组。主题词参照《中国档案主题词表》、《档案主题标引规则》及本专业、本单位的规范化词表进行标引。主题词或关键词在附注与提要项之后，另起一行齐头著录。各词之间空一格，一个词或词组不得分作两行书写。

第三节　档案著录的组织管理

一、著录级别的选择

根据《档案著录规则》的规定，档案的著录对象可以是单份文件、一组文件、一个案卷或一组案卷。著录的级别由低到高分为：文件级、案卷级、文件组合级和案卷组合级。著录级别的选择决定了著录信息的专指度和著录工作的速度。著录级别低，著录信息的专指度就高，检索深度较深，但著录工作量大，速度较慢；反之，著录级别高，著录信息的专指度就低，检索深度较浅，著录的工作量相对小，速度较快。因此，档案部门应根据馆藏档案的特点和利用的需要，选择合适的著录级别，以保证适当的检索深度，同时，提高著录的速度和质量。

文件级著录是指以单份文件为著录对象，即一文一卡；案卷级著录是指以卷、册、袋、盒为对象进行的著录，即一卷一卡；文件组合级著录是根据文件之间的联系以多份主题内容相同的文件为对象进行的著录，如：同一问题的请示和批复，同一事由的来往信函，同一事件的来信及处理材料，同一内容的干部多份任免批文等；案卷组合级著录是以多个内容密切相关的案卷为对象进行的著录，即多卷一卡。这几种著录级别的特点和差异在于：

文件级著录比较准确、全面地反映了文件的内容和形式特征，专指性强，检索深度大。但文件级著录的工作量大，著录速度慢，而且逐份著录会造成重复现象，因为同一案卷中的文件主题往往是相同和相关的。

案卷级著录概括性强，著录工作量大大减少，著录速度较快。但专指度较低，往往不能全面、准确地反映文件的各方面特征，检索深度较小。

文件组合级和案卷组合级著录是根据文件级、案卷级著录的不同特点采取的权宜之计。这两种著录方式的条件是，被组合的文件或案卷应在内容上具有密切的联系，具有相同或基本相同的检索点。它们兼有文件级、案卷级著录的优点，既能较全面地反映档案主题，不影响检索深度，又能提高著录速度。但组合级著录须多一个工作环节，即先对内容相同或相关的文件或案卷进行组合，再进行著录。如果组合不当，将严重影响著录质量又增加了工作量，还会破坏档案整理体系的完整性。

著录级别关系着档案著录的深度和速度，档案部门应根据馆藏档案的实际情况、本单位具体条件和利用需要，选择合适的著录级别。在选择著录级别时，应保证适当的检索深度，同时，避免不必要的重复劳动，减少检索系统中的冗余数据，提高著录速度。一般来说，只要单位条件许可，应采用文件级著录，如果人力不足，可采用文件级和案卷级著录相结合的方法，即一部分使用价值大、使用频率高的档案采取文件级著录，而一部分利用率不高、卷内文件的内容单一的档案采取案卷级著录。此外，也可根据实际情况和需要，采用组合级著录方式对一组文件和一组案卷进行著录。

二、著录详简级次

著录项目分为必要项目和选择项目。根据《档案著录规则》的规定，著录的必要项目包括：正题名、责任者、时间、分类号、档号、电子文档号、缩微号、主题词或关键词。选择项目包括：并列题名、副题名及说明题名文字、文件编号、稿本、文种、密级、保管期限、载体类型、数量单位、规格、附注、提要、档案馆代号。

著录详简级次分为简要级次和详细级次。凡条目仅著录必要项目的称为简要级次，凡条目除了著录必要项目以外，还著录部分或全部选择项目的称为详细级次。

三、著录工作模式

在实际工作中，档案著录分为档案馆著录、档案室著录和分阶段联合著录3种模式。档案馆著录和档案室著录属于集中著录方式，而分阶段联合著录属于分散著录方式。

1. 档案馆著录

档案馆组织专人负责著录，著录人员集中，专业化水平高，质量有保证。但这种著录方式一般缺乏人力保证，档案馆著录工作的进度往往落后于进馆档案的增长速度，造成进馆档案不断积压，无法为档案检索系统及时、全面地提供经过加工的档案数据，档案利用也随之滞后。

2. 机关档案室著录

机关档案室人员负责本机关归档文件的著录。这种方式由机关档案室人员分担了档案馆的著录工作，减轻、免除了仅由档案馆进行著录的压力，使档案馆能腾出更多时间做档案信息资源的深开发工作和提供利用服务工作。同时，又能提高机关档案检索水平。这种著录模式适用于档案数量形成不多的小型机关。大、中型机关每年形成的档案数量很大，多达千卷，机关档案室人员无力及时完成机关全部档案的著录工作。

3. 文件制作人员、文书处理人员和档案人员分阶段联合著录

这种著录模式顺应了文档管理一体化流程的特点，在文件制作、审核、文书处理、立卷归档等不同阶段分别著录有关内容，将著录与立卷归档同步完成。其具体流程如下：

（1）文件撰稿人对文件进行主题标引，标出该文件的主题词。

（2）审稿人对主题词的准确性和规范性进行审核。

（3）发文时将主题词印制在文件上，正本发出，副本留存归档。

（4）将机关收发文登记与著录合为一体，即以著录项目作为登记项目，对于不属于归档范围的文件其登记项目可简略一些。某些项目如档号、缩微号等无法填写的可暂时不填。

（5）立卷时对文书处理阶段著录的内容进行检查，补充相关著录事项，将著录结果与案卷一并归档，并将著录条目和档案一起向档案馆移交。利用文档一体化管理软件可以自动将文件登记单转换成档案著录表格。

这种著录模式的特点是将著录工作的提前至文件生成和处理阶段，由文书人员和档案人员分阶段共同承担文档的著录工作，实行档案著录与归档同步进行，可及时保证档案著录工作的完成，从而防止了积压和滞后。由文件

撰稿人承担文件的主题标引工作，有利于保证著录的质量，因为他们对文件的主题内容最为了解，给出的主题词比较准确和全面。另外，采取这种著录模式能够促进机关文件、档案检索系统的健全和完善，为机关档案检索自动化奠定基础。但这种著录方式比较分散，涉及不同岗位的工作人员，需要加强对著录全过程的管理和质量监督。

第四节　计算机档案著录与档案机读目录格式

在建设档案目录数据库时，需要制作标准化和规范化的档案目录数据，便于计算机识别和数据的交换。遵循标准化的档案机读目录格式是档案信息资源共享的基础，档案信息资源的集成管理、有效配置和开发利用都以档案机读目录数据格式的标准化和规范化为基本前提。2006 年，我国出台了国家标准《中国档案机读目录格式》（GB/T20163—2006），使我国的档案机读目录格式有了全国统一的标准。在此之前，各地和各行业的档案部门已经制定了档案机读目录格式的地方标准和行业标准，它们对于本地区和本行业档案目录信息的交换与共享起到了积极的推动作用。但是，各地区、各部门都按自己的固定格式来生成档案机读目录数据，造成了档案目录数据的“信息孤岛”现象，难以进行跨地区、跨部门的数据交流，无法实现档案目录数据在国家范围内的资源共享。这些档案机读目录格式的地方标准和行业标准自身存在一定的缺陷：它们基本没有遵循国际标准和国家标准的交换格式，而仅仅是各种简单的、专门的固定结构格式生成的计算机档案目录记录。主要体现在：没有设置头标区，致使机读目录数据没有自我说明能力；普遍采用机读目录的固定格式，缺乏灵活性，不能反映档案目录数据各种变化和类型多样的特点；由于没有采用统一的标准格式，数据的生产和保存依赖于特定的计算机应用软件，难以实现对档案目录数据的长久保存和利用。因此，有必要在各地和各行业推广实施国家标准《中国档案机读目录格式》，促进我国档案目录数据资源在全国范围内的共享。

一、机读目录（MARC）及用于档案和手稿的机读目录（MARC AMC）

计算机著录的框架格式是对构成机读目录记录的目录数据的总体组织和安排。统一的框架格式有利于目录数据的交换和信息资源的共享。所以，计算机著录的框架格式又通常被称为交换格式。国际标准化组织（TC46）1996 年发布的《书目信息交换用磁带格式》（*Format for Bibliographic Infor-*

mation Interchange on Magnetic Tape，国际标准 ISO2709）规定了国际上通用的文献目录数据交换格式。以 ISO2709 为依据，20 世纪 60 年代后期在手工著录的基础上产生了机读目录（Machine Readable Cataloging，MARC）。1968 年美国国会图书馆研制出了 MARCII 机读目录系统，1977 年国际图书馆协会联合会制定了国际通用机读目录格式即 UNIMARC。UNIMARC 得到许多国家的认可，各国以 UNIMARC 为基础制定了自己的 MARC 格式。例如：英国的 UKMARC，法国的 InterMARC，加拿大的 CAN/MARC，美国的 USMARC，日本的 JMARC，中国的 CNMARC 等。为了适应网络环境的需要，在结合加拿大机读目录格式（CAN/MARC）与美国机读目录格式（USMARC）的基础上，产生了 MARC 21。MARC21 参照国际标准 Z39.2，对原有的 MARC 格式进行了重新定义，以增进其检索功能，它有五种执行格式：书目格式、权威格式、馆藏格式、分类格式及社会信息格式。

MARC 格式最初只用于图书编目，后来才用于手稿和档案文献的计算机著录。1973 年美国国会图书馆初次发表了用于手稿管理的机读目录格式，由于该格式在制定过程中没有档案界的参与，所以一发表就遭到反对。此后，美国档案学会成立了国家信息系统工作组（National Information Systems Task Force，NISTF），与美国图书馆协会的机读目录信息委员会（MARBI）等合作，在 1973 年发表的手稿机读目录格式的基础上修改成 MARC AMC（MARC Format for Archival and Manuscripts Control），作为机读档案目录数据的著录格式标准，成为建立档案二次文献数据库的基础。世界上的其他国家如加拿大、英国、俄罗斯等也建立了本国的档案计算机编目的 MARC 格式标准。

MARC 的逻辑记录格式采用的是典型的目次方式。一条 MARC 记录分为四个区即头标区、目次区、数据区和记录结束符，并设置了多种功能模块全面描述文献信息特征。MARC 与传统文献编目相比，具有不少优点，表现为：具有较强的自我说明能力；字段数量多，著录详尽；多字段、多途径检索；定长与不定长字段结合，灵活实用；保留主要款目及传统编目的特点；扩充修改功能强；便于机读目录数据的规模化生产和机读目录数据库的建设，促进了书目资源的共享；极大地推动了书目信息加工组织的标准化和图书馆自动化。

但是，MARC 所具有的优点也成为其沉重的负担，具体表现为：字段设置重复、结构复杂、数据冗余、生产制作要求高而效益差，发行时效慢，等等。在网络环境下，MARC 对于非结构化的、类型多样的网络信息资源的描述和著录更显得力不从心，其格式和标识符号复杂、呆板，字段设置不能反映网络资源的特点。

二、中国档案机读目录格式

中国档案机读目录格式分为框架格式和执行格式两个方面。框架格式是机读目录在组织结构上的总体划分。《中国档案机读目录格式》（GB/T20163—2006）在框架格式上采用的是国际标准《ISO 2709 信息与文献信息交换格式》。按照这一标准，中国档案机读目录的框架格式分为 4 个区：头标区、目次区、数据区、记录分隔符（见图 4-4）。

区 1	头标区
区 2	目次区
区 3	数据区
区 4	记录分隔符

图 4-4　档案机读目录逻辑分区

1. 头标区

固定长 24 个字符，从记录的第 0 位起，到第 23 位结束，无字段结束符。头标区是对一条记录的总体说明，一条记录有了标准化的头标区，那么这条记录在任何计算机系统中都可以被识别、被处理。历经数十年甚至百年，人们都可以凭借记录的头标区来识别和确认这条记录。它主要提供如下信息：①给出了一系列指令性数据：如记录长度、数据基地址、目次说明等，供计算机识别与处理记录时使用。②给出了一系列说明性数据：如记录状态、记录类型、著录级别、著录等级、著录格式、档案著录控制等，对记录本身起自我说明作用，同时也供计算机识别与处理用。

2. 目次区

由若干目次项和位于目次区末的字段分隔符组成。每个字段都会在目次区中有一个对应的目次项，因此，目次区内目录的数量取决于数据区内字段的数量。每个目次项的长度为 12 个字符，数据区中的每个字段在目次区中都对应有一个长度为 12 个字符的目录，目次区的总长度为 12N（N 为数据区内字段的个数）。在这 12 个字符中，前 3 位是字段标识符，中间 4 位表示该字段长度，后 5 位表示该字段起始位置。如图 4-5 中第 1 条目次项是

001000800000，其中 001 是“档号”的标识符，“0008”表明了该字段的长度，“00000”表明该字段的起始位置。同理，“200”是题名标识符，“0025”表明了题名字段的长度，“00008”表明了题名字段的起始位置。

目　次

001000800000
200002500008
210000800033
……

图 4-5　档案机读目录目次结构

3. 数据区

数据区是著录目录数据的区域，由若干数据字段如档号、题名、责任者等组成，是 MRAC 记录的核心部分。数据区字段设置的依据主要是《档案著录规则》。数据区中的每条数据字段相当于手工著录的每个著录项目。

为了反映档案的内容和形式特征，数据区包含了不同的功能模块，这体现为档案机读目录的执行格式。《中国档案机读目录格式》（GB/T20163—2006）在执行格式上采用的是《国际通用机读目录格式》（UNIMARC），其执行格式主要由 10 个功能模块构成，针对不同的档案特征信息赋予相应的功能模块。这 10 个功能块是：

0—标识块

1—编码信息块：由描述档案各个方面的编码数据，如一般处理数据、语种等编码字段构成。

2—著录信息块：包括《档案著录规则》等所规定的全部著录项目，由档号、题名与责任者、时间等字段构成。

3—附注块：包括对档案各方面的文字说明，由一般附注、内容附注、提要、采访信息附注等字段构成。

4—记录连接块：主要包括以数字和文字形式对其他记录的标准连接。

5—相关题名块：主要包括作为检索点的该档案的其他题名，由并列题名、其他题名、编目员补充的附加题名等字段构成。

6—主题分析块：主要由分类标识、主题标识等字段构成。

7—文件责任块：主要包括对档案负有责任的个人及团体的名称。并区分为第一责任者、第二责任者等字段构成。

8—国际使用块：主要包括对负有责任的机构的标识，由记录来源字段构成。

9—国内使用块：主要设置馆藏信息字段，如馆藏号、分类号、年代范围等字段。

为了便于计算机识别不同的数据字段，必须在每个字段之前冠以相应的标识符，包括3位数的字段标识符、子字段标识符（＄a、＄b），以及字段之间的分隔符（@）等。每个字段（00-字段除外）均由两个指示符以及随其后的任意数目的子字段组成，结构如图4-6。机读目录用三位数字来标识字段，因此，每条记录最多可有999个字段。计算机增删字段很容易，只需要在目次区中添加或减少一个目次项，在数据区中增加或删除一个数据字段即可。

指示符1	指示符2	＄a	数据	……	字段分隔符

图4-6　档案机读目录数据结构

4. 记录分隔符

记录分隔符标识一条档案机读目录的结束，有助于计算机确认一条机读目录记录。

三、档案机读目录的功能

（1）作为数据交换的媒介。可以在系统间交换档案目录信息，可用来建立标准的二次档案文献数据库，建立全国的档案机读目录中心或全国的档案机读目录联合数据库，在一定程度上实现档案编目的社会化和档案信息资源共享。

（2）可以集中生产卡片式和书本式目录，编制联合目录，提高目录生产的效率和质量。

（3）可以用来生产各种机编索引，提高索引生产的自动化程度。

（4）可以缩微形式输出目录信息，利用计算机缩微输出设备（COM），将机读目录信息直接转换为光电信号记录在缩微载体上。

（5）可以提供多途径检索。MARC记录中的每个数据单元都可作为检索入口，检索途径比手工著录的目录多得多。

（6）MARC记录是具有良好自我说明能力的结构化数据，具有独立于计算机硬件和软件的特点，这有利于档案目录数据资源的长久保存和利用。

《中国档案机读目录格式》（GB/T20163—2006）的推广和应用，将提升我国档案机编目录标准化的层次，促进档案信息资源的共享。各地、各行业档案部门应对照国家标准，在尽可能的范围内，对已经建立的档案机读目录格式地方标准和行业标准进行修正。

◎ 本章思考题

1. 档案著录的含义是什么？档案著录在档案信息检索中具有什么作用？

2. 档案著录的内容有哪些？根据档案行业标准《档案著录规则》（DA/T18—1999）应采用什么格式？

3. 试述国家标准《中国档案机读目录格式》（GB/T20163—2006）所规定的机读档案目录格式的特点和要求。

第五章 档案标引

◎ 本章要点

①档案分类标引

②档案主题标引

③档案自动标引

◎ 关键词

分类标引　主题标引　自动标引　抽词标引　赋词标引

档案标引是对文件或案卷的内容进行主题分析，根据检索语言赋予检索标识的过程。依据分类法给予分类号标识的过程，称分类标引；依据主题法给予主题词标识的过程称主题标引。所谓主题，是指档案文献所记载和涉及的具体对象与问题，即档案的中心内容。

第一节 档案标引概述

一、档案标引的方式

（1）整体标引

即对一份档案的整体主题用一个标识进行概括式标引。这种标引方式深度较小，常以案卷为单位进行，标引速度快，但不能全面反映档案的主题内容，为浅标引方式。

（2）全面标引

即对一份案卷或文件的各个局部主题或主题因素分别标引。这种标引方式能比较深入、全面地揭示文件或案卷的各个主题，标引深度大，为深标引方式，但标引工作量也大为增加。

（3）补充标引

它又称为分析标引，即除了对档案的整体主题进行概括性标引外，还选择具有检索意义的个别局部主题或主题因素作单独标引。这种标引方式标引深度较大，既能概括揭示文献的主要主题，又能揭示较为重要的局部主题，不至遗漏具有检索意义的主题要素，能较为全面深入地反映文献主题，提供较多的检索途径和较好的检索深度。在进行补充标引时，可以案卷标题和卷内文件目录为主要依据，先将案卷的整体主题标引出来，然后根据卷内文件标题（或正文）有选择地补充某些重要的局部主题，达到适度标引的目的。

（4）对口标引

这又称为重点标引，即选择档案中对本单位服务对象有用的主题进行标引。这种标引具有专业特色，考虑到了专业的特定需要。在标引时，对与专业不太相关的主题可省略，而对与专业相关的主题进行具体标引，专指度高。这种标引方式对文献主题的取舍存在主观性，仅适用于专业性机关和专业档案馆。

在上述4种标引方式中，整体标引和对口标引（重点标引）为浅标引，全面标引为深标引，补充标引深度介于其之间。其中，整体标引不能全面深刻地揭示档案文献的主题，会影响检全率；对口标引的适用范围有限，具有专业对口性；全面标引虽然标引深度大，但标引工作量也很大。相对而言，补充标引方式既能概括揭示文献整体主题，又能揭示具有检索意义的较重要的局部主题，标引深度适度，工作量适中，可保持较快的标引速度，提高检索效率。因此，对于手工标引而言，补充标引在一定程度上优于其他三种标引方式。当然，如果采取的是用自然语言方式进行自由标引和自动标引，就可实现全面标引，尽可能揭示文献的各个主题因素，提高检全率和检准率。

二、档案标引的深度

标引深度是指标引一份档案所用的标识数量。所用的标识少，标引深度就小，称为浅标引；所用的标识多，标引深度就大，称为深标引，标引深度越大，提供的档案途径就越多，文献的利用率也会随之提高。但标引深度并不是没有限制的，因为标引用词过多，必然将一些情报价值不大的内容标引出来，这样反而会影响检索效率。因此，在手工检索系统中标引深度最好在5个以内，计算机检索系统对标引深度没有严格限制。

三、档案标引的程序

（1）审读文件、案卷，了解档案所论述的内容。主要通过题名来确定档案主题，如果题名不能确切反映文件内容和成分，再查阅正文、文头、文尾和附加标记等，力求准确把握档案的主题。

（2）进行主题分析，确定主题类型与结构。如果是多主题，一般情况下则需要给出多个分类号或主题词，如果是单主题则只需要给出一个分类号。但对于主题标引而言，还需要进一步分析主题结构，对于单主题中的单元主题，一般只需要给出一个主题词；对于单主题中的复合主题，则需要分析各个主题因素，进行组配标引。

（3）查表，转换主题概念。将档案的主题概念分析出来后，即可从档案分类表和主题词表中选定相应的分类号和主题词进行概念转换，对于多主题的档案应该分解成几个单主题进行标引。在进行分类标引时，转换主题概念实际上是辨别主题所属的类别，寻找并归入恰当的类别。应根据文件、案卷内容的属性、主题多寡、起草意图、利用对象、检索需求等特点，采用恰当的方式和方法，准确、一致、适度地进行标引。遇有难以分类的新事物、新主题的档案材料，分类表上无确切类目可归时，各档案馆（室）可增设新类目予以分类标引，同时上报《中档法》编委会确认。今后若遇到同类主题的文件、案卷亦照此办理，确保一致性。在进行主题标引时，需要辨别主题类型和结构，采用适当的标引方式，将分析出来的主题概念准确地转换成最专指的主题词，或者利用上位词、相关词或组配标引的方式表达主题概念。

（4）给出档案标识。即根据概念转换的结果，给出相应的分类号或主题词。

（5）作标引记录。对标引的结果以及标引中所处理的某些问题（如增删主题词等）进行记载，以不断提高标引质量。

（6）校对审核。主要审核主题分析是否全面、准确，主题概念的转换是否符合标引规则，标引记录有无差错等。

四、档案标引质量评价

评价档案标引质量的标准包括：

（1）网络度：即标引结果网络文献主题的范围。如果将一份档案的全部主题都标引出来，那么就达到了最高的网络度，但在实际标引过程中往往不可能达到最高的网络度。原因有二：其一，提高网络度可提高检全率，但同时意味着检准率的降低；其二，主题有主次之分，如果对所有的主题都进行标引，那么从某一次要主题入手查找档案，就很有可能检出不太相关的档案。因此，不必对所有的主题都作标引，也就是说，标引的网络度应该适中，应该保持在既有较高的检全率又不太影响检准率的范围内，即要进行适度标引。

（2）专指度：标引的专指度是指检索标识表达档案内容的确切程度。如果检索标识太泛指，其含义大于档案主题概念，将降低检准率；如果标识的含义小于档案主题，则会影响检全率，造成漏检。

（3）一致性：标引的一致性是指对主题内容相同的档案标引的结果应该一致，如果对同一主题内容的档案赋予不同的标识，必然会造成该主题档案的分散，影响检索效率。在对同一内容档案的标引中，不同的标引人员所给的标识往往不同，同一人在不同时间的标引结果也往往不一致。因此，标引一致性是在档案标引中急需解决的问题。可采用统一的检索语言进行标引；对组配标引、上位词、相关词标引及增补新词等进行记录，留作以后参考。

五、档案主题分析

档案主题分析，是根据档案标引和检索的需要，依据一定方式，对档案内容进行分析，提取档案主题概念，确定档案主题的类型与结构的过程。它是档案标引的首要步骤，也是档案信息前处理过程中智力消耗较大的阶段，档案主题内容的复杂性与标引人员知识水平的有限性，档案主题内容的客观性与标引人员分析判断的主观性等方面的矛盾使得档案主题分析过程中的误差难以避免，造成档案信息失真现象。主题分析的质量如何，直接关系到档案标引的效果乃至整个档案检索系统的检索效率。因此，须掌握档案主题分析的基本方法，在充分把握档案主题类型及其构成因素的基础上，按照档案检索系统的具体要求，对具有检索意义的档案主题概念进行提炼和取舍，使档案主题分析达到较高水平。

1. 档案主题分析的依据

分析档案主题的依据主要为档案题名、文件版头、附加标记乃至正文等，其中档案题名是作者对档案中心内容的概括，一般都能准确反映档案的内容和性质，但也有一些档案题名不能准确表达档案的中心内容，所以题名不能作为档案主题分析的唯一依据，此时就需要查阅文件版头和附加标记。文件版头包括作者、收文机关、文件字号、时间、密级等内容，通过它有助于明确文件的具体内容、使用范围及参考价值等。当从标题、文件版头和附加标记还不能判定档案主题时，就有必要浏览正文。通过翻阅档案正文可以了解其撰写目的、中心内容，从而确定档案论述和研究的主题。

而在实际标引中，在大多数情况下，仅以档案题名为依据基本上就能迅速、准确地判定档案的主题。这主要是由于题名的拟写有比较严格的规定和要求，形成了档案题名规范性的特点。普通档案题名一般由作者、事由、文件（案卷）名称三部分组成，并标明了发文机关名称，其中含有大量可供检索的内容特征和形式特征，基本能反映档案的主题。

2. 档案主题分析方法

（1）对主题类型的分析

所谓主题，是指档案文献所记载和涉及的具体对象与问题，即档案的中心内容。

依主题数量分，档案主题类型分为单主题与多主题两种。只记录或阐述一个事物或一个问题的档案，称单主题档案，如经济作物、档案馆建筑设计等；论述两个或两个以上事物或问题的档案，称多主题档案，如棉花和大豆的种植与销售等。对多主题档案应分解为几个单主题分别进行分析。

依主题的构成因素分，可分为单元主题和复合主题。单元主题是指由一个主题因素构成的主题，如农作物、图书馆等，论述的是一特定的事物对象或问题，分析时只需将该主题概念析出即可；复合主题是指由若干个主题因素结合构成的主题，如大气污染的防治、中国机构改革现状等，对复合主题须深入分析其结构及主题因素之间的相互关系。

依主题的重要程度分，分为主要主题和次要主题。主要主题是在档案主题内容中作者重点论述的主题，也称中心主题；次要主题是在档案论及的几个主题中未加重点论述的主题。在进行主题分析时，应重点分析主要主题，根据标引的需要对其作充分的提炼，而对次要主题，则应根据它的实际标引价值决定取舍。

依对主题表达的明确程度，分为显性主题和隐性主题。显性主题是作者明确阐述的主题；隐性主题是作者未直接加以表达，而是隐含于档案内容之中的主题。对显性主题的分析较为容易，可根据档案题名或正文直接提取主题概念，而隐性主题则易漏标，须在深入了解档案内容的基础上进行分析和提炼。

（2）对主题结构的分析

主题结构是指构成主题的因素（主题因素）以及这些主题因素在主题中的作用和相互关系。单元主题结构简单，只由一个主题因素构成，而复合主题结构复杂，一般由几个主题因素构成，因此分析主题结构，主要是针对复合主题而言。主题因素分为以下五种：

① 主体因素。即文件或案卷中论述的关键性主题概念，是主题中的核心部分。凡具有独立检索意义的主题概念，都可作为主体因素。如《××县人民政府关于加强粮食收购工作的决定》，其中的“粮食收购工作”即为主体因素。

② 通用因素。即构成主题的通用概念。凡是没有独立检索意义的一些主题概念因素，如研究、方法、设备、总结等，均为通用因素。它们一般不能作检索入口，在主题中主要对主题因素起细分作用，用以补充说明主体因素。如“拖拉机的生产规划”这个主题中，“规划”为通用因素。

③ 位置因素。即档案所论述的对象所处的空间、地理位置等主题因素，它对主体因素所在的空间、地理位置起限定作用。如“北京市发展乡镇企业情况的报告”，其中“北京市”为位置因素。

④ 时间因素。即档案所论述的对象所处的时间范围的主题因素。如朝代、年代、年度等，它也对主体因素起限定和修饰作用。如“××省人民政府1986年度工作报告”，其中“1986年”为时间因素。

⑤ 档案类型因素。即表示档案种类或文件名称的主题概念，如会议记录、指示、通知、报告、通报、命令等。

上述五种主题因素的组配次序如下：主题因素—通用因素—位置因素—时间因素—档案类型因素。不同档案主题所包含的主题因素多少不同，应根据标引深度的要求选择应该标引的主题概念。例如“中国 七五期间 工业经济体制改革 研究 报告”包含了上述五种因素，如果标引深度为3的话，那么只能选择“工业经济—经济体制改革—研究”进行组配标引。档案主题概念，除主体因素不能省略外，其他因素都可根据要求在标引中略去不标。

确定主题结构的过程，也就是对复合主题进行概念的分解的过程。

（3）对主题因素间相互关系的分析。主题因素之间的相互关系主要有下面几种：

①限定关系。表示事物与事物的某一属性及方面，如“汽车的保养”。

②交叉关系。表示具有概念相交关系的同级事物或对象，如“水生哺乳动物”。

③应用关系。表示某种科学、原理、方法、材料、设备、工艺等在某方面的应用，如“激光技术在医学中的应用”。

④影响关系。表示某事物对另一事物的影响，如“环境污染对生物的影响”。

⑤因果关系。表示某事物是另一事物的原因或结果，如“大气污染的危害”。

⑥比较关系。表示两个或两个以上主题因素之间的比较，如“国有经济与个体经济”。

第二节　档案分类标引

一、档案分类标引的基本规则

(1) 档案分类标引须依据档案分类原则，以档案的职能特性及其他特性为依据，对档案文件进行周密的主题分析，查明文件所论述的对象属什么类别，不能绝对根据标题进行主题分析。在文件标题不规范或不准确时，还需要审读文件的正文。

(2) 应根据分类表及其使用规则，辨明类目的确切含义，不能脱离类目之间的联系和类目注释的限定来孤立地判定类目的含义。

(3) 档案分类标引须符合专指性要求，分入最切合档案内容的类目，切不可分入较宽的上位类或较窄的下位类。只有当分类表中无恰当的类目时，才能分入上位类或相关类，并作出记录，以保证标引的一致性。

(4) 档案分类标引应充分考虑实际的检索需求和检索方式，根据档案的具体内容和用途，选定适当的标引深度。凡一份文件或案卷涉及两个或两个以上主题者，除按第一主题或最重要的主题标出确切的分类号外，必要时可对其他主题附加相应的分类号。具备了上述条件的不予标引，为标引不足；未具备上述条件而给予标引，则为标引过度。总之，应进行适度标引，保证较高的检索效率。

(5) 档案分类标引应保持一致性。各种文本、载体类型的同一主题档案所标引的分类号均应一致。遇有某些难以分类和分类表上无恰当类目可归的档案，无论归入上位类或归入与其密切相关的类目，以及增设类目，都应作出记录，以后遇有类似情况，均按此处理。

二、档案归类方法

档案内容十分繁杂，有的只记录或阐述一个事物或一个问题，称单主题档案；有的论述两个或两个以上事物或问题，称为多主题档案。单主题档案又有单元主题和符合主题之分，复合主题也就是所谓的多因素主题。根据档案主题的不同情况有不同的归类方法。

1. 单主题档案的归类

(1) 只记录或阐述一个事物或一个问题，内容比较专一的单主题档案，依其内容的职能性质归类，如“关于开展党员培训的通知”，入“A242 党员培训”。

(2) 从不同的方面来论述同一事物的档案，应按分类表中有关集中与分散的要求，归入相应类目。如棉花的生产和购销分别归入“MA21 农作物业生产”和“LA2 商品购销”。分类号标引为“MA21+LA2”。

(3) 论述同一事物的两个或两个以上方面的档案，若论述的方面是属于同一职能同一类别的，应归入其上位类，如“知识分子入党和提干问题”，入“A2”组织类；若属于不同职能类别的，依档案论述事物的主要方面归类，如“关于进一步做好市场管理加强物价检查监督的通知”，入“JF51”物价检查监督类。

(4) 从几种职能工作角度综合论述一个主题的档案，按其主要职能归类，如“工青妇组织和党政部门关心大龄未婚青年”，入“CA94”民政类。

2. 多主题档案的归类

一份档案论述两个或两个以上主题时，标引时应分析各主题之间的关系，确定给予一个或几个分类号。

(1) 并列关系。三个以下并列主题，应分别给予分类号，如“水资源和生物资源保护”，分别给予两个分类号“MA2832”和“MA2833”。如果并列主题超过三个以上，又属于同一上位类，则归入其所属上位类，如一份档案论述了函授、电大、自学考试等内容，应归入其上位类“GE6 成人教育”。

(2) 从属关系。即上下位类关系，一般归入上位类，如“职业技术教育与中专教育”，入“GE4 职业技术教育”。如果两个具有从属关系主题中重点论述的是较小主题时，则归入下位类，如“档案事业与企事业档案工作”重点论述企事业档案工作方面的内容，入“GA414 企、事业档案工作”。

3. 多因素主题档案的归类

(1) 因果关系。按结果一方归类，如“由于忽视航空安全检查造成××飞机失事的调查报告”，入“PD23312 飞行事故调查分析”。对于互为因果的主题做全面标引。

(2) 影响关系。一般按受影响一方归类，如“新技术革命对档案事业的影响”，入“GA41 档案事业”；如果论述一事物在各方面影响的，则依发生影响的主题归类，如“计算机科学技术对电子工业的影响”，入“NK 电子工业”。对于互相影响的主题做全面标引。

(3) 应用关系。按应用到的主题归类，如“计算机在工程和技术科学中的应用”，入“HE 工程和技术科学”；如果是综合论述一主题在各方面应用的情况，则按被应用的方面归类，如“微型计算机在图书情报和档案工作中的应用”，入“NK24111418 微型数字计算机”。

(4) 比较关系。一般按作者所要阐明的主题归类，如“农村集体所有制与个人所有制的比较”，作者重点阐述的是个人所有制，入“JC941213 农村个人所有制”。必要时，也可将被比较的几方分别归类。

总之，在进行档案归类时，首先，应仔细阅读编制说明，熟悉档案分类表的结构体例、标记符号、标记制度及其使用规则，掌握复分、仿分和组配编号的基本方法。然后，分析档案所反映的主题内容，正确判别其所属的基本大类。再次，通过简表，进一步确定它分属于该基本大类下的哪个二级类目。最后，查主表。在查找主表时，应根据逻辑关系，先查第一级类目，后查第二级、第三级、第四级类目，依次逐级深入查找，直到找到最确切、最专指的类目为止。应归入最确切、最专指的类目，不能随意归入其上位类、相关类或下位类。

需要指出的是，在给出主类号之后，往往会使用复分表进一步细分，力求全面表达档案主题因素，达到分面组配的目的。档案分类法的复分表类型较多，必须掌握基本的复分规则。通过对档案主题概念的进一步复分，才最终完成一次分类标引，得到一个准确、完整的分类号。

三、复分、仿分与组配编号

《中档法》除了主表以外，还附有复分表，复分表是对主表中共性类目的集中编制，有利于节省主表的篇幅，具有共性区分的性质。《中档法》有两种类型的复分表，即通用复分表和专类（专用）复分表，供主表有关类目复分时使用。复分的使用，可在一定程度上弥补等级列举式分类法单向层级式列举类目的局限性，揭示细小专深和复杂的主题，起到分面组配的功能。

(1) 复分表的一般使用规则

①复分表的类号不能单独使用，必须与主表中有关类目结合使用。

②凡主表中注明“依×××表分”的类目，都可依复分表分；主表中

未注明“依×××表分”的类目，一般不使用“依×××表”复分。综合复分表适用于主表中的一切类目，因此，不需要注释特别注明“依综合复分表分”。

③专类与专用复分表严格依照注明的范围复分，不得任意扩大。

④使用复分表时，必须做到准确辨类，在主表中选择恰当的类目与类号，然后再选择有关复分号与主类号组配。

⑤凡主表中类目的含义与复分表中类目的含义相同时，不得再使用复分表。

⑥通用复分表中有关类目与专类复分表中有关类目的含义相同时，应使用专类复分表。

⑦复分表的使用应遵循一定的次序，即通用复分表→专用复分表→专类复分表，在使用通用复分表时，若某一类目可以同时用世界各国地区表与中国地区表分，则应先依世界各国和地区表分，再依中国地区表分。

（2）通用复分表的使用

通用复分表都附于主表之后，供主表中各大类中有关类目进一步细分用。《中档法》中的4个主表都有各自的通用复分表。其中，中华人民共和国档案分类表的通用复分表有5个：综合复分表、世界各国和地区表、中国地区表、中国民族表、科技档案复分表。新民主主义档案分类表的通用复分表则只有综合复分表。民国档案分类表的通用复分表有：综合复分表、世界各国和地区表、民国行政区表。清代档案分类表的通用复分表有：综合复分表、清代行政区划表、中国民族表、世界各国和地区表。以下以中华人民共和国档案分类表的5个通用复分表为例，说明其用法。

①综合复分表。中华人民共和国综合复分表该表编制了主表中各类都可能出现的具有共性区分内容的类目，包括11个方面：

—1 政策、法规、体制

—2 会议

—3 规划、计划、统计、报告

—4 管理

—5 调研

—6 外事

—7 音像制品

—8 出版物

—91 历史

—92 人物

—93 社会团体

综合复分表适用于主表中任何一级类目，无论是否注明“依综合复分表分”，都可使用该表。该表的复分号为“—”，在使用时直接加在主表分类号码之后即可。例：医疗收费体制改革，类号为 GF1923—15。

②世界各国和地区复分表。在中华人民共和国档案分类表中，许多类目所涉及的事物都具有地域特点，需要按国家、地区细分。如：外交类的国家关系、双边条约，文化类中的政府间文化交流，新闻通讯类中的国际形势与外交政策报告，教育类中的国际教育与合作，科学研究类中的国际科学合作交流管理、区域地质学、水文学、岩石学、矿物学等，对外经济贸易类中的双边经贸关系、双边技术合作，等等。该表依据国家标准《中国周边国家和地区名称代码》（GB/T2659—94），同时，等效采用了国际标准《世界国家和地区名称代码》（ISO3166），采用的号码都是 3 位数。世界各国和地区表的复分号为“( )”，例：胡锦涛主席出访美国的新闻事务，分类号码是“E2212（840）·3”。

③中国地区表。中华人民共和国档案分类表中的中国地区表采用了国家标准《中华人民共和国行政区划代码》（GB/T2260—1995），同时，根据档案的实际情况，增加了中华人民共和国和成立初期的行政大区和省。中国地区表的复分号为“［ ］”，例：中国共产党湖北省第×次代表大会文件材料，分类号为“A121［42］”。

④中国民族表。中华人民共和国和中国民族表采用《中国各民族名称的罗马字母拼写法和代码》的阿拉伯数字代码。表内汉族和 56 个少数民族类目。号码为双位数字编号。民族复分表的复分号是“《》”。例：鄂伦春族民族状况调查，分类号为“BE7《52》”。

⑤科技档案复分表。中华人民共和国档案分类表的科技档案复分表以科技档案的种类为依据，共分为 5 个部分，依次是：科学研究档案（第 1 部分）、基本建设档案（第 2 部分）、设备、仪器档案（第 3 部分）、标准、计量档案（第 4 部分）、产品档案（第 5 部分）。每一个部分设二级至三级类目。科技档案复分表的复分号是“<>”。例：地震成因研究的论文与专著，分类号是“TC512<134>”。

（3）专类及专用复分表的使用

①专类及专用复分表只能同主表中有关类目结合使用，不能单独使用。使用时用专类复分标识符“·”或专用复分标识符“=”将主类号与复分

号连接。

②专类与专用复分表只能在主表限定的范围内使用。主表中已经注明可以使用专类和专用复分表的类目，才能用专类及专用复分表分。

③专类复分表往往与通用复分表结合使用，复分时，先依通用复分表分，再依专类复分表分。

以下是 E2 国际关系类插入的一个专类复分表：

E2 国家关系

以下 E21/29 依世界各国和地区表分

……

22 出访、来访

以下 E221/222 先依世界各国和地区表分，再依下表分。

·1 请示、会谈方案、代表团组成

·2 礼宾安排与活动日程

·3 新闻事务

……

E221 出访

……

2213 政府总理、副总理、国务委员

根据该专类复分表，对“李鹏总理访问德国的礼宾安排与活动日程”的分类号是：E2213（276）·2。

④某些类目同时使用专用复分表和专类复分表时，根据注释的指引，先依专用复分表分，再依专类复分表分。

例：“MA213 农作物栽培”类下注明“依农作物栽培表分，再依下表分”，根据该注释的指引，“关于做好鲁棉春季栽培工作的通知”，分类号是“MA21321=2119·11”。

（4）仿分的使用

仿分是指类目表中某些类目未列出下位类的名称，而仅指明“仿××分”的一种复分形式。仿分也是解决共性问题的技术措施之一，一般用于相邻和相关类目之间的仿分。只将其中一个类详细列出其下位类，而其他相邻或相关类目之下不再罗列相似的下位类，仅注明“仿××分”。例：

GA44 对外文化交流

……

4413 出访

44131　访问

44132　考察

44133　演出

44134　展览

44139　其他

4414　来访

　　　　仿 GA4413 分

根据以上注释，对 GA4414 的仿分结果展开为：

GA4414　来访

44141　访问

44142　考察

44143　演出

44144　展览

44149　其他

仿分应根据主表中有关类目注释的要求进行，凡类目注释指明“仿××分”的类目，均可依“××”类细分；凡未注明“仿××分”的类目，均不宜应用仿分。仿分时将被仿分类目的子目号码附加在仿分类目的类号之后。例：根据上例的注释的和仿分的结果，“德国××乐团来华演出材料”，分类号为“GA44143（276）”。

（5）冒号组配编号法

冒号组配编号法，是指用组配符号“：”将主表中的两个或两个以上类目的号码组成一个复合类号，用以表达一个复杂的主题概念。冒号组配编号法一般用于主表注释中说明可以组配的类目。冒号组配编号法具有如下作用：

①交替作用。交替类目也称为选择类目，可帮助专业档案馆解决专业档案的集中问题。用以处理某些交叉或有关专门问题的档案，在一定程度上缓和体系分类法类目单线排列而造成的集中与分散的矛盾。例：

MA［43］渔业教育

　　　　宜入 GE。如愿在此集中，可采用组配编号法，依本分类表序列排。例：渔业专科教育号码是 MA：GE51，渔业本科教育号码是 MA43：GE52。

②用于集中某些技术、学科在各方面应用的档案材料。例：

NK5248 电子应用技术研究

总论入此。专论在某方面的应用入有关各类。如：纺织生产电子监控与检测入 NV5。如愿在此集中，可用组配编号法，依本分类法顺序排。如飞机制造监控与检测编号为 NK5248：NL5；船舶制造监控与检测编号为 NK5248：NP5，以此类推。

③用于某些专业或技术的综合性和专业性档案的集中归类。例：

HE 工程和技术科学

工业、交通、邮电通信、城市建设、建筑业的科学研究档案宜入有关各类。如愿在此集中，可采用组配方法。例如：冶金科学研究档案为 HE：NG5；铁路科学研究档案为 HE：PA5，邮电通信科学研究档案为 HE：Q5，建筑科学研究档案为 HE：R5，排在 HE91 之后。

又例：

TD46 专业测绘

各专业测绘入各类。如愿在此集中，可采用组配编号法，按本分类法类目序列排列。

④运用概念组配原理，表达一个分类表中未列出的概念。例：

“中共中央党校关于授予×××硕士学位的决定”的分类号是 A8：GE54.84。又例：“航空工业科学技术档案工作条例”的分类号是 NL：GA41—4，“核工业部档案处处长访问美国的档案”的分类号是 NF：GA41（840）—62。

⑤在同一专业类细分某些类目，例：

NO71 专用设备

与 NO11/42 组配编号、排序。

在使用冒号组配法时，应注意：凡是主表中已经列出的主题，不得再用冒号组配法组配表达；凡通过主类号的复分、仿分可以表达的主题，不可使用冒号组配法标引。

四、档案分类标引的质量管理

衡量标引工作质量的主要因素包括：标引的客观性、专指性、全面性、一致性与适当的标引深度。影响标引工作质量的因素是：标引工作的组织管理、标引人员的业务水平和《中国档案分类法》及相关专业分类表本身的质量。

（1）制定分类标引的规章制度。各单位可制定标引工作细则。它是在《档案分类标引规则》的基础上，结合本馆、室的档案实际和利用者检索习惯而制定的工作条例。具体内容包括：分类标引的程序和具体组织规程，《中国档案分类法》简表、行业表、复分表的使用范围和使用方法，集中归类与分散归类、交替类目的采用、标引的深度，以及标引责任制等。

（2）提高分类标引人员的素质和要求。标引人员应具备所标引档案的专业知识和档案学知识；熟悉本馆、室的档案分类方法，并能用来标引档案材料；具有阅读、分析、概括、提炼档案主题和准确归类的能力；认真负责，周密细致，有良好的职业道德。标引人员宜实行专业分工，并保持相对稳定。

（3）建立标引人员与利用者的联系。标引人员应多与利用者接触，听取利用者对分类标引工作的要求、批评及反馈意见，并对利用者提问和检索结果进行分析，改进标引工作质量。

（4）加强《中国档案分类法》的管理。各档案馆、室在使用《中档法》过程中遇到的各种问题和处理方法要作记录，并填写“修改意见登记表”，报送主管部门，以便对《中国档案分类法》定期增补和修改，使之日臻完善。

五、档案分类标引实例

1. 建设部关于加强城市规划工作的通知

   主题分析：单主题，单元主题，直接归入相应类别。

   标引结果：R12

2. ××汽车制造企业关于引进日本汽车制造业关键技术的决定

   主题分析：单主题，多因素主题，需使用专用复分表。

   标引结果：LB224（392）= 386

   说明：“386”为“国际产业表”中“汽车制造业”的复分号，标引时直接加在主类号之后即可。

3. 新洲县委、县政府关于 1985 年机关保卫工作和机要工作的规划

   主题分析：多主题，包括两个并列的主题，即①机关保卫工作规划；②机要工作规划，应分别标引。

   标引结果：CC311—31+BB42—31

   说明：“—31”是“综合复分表”中“规划”的复分号。

4. 空气污染对人体健康影响的监测

主题分析：多因素主题，各主题之间为影响关系，依受影响一方归类。

标引结果：GF5242

5. 数据挖掘技术在金融综合管理中的应用研究

主题分析：多因素主题，各主题之间为应用关系，依应用到的一方归类。

标引结果：KB11

6. 粉煤灰化工产品生产

主题分析：单主题

标引结果：NC3522

说明：此处采用了仿分法。根据注释的指引，NC352“粉煤灰综合利用”的下位类仿 NC351 的下位类细分。

7. 无轨电车专用设备的生产

主题分析：单主题

标引结果：NO71：NO412

说明：依注释说明，采用组配编号法，将“无轨电车专用设备”集中在“NO71 工业专用设备”类。

8. 浙江省乡镇企业情况考察

主题分析：单主题，先用“综合复分表”复分，再用“中国地区表”复分。

标引结果：JC943—52［33］

说明：“—52”为“考察”在“综合复分表”中的复分号，“［33］”为“中国地区表”中“浙江”的复分号。

9. 海洋污染源的调查研究与总结报告

主题分析：单主题，具有“综合复分表”中两种以上特征（“调查研究”和“总结报告”）的档案，选择其中主要的一种加以分类。

标引结果：TA86—51

说明：“—51”为“调查研究”在“综合复分表”中的复分号。

10. 某出版社和印刷厂关于出版纠纷的法院判决书

主题分析：单主题，需用专类复分。

标引结果：GC144.26

说明：先根据档案主题所属的类别，查找到其在分类表中对应的主类号为 GC144，然后找到“法院判决书”在专类复分表中的复分号“.26”，将其直接接在主类号之后即可。

第三节 档案主题标引

一、档案主题标引的一般规则

(1) 了解所用主题词表的结构、标记符号及其使用方法，熟悉主表中的款目词结构和参照系统的功能，以及附表类型及辅助表（范畴索引、词族索引）的功能，以便迅速、准确地查到所需的主题词。

(2) 档案主题标引必须客观地、直接地反映档案论述或涉及的事物和问题，不应掺杂标引人员的臆测和褒贬。

(3) 档案主题标引应遵循专指性原则，用专指词标引。即选择词表中最专指、最恰当的主题词进行标引，当词表中有表达该主题概念的专指词时，不得选用其上位词或下位词，也不得进行组配标引。

(4) 当词表中没有专指词时，应选择最直接、最关联的两个以上的主题词进行组配标引；当组配标引不能准确地表达主题概念时，再选用最邻近的上位词或近义词进行标引（靠词标引）；当用上位词、近义词标引也不合适时，可采用自由词标引。主题词标引的优先顺序如下：专指词标引—组配标引（交叉组配—方面组配）—靠词标引（上位词标引—近义词标引）—自由词标引。

组配标引是用两个或两个以上的主题词组合起来表达一个复杂的概念。

靠词标引有以下两种方式：

①用上位概念主题词进行靠词标引。依据词族索引选用最直接的上位概念主题词进行标引，不应使用越级上位主题词标引；②用近义词进行靠词标引。依据范畴索引选用与主题概念含义最相近的主题词进行标引。

自由词标引又称增词标引或关键词标引。自由词（关键词）是主题词表以外的、未经规范化处理的自然语言语词。使用关键词标引应严格控制。如前所述，下列情况可以采用关键词标引：①某些概念采用组配其结果出现多义时；②某些概念虽可以采用靠词标引，但当这些概念的被标引频率较高时；③词表中明显漏选的词，包括词表中未收录的地名、人名、机构名、产品名等专有名称；④表达新生事物的词。关键词应尽可能选自其他词表或较权威的参考书、工具书，选用的关键词应达到词形简练、概念明确，实用性强。使用关键词标引后，应加以记录，并反馈到所用档案主题词表的管理部门。

（5）选定的主题词应是词表中的正式主题词，书写形式要与词表中的词形一致，不能随意更改或省略。

（6）每一份档案的标引深度，原则上应以能准确、完整地表达档案主题内容，充分揭示出有检索意义的档案信息以及检索系统的处理能力为依据。一个标引对象，标引用词一般2～10个。

（7）标引时要注意反映档案中出现的新事物、新政策、新成果，尽量向利用者提供更多的信息。

二、主题词组配规则

所谓主题词的组配，是指通过两个或两个以上主题词的逻辑组合来表达一复合主题概念。组配标引的规则如下：

（1）组配必须是概念组配，而不应是字面组配。概念组配基于概念逻辑原理，重在拆义，而字面组配以构词法为基础，重在拆词。如“键盘乐器的制造”，这一主题概念应用“键盘乐器—乐器制造”进行概念组配，而不能用“键盘—乐器—制造”单纯从字面上组配。判断是否为概念组配的标准是看被组配的主题词在单独使用时会不会产生意义失真和有无检索意义。

（2）概念组配包括以下两种类型：

①交叉组配，即同级词组配。它指用两个或两个以上具有概念交叉关系的同级主题词组配表达其相应的下位概念，组配符号用“:”。例如：水生哺乳动物，用“水生动物”和“哺乳动物”两个具有交叉概念的主题词进行组配，标引结果为“水生动物：哺乳动物”。

②方面组配，即限定组配。它指由一个表示事物的主题词，与另外一个或几个表示事物某个属性或某个方面的主题词组配表达相应的下位概念，组配符号用“—”。例如：《高考制度改革方案》，用“高考”和“规章”限定“教育改革”，组配标引的结果为：“高考—规章—教育改革”。

在组配标引时，应优先考虑交叉组配，然后考虑方面组配。

（3）应用词表中最专指的词进行组配，不能越级组配，如“业余学校的组织管理”应用“业余学校—学校行政”组配，而不能用“业余大学—学校行政”，也不能用“学校—学校行政”组配。

（4）当复合主题中含有多个主题因素时，应按其重要程度确定组配次序，并根据标引深度的要求对其加以取舍。当标引深度超过规定时，可略去次要的主题因素。

（5）当某一主题概念在词表中有组代主题词（先组复合词）时，应选用规定的组代主题词，不应另选其他主题词进行组配标引。

（6）当一份档案中有两个或两个以上主题，组配时可能产生假联系时，可以加关联符号区分不同的主题。其做法是：在主题词后用数字1，2，3，…表示分组符号，数字相同的主题词是一组相关联的组配概念。数字中的“0”，称作共同联号，表示该主题词可以和该档案中标引的任何一个主题词进行组配。例如：《关于安阳县棉花播种与玉米田间管理的情况报告》标引为：“棉花1”、“播种1”、“玉米2”、“田间管理2”、“安阳县0”。

（7）组配的结果应概念清楚，含义确切、专一，逻辑合理，当组配有可能产生歧义时，应改用上位词或近义词标引，或采用关键词标引。

三、档案主题标引实例

1. ××大学关于加强学风建设的通知

主题分析：单元主题

标引结果：学风建设

2. 普通高等学校函授教育暂行工作条例

主题分析：复合主题，采用方面词组配标引

标引结果：高等学校—函授教育—条例

3. 国务院关于老干部离休、退休制度的规定

主题分析：多主题，分别标引

标引结果：（1）老干部—离休制度—规定；（2）老干部—退休制度—规定

4. 中华人民共和国1987年国库券条例

主题分析：复合主题，位置因素和时间因素不能省略

国库券—条例—中国—1987

5. 1950年湖北省增产计划草案

主题分析：复合主题，位置因素和时间因素可略去不标

标引结果：（1）农业计划：生产计划—草案；（2）生产计划：农业计划—草案

说明：词表中无“增产计划”这个专指词，用其上位词“农业计划”和“生产计划”组配表达，并进行轮排，提供另一条检索途径。“草案”一词作为检索入口意义不大，故不参加轮排。

6. 1994 年钱塘江水情预报

主题分析：复合主题，此处不能省略位置因素和时间因素

标引结果：水文预报—钱塘江—1994

说明：对照词表，将“水情预报”这个主题概念转换成最专指的主题词“水文预报”，词表中无“钱塘江”一词，在此作自由词（关键词）标引。

7. 中华人民共和国技术合同法

主题分析：复合主题，可将整体标引和全面标引相结合。整体主题为技术合同法，局部主题为技术合同法涉及的 4 个主要方面：技术开发、技术转让、技术咨询和技术服务

整体标引结果：技术合同法—中国

全面标引结果：（1）技术合同法—中国；（2）技术开发—技术合同法—中国；（3）技术转让—技术合同法—中国；（4）技术咨询—技术合同法—中国；（5）技术服务—技术合同法—中国

8. 国务院关于违反财政纪律处罚的暂行规定

主题分析：复合主题，此处不能省略文件类型因素

标引结果：违反财政纪律—惩罚—法规

9. 火工品可靠性试验报告

主题分析：整体主题为“火工品可靠性试验”；局部主题为“电雷管可靠性试验”、“导火索可靠性试验”、“拉火管可靠性试验”

整体标引结果：（1）火工品—可靠性试验；

全面标引结果：（1）火工品—可靠性试验；（2）电雷管—可靠性试验；（3）导火索—可靠性试验；（4）拉火管—可靠性试验

补充标引结果：（1）火工品—可靠性试验；（2）电雷管—可靠性试验

对口标引（重点标引）结果：电雷管—可靠性试验

10. 关于加强产品质量管理的决定（全国质量管理工作会议文件之一）

主题分析：复合主题

标引结果：（1）质量管理—会议文件；（2）产品质量—质量管理

说明：对会议形成的系列文件，一般采取整体标引和分散标引相结合的标引方式。既能揭示会议所形成的系列文件的整体主题，也能揭示其中单份文件的具体主题。

第四节　档案的自由标引和自动标引

一、档案自由标引的含义

档案自由标引是指标引时不依据分类表和词表，而由标引人员直接从档案题名或正文中抽取标引词或自拟标引词。档案自由标引不受分类表和词表的限制，对标引人员要求低，标引难度小，标引速度快，由于直接采用作者所用的词进行标引，可达到较高的专指度。然而，由于自由词标引没有统一的依据，在大量标引的情况下容易造成用词不一致，使同一主题的档案分散在几个词下，导致检全率降低。解决此问题的有效手段是编制后控词表。

二、档案自由标引要点

(1) 档案题名在很大程度上反映了档案的主题内容，因此可作为自由标引的主要依据，但当档案题名不能确切表达档案主题，或者档案正文或摘要中含有题名中未反映出来的具有检索意义的内容时，就须从档案正文或摘要中抽取标引词。

(2) 标引词可由标引人员根据标引规则自主措词，不必拘泥于原文用词，但必须准确、规范、简洁、通用，并尽量保证同一主题档案标引用词的统一，必要时可参考词表或权威性词典。

(3) 除了标引档案主题中的主体因素外，还应标引其他方面的因素，以达到与档案主题相应的专指度。

(4) 由于自由标引主要用于计算机档案检索系统，因此对标引深度无多大限制，只要是有检索意义的主题概念都可以标引出来，并尽可能反映出新学科、新事物、新概念，对档案作者所用的新名词术语尽量直接采用。

(5) 为控制标引质量，应预先制定详尽的标引规则，保证标引的顺利进行。标引质量的内容包括主题分析方法、标引用词的规定、标引内容的取舍、标引深度的确定，人名、地名、机构名的处理及其他标引要求等。

三、档案自由标引的措词

档案自由标引用词是由标引人员自行决定的，可以从档案原文中直接抽取，也可以由标引人员根据标引规则自主措词，措词的好坏直接关系到自由标引的质量和检索效果。对自由标引措词的基本要求是简明、确切，符合用户习惯和检索思路，并力求对相同主题概念措词的一致性。

1. 措词的简明性

标引用词不能过于冗长、繁琐，尽量避免不起作用的词的堆砌，应在明确表达主题的前提下尽可能地简洁。如“中华人民共和国政府严正声明”用“中国政府声明”即可。但标引措词也不能简略到含义不清的地步，如“北大同学录”应标引为“北京大学”、“同学录”。

2. 措词的确切性

对于原文中含义不清的词，应透过其字面描述把握其实际含义，概括出能准确反映主题概念的词。例如：“关于集中整治无证‘三车’的通知”，应标引为“无证行驶”、“电力三轮车”、“人力三轮车”、“板车”、“交通管理”等。

3. 措词的用户保障原则

自由标引用词要符合用户习惯和检索思路，尽量不用用户想不到的措词形式。如“野游避险”可标引为“旅游安全”。

4. 措词的一致性

对同一主题概念的标引尽可能保持用词的一致性，尤其是对档案中那些常用的主题概念或容易引起分歧的主题概念应尽量做到标引用词的统一。例如：“周恩来100周年诞辰纪念”、“纪念周恩来总理100周年诞辰”、“纪念周恩来百年诞辰”、“周总理诞辰100周年纪念”，一律用“周恩来诞辰100周年纪念”来标引。

四、档案自由标引中对人名、地名、机构名的处理

1. 人名的处理

对档案中涉及的人名，凡是具有检索意义的，都应析出标引，若是仅仅提及，无具体内容的，不必标引。标引人名时应针对下列情况作分别处理：

（1）党和国家领导人的讲话，应标引讲话人。

（2）典型人物和事迹介绍材料，应将典型人物的人名标出。

（3）档案中涉及的人物的合称词，如“全国十佳少年”、“宋家三姊妹”等，除标引合称词外，若论及了每个人的具体情况，应将其分别标引。

（4）档案中用了人称代词的如“我”、“你”、“他”、“某人”等，将其全名标出。

（5）人名不全，如仅有“姓+职务”的，用人名全称，并可将其职务、身份一并标引，如“朱镕基—总理”，“克林顿—美国总统”。

（6）档案附件中的各类人员名单，如受表彰的人员名单，某机构、团体的组成人员名单，出席会议的一般代表名单等，用“三八红旗手—人员名单”的式样，不标具体人名。

2. 地名的处理

对档案中涉及的地名，标引时一般不须冠以上级地域名称，但对于很小的不知名的地名，则应冠以上级地名。具体来说：

（1）对外国地名，若是人所共知的可直接用其原名，如“巴黎”、“纽约”、“伦敦”等；若是一般地名则应冠以国名，如“英国伯明翰”、“挪威卑尔根”等。

（2）我国各省、市、自治区、直辖市的名称，一律只用地名，而省去“省”、“市”、“自治区”字样，如“湖北省”标引为“湖北”。

（3）我国县及其以上级别的地名，一律不加上级地名限定，县以下地名，应冠上县名作限定，如“孟津县小寨村”。

（4）风景名胜地名一般用其直接名称，如“庐山”、“北戴河”等。但若可能重名的，则应冠以所属地名，如“杭州西湖”。

（5）各大城市区一级及以下地名，应冠以城市名限定，如“武汉市江汉区”等。

3. 机构名的处理

一般应用全称标引，若简称更为通行，且能完整准确地表达时，也可用简称标引。具体作以下处理：

（1）外国的机构名，应冠以国名。如“法国外交部”、“美国西点军校”等。

（2）我国各机构名，不须冠以“中华人民共和国”或“中国”字样。如“卫生部”、“国家教育部”等。

（3）各种民间团体、组织、协会等直接用其全称标引。如“台湾海峡交流基金会”等。

（4）机构名称不全，或属保密性质的，用其上级单位名称或不标引。如“广州军区某部”用“广州军区”标引。

（5）有番号或代号的机构，直接用其代号标引，如“719所”。必要时加上限定，如“北京301医院”。

五、档案自由标引实例

1. 江主席在北大建校100周年庆祝会上的讲话

标引结果：江泽民—国家主席、军委主席、总书记 北京大学 100 周年校庆 庆祝大会讲话

说明：人名、机构名均用全称。

2. 国家统计局公布 1998 年第一季度经济形势统计报告

标引结果：经济形势 统计报告 国家统计局 1998. 1—3

说明：时间概念一般可不标，若须标引，则应采用确切的时间。

3. 中国复关问题会议记录

标引结果：关贸总协定 会议记录 复关问题 中国

说明：原文措词含义不清，应补充标引“关贸总协定”一词。

4. 中国人民政治协商会议八届三次会议纪要

标引结果：全国政协 八届三次会议 会议纪要

说明：“中国人民政治协商会议”用简称“全国政协”。

5. 武汉大学关于表彰 1997—1998 学年度先进团支部、优秀团干部和优秀团员的通知标引结果：表彰先进 武汉大学 先进团支部 优秀团干部—人员名单 优秀团员—人员名单

说明：先进人员名单在附件中列出，无具体内容，不标出人名。

6. 三省市试行国家教委“普通高中新课程方案”调查

标引结果：普通高中 课程方案 教学大纲 教材 试点 国家教育委员会 江西 山西 天津 调查报告

说明：机构名用全称，“三省市”用具体地名。

7. 第三届全国职业道德十佳标兵事迹介绍材料

标引结果：全国十佳标兵　职业道德　事迹介绍　徐虎　离素丽　亢龙田　史改梅　梁鸿义　冀丙祥　王凡　邱汝瞬　邹甲乙　梁惠珍

说明：档案中论及个人具体情况，应标人名。

8. 国务院关于在全国建立城市居民最低生活保障制度的通知

标引结果：城市居民 最低生活保障制度 城市贫困人口 社会救济

9. 美中最惠国待遇谈判纪要

标引结果：最惠国待遇 中美谈判 会议纪要

说明：档案中涉及中国与其他国家关系的内容，采用中国有关，其他国家在后的方式标引。

10. 革命老区拥军爱民活动纪要（照片）

标引结果：革命老区 拥军爱民—照片档案

说明：照片档案依据其主题标引，因照片档案所包含的信息量不大，只

需作浅标引，标出1~2个标引词即可，但应将档案类型因素标引出来。

六、后控词表及其编制

全文数据库和信息网络的发展，使自然语言在档案信息组织和检索中的应用逐渐加强，但是单纯采用自然语言会造成检全率的降低，解决此问题的有效途径就是采用后控词表。后控词表是一种在检索阶段进行控制的词表，它不像一般的控制词表那样在标引阶段实施控制，而是在检索阶段对检索提问进行控制。

对于标引和检索的控制与否有如下4种模式：

（1）标引控制+检索控制 同时在标引和检索阶段使用词表；

（2）标引控制+检索不控制 只在标引阶段使用词表，检索阶段直接使用自然语言检索；

（3）标引不控制+检索控制 用自然语言标引，但在检索时采用控制词表进行控制，检索用词既可以是自然语言，也可以是受控语言（即词表中的词）；

（4）标引不控制+检索不控制 标引和检索时都使用自然语言，不使用任何词表。

这4种模式中，第一、二种为先控模式，第四种为纯自然语言检索模式，后控检索就是第三种模式。所谓“后控”，是指在系统输入阶段不进行控制，而在系统输出阶段进行一定的控制，它把“控制”不放在标引阶段，而放在检索阶段。“后控制技术”是指检索系统在标引阶段使用自然语言，不对标引进行严格控制，而在检索阶段才对检索词进行控制的一种自然语言检索优化技术。后控检索一般通过后控词表来实现。先控模式（在标引阶段实施控制）对标引人员要求高，标引难度大，标引速度慢，词汇控制严格，词表管理耗时耗力。编制后控词表的目的是避开先控带来的问题，通过在检索阶段实施控制，减轻标引人员的负担，改进检索效果。

后控词表在很大程度上接近于自然语言，又保留了规范语言的许多特点，相对于结构严密的叙词语言来说具有更大的灵活性和动态性，且不用花多少人力编制，是自然语言和规范语言结合的理想方式。

后控词表对作为档案检索标识的自然语言词汇进行控制，须在现有的自然语言检索系统标识的基础上进行编制，具体而言，可采取下面几种方式：

（1）在现有的标引词的基础上编制。先用自动抽词或自由标引的方法标引一批档案，然后将标引结果整理成后控词表。

（2）利用现成的词表或分类表编制。用现有词表或分类表作框架，将自然语言检索标识纳入其参照系统中。

（3）利用计算机自动编制。利用计算机自动收集检索表达式中的检索用词逐渐积累成表。

后控词表的词汇量是不断增长的，这是为了适应自然语言词汇不断增长的需要，以便对新增加的自然语言标识加以及时控制。

后控系统检索的基本流程：检索词输入系统后，先不用于检索，而是进入词表匹配，根据词表中等同、等级的联系，将词表中与输入的检索词具有等同关系的词和检索词一同进行查找，同时显示相关词，供检索用户参考、选用。其流程如图5-1。

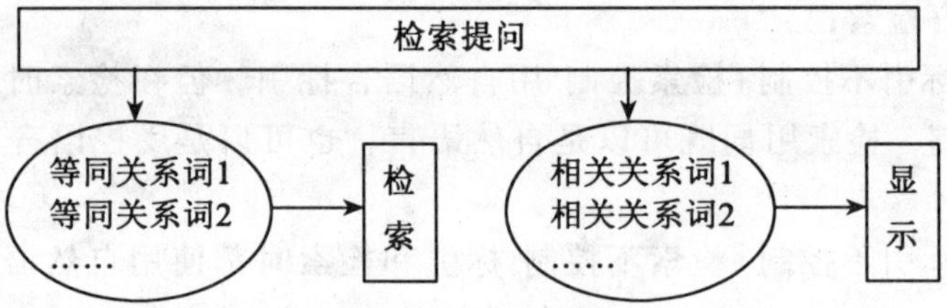

图5-1　后控检索流程图

后控检索举例：提问词为“微机”，后控词表中的“微机”的等同关系词有“微型计算机”、“微电脑”、“个人电脑”等，相关关系词为“计算机”、“电脑”、“大型机”、“中型机”、“小型机”、“巨型机”等。系统在检索时，会将提问词“微机”与其对应的等同关系词“微型计算机”、“微电脑”、“个人电脑”一同进行检索，并显示其相关关系词“计算机”、“电脑”、“大型机”、“中型机”、“小型机”、“巨型机”等，供用户选择，以扩大或缩减检索范围。

六、档案自动标引

档案自动标引，是指采用计算机技术自动对档案文件的题名、摘要乃至全文进行扫描处理，抽取反映档案主题内容的关键词，进而规范成主题词或分类号的过程。

1. 档案自动标引的步骤

（1）将档案题名、摘要乃至全文输入计算机，转换成机读形式。

(2) 计算机对档案题名、摘要或全文进行扫描，从中自动切分出可以组成主题词的词语，或依据独立于档案文本之外的主题词典选取关键词。

(3) 计算机自动统计所选取的关键词在档案中出现的频率，进行对比、分析和筛选，并按照词频大小排序。

(4) 计算机按照规定的词频测定标准，自动将选取的关键词转换为主题词。

(5) 对自动标引结果进行审核，以人工干预的方式进行必要的删改，最后确定标引词。

2. 档案自动标引的方式方法

档案自动标引方式有两种：一是抽词标引；二是赋词标引。其中抽词标引方式应用较为普遍。

(1) 抽词标引

所谓抽词标引，是指计算机从机读档案的题名、摘要乃至全文中自动抽取能表达档案主题内容的关键词作为标引词的方法。抽词标引又可分为主关键词抽词标引和全关键词抽词标引两种类型。

主关键词抽词标引要求计算机从档案原文中抽取能直接表达档案主题的主要关键词作为档案标识，即按照词频测定标准只有达到某一词频数以上的关键词才能被抽取出来，标引深度较小。

全关键词抽词标引，指计算机只从档案中剔除数量有限的非关键词，其余的关键词都抽取出来作为标引词的一种方法。这种标引方法标引深度较大，目前世界上的大型联机检索系统都采用这种方法。

抽词标引主要通过词频统计分析来实现，其基本方法是：计算机对机读档案题名、摘要乃至正文进行扫描，完成自动分词，用禁用词表排除只起句法作用的非关键词，如连词、介词、代词等，统计关键词在档案中出现的频率，删除出现频率过高或过低，没有实际检索意义的词，在规定的词频范围内抽词标引。

抽词标引的优点是不需预先编制机内主题词库作为标引依据，省时省力，方便实用，但随意性较大，标引用词的规范性较差。

(2) 赋词标引

所谓赋词标引，是指预先编制一个机内主题词库，用作标引的依据，计算机根据档案的主题特征，从规范的词库中选取相关主题词作为标引词的方法。

机内主题词库需有较高的覆盖率，其词量应随被标引档案数量的增加而增加，以满足自动标引的需要。

赋词标引的基本方法是：计算机按一定的算法扫描档案题名、摘要乃至正文的一连串汉字，将原文中的关键词与机内主题词库中的主题词进行对比、分析、转换，从而确定标引用词。

赋词标引的优点是规范化程度高，标引质量较有保证，但须事先编制机内主题词库，难度较大，若词库质量不高，还会影响到标引质量。

3. 档案自动标引系统

自动标引系统一般包括输入子系统、词典、抽词、知识库、转换和输出6个子系统。

（1）输入子系统。将文本以数据库或文档记录形式输入计算机，每个记录中包括供标引用的若干字段或子字段（如题名、文摘、文本段落等）。

（2）自动标引词典。自动标引词典（机器词典）是存储在计算机系统内的一部或多部词表。在赋词标引系统中，词表为受控词表（如主题词表），收录的是经过人工规范的主题词，通过参照系统显示了词与词之间的各种关联；在抽词标引系统中，全关键词标引词表是一种禁用词表（也称非用词表），即词表中收入的词都不用来作为检索标志；而主关键词标引词表中的每个词具有若干信息，如词类、组配等。在标引过程中，通过查找词典确定关键词与禁用词、词组构成与切分。

（3）抽词子系统。通过查找机器词典中存储的信息，对输入的文本逐字逐句进行扫描，抽出供综合与转换子系统处理的检索标志。对于拼音文字来说，词间有空格分隔，可按空格进行逐词扫描，作抽词处理。汉字词间没有空格，不能进行逐词扫描。因此，汉字抽词子系统首先须解决分词的问题，即将连续书写的汉字文本切分为有空格分隔的词。汉字自动切分，又称汉字自动分词，主要是通过扫描取文本的一部分同词典比较进行分词。词典切分的方法有最长匹配法、最短匹配法、设立切分标志法、逆向扫描二字前进法和非用字后缀表法等。

（4）知识库子系统。知识库是针对某一领域问题求解的需要，采用某种知识表示方式在计算机存储器中存储、组织、管理和使用的互相联系的知识片集合。对于人工标引而言，一般包括如下3个阶段：主题分析、概念汲取、对照词表将主题概念转换为规范的主题词。在计算机标引过程中，可通过主题句法、词频统计法、概率法、加权法、语法分析法和语义分析法等方法表达上述过程，用语义网等知识表达方式构造成知识库。

（5）转换子系统。依照知识库提供的知识，对抽词子系统抽出的全部词语进行统计、分析和综合，选取表达主题的关键词，然后，按词典子系统的规则，将选出的关键词转换为规范化主题词。

（6）输出子系统。将选取的关键词存入到文本记录的有关字段，并将记录输出到要求的介质上。

4. 汉字词的自动切分

汉字词的自动切分，指的是用计算机在中文文本中自动切分出能够构成标引词的词或词组。它是中文文献标引的一个特有难题，这是由于处于词组和句子中的汉字词之间无明显的分隔标志，字和字之间可以进行多种组合，形成含义不同的词和词组，计算机难以从中自动抽词。例如："发展中国家兔养殖业"可以切分成：

①发展/中国/家兔/养殖业

②发展中国家/兔/养殖业

③发展中/国家/兔/养殖业

因此，在档案自动标引中，首先要将档案中连续的一个个汉字按照汉字构词规律切分成词或词组，才能进行自动标引处理，自动分词问题是档案自动标引研究和应用中所要解决的关键问题。

目前已提出多种汉字切分方案，大致可以分为以下几种：

（1）词典切分法

词典切分法的基本原理是利用机内词典或词表作为自动抽词的手段，将抽取的词与词典（表）的词进行匹配，再辅以其他手段达到分词的目的。

（2）语法分析切分法

语法分析切分法的基本原理是通过词法、句法、语义分析，采用词频加权的手段实现自动分词。

（3）智能切分法

智能切分法的基本原理是采用概念分析、知识表示的方法进行句法分析，利用知识库、网络推理机等实现自动分词。

汉字词切分过程中的技术关键是把"字"构成词，避免产生歧义现象，也就是说，要保证切分出来的都是与原题名含义一致的词。在目前汉字切分方案中，词典切分法用得较多。

◎ 本章思考题

1. 简述档案分类标引规则的主要内容。

2. 简述档案主题标引规则的主要内容。

3. 简述档案主题词组配规则。

4. 什么是后控词表？它具有什么作用？

5. 档案自动标引采取的主要方式有哪几种？

第六章　档案检索工具

◎ **本章要点**

①档案检索工具的作用与分类

②常用档案检索工具的编制方法

◎ **关键词**

馆藏性检索工具　查检性检索工具　介绍性检索工具　档案目录　档案索引　档案文摘　档案指南

第一节　档案检索工具的作用与分类

一、档案检索工具的作用

任何档案检索工具，都具有存储和检索档案信息两种基本职能，具体表现为以下作用：

1. 检索作用

这是档案检索工具的主要作用。档案检索工具为用户提供了档案线索和查询手段，利用者可以根据自己的特定需要，按照一定的检索方法，从检索工具中查找所需的档案材料。档案检索工具的检索作用是否充分发挥，直接关系到检索工具的效益和档案信息资源的开发和利用。

2. 报道作用

通过档案检索工具，可以向社会宣传、介绍和报道档案的内容成分、价值和作用，通报馆藏情况，使档案的管理方式变封闭为开放，使档案的价值得到充分发挥，增强社会的档案意识，提高档案工作的社会影响。

3. 交流作用

档案检索工具不仅可以提供查询手段，还可成为档案机构与利用者之间，各档案馆（室）之间的交流工具。通过档案检索工具的联合编制和馆际交换，可以使各档案机构互相了解馆藏情况，互通有无，有利于实现档案资源共享。

4. 管理作用

档案检索工具是提高档案管理水平的重要手段。档案检索工具集中揭示了馆藏档案信息，有助于档案人员熟悉馆藏，为档案管理业务活动的开展提供了依据。某些档案检索工具直接反映了档案实体管理体系，是库房管理、档案保管和统计中必不可少的工具，各种检索工具还是档案人员提供咨询，开展编制工作的必要手段。

二、档案检索工具的分类

1. 按编制方式分

（1）目录。它是将档案的著录条目，按照一定的次序编排而成的检索工具，如分类目录、主题目录等。

（2）索引。它是将档案中的某一内部或外部特征及其出处按照一定的顺序排列起来的检索工具，如人名索引、地名索引、文号索引等。索引与目录的区别在于：目录对档案文件内容和形式特征进行全面系统的著录，著录项目比较完整；而索引是对档案文件中的某一部分特征进行著录，著录项目简单，但揭示深入，一索即得。

（3）指南。它是以文章叙述的方式，综合介绍档案情况的一种工具，如全宗指南、专题指南、档案馆指南等。它可以作为工具书使用，相对于目录和索引来说，其报道性、可读性较强。

2. 按载体形式分

（1）卡片式检索工具。它是将条目著录于卡片上，将卡片按一定顺序排列而成的检索工具。其优点是具有较大的灵活性，便于增减条目以及调整其顺序，还可利用一次著录的结果，编制不同的检索工具。但体积大，不便管理，不便传递与交流，成本较高。

（2）书本式检索工具。将著录条目按顺序排列并装订成册的检索工具。其优点是体积小，便于管理，便于馆际间情报交流，编排紧凑，成本低廉。但它缺乏灵活性，不能及时增减条目和调整顺序，不能完整反映馆藏档案。

（3）缩微式检索工具。用缩微摄影方式制作的以胶片为载体的检索工具。其主要优点是体积小，节约空间，便于携带和交流，便于长期保存和使用。但它是在书本式或卡片式检索工具的基础上形成的，需借助阅读器或电子计算机阅读查找，且不便增减条目，只适用于永久性保存的档案。

（4）机读式检索工具。以磁带、磁盘、磁鼓等磁性材料和光盘等感光材料为载体的供计算机识别的检索工具。其优点是存储密度高，检索扫描速度快，可进行多途径检索。

3. 按内容范围分

（1）综合性检索工具。以一个或若干个档案馆的全部档案或以一全宗的档案为检索和介绍对象的检索工具，如全宗文件目录、分类目录、全宗指南、综合性联合目录等。

（2）专题性检索工具。以有关某一专题的档案为对象的检索工具，如专题目录、专题指南、专题性联合目录等。

4. 按功能分

（1）馆藏性检索工具。反映档案实体整理体系及其相互关系的检索工具，如全宗目录，卷内文件目录、案卷目录、全引目录等。其功能是：固定和反映档案整理顺序，可借助它了解、分析馆藏情况，便于按档案整理顺序查找档案。但其目录组织方式受档案整理体系的限制，检索途径单一，一般不能超出全宗范围，检索深度较浅。

（2）查检性检索工具。它是从档案的某一内容或形式特征提供检索途径的检索工具，如分类目录、主题目录、专题目录、人名索引、地名索引、文号索引等。其主要功能特点是：不受档案整理顺序的限制，可以打破全宗的界限进行检索，能提供多种检索途径，选择任意的检索深度。

（3）介绍性检索工具。它是介绍和报道档案内容及其有关情况的检索工具，如专题指南、全宗指南、档案馆指南等。其特点是能全面、概括地介绍档案的情况，发挥宣传报道作用，向利用者提供一定的档案线索。但由于介绍性检索工具不记录档案文件的检索标识，不建立排检项目，借助它不能直接获得档案文件，只能算是间接性的检索工具。

上述各种类型的检索工具并不是每个档案机构都须配备，各档案馆（室）应根据本单位档案的特点以及检索的具体要求来确定编制哪些检索工具。目前，我国档案计算机化、网络化检索在逐步替代手工检索，但手工检索仍然占有一定比重，所以，在检索工具的建设中要注意检索工具形式的多样化，提供多条检索途径，满足利用者的不同需要。

第二节 档案检索工具的编制

一、馆藏性检索工具的编制

1. 卷内文件目录

卷内文件目录是以案卷为单位，系统登录卷内文件的题名及其他特征并固定其排列顺序的检索工具。卷内文件登录的内容一般包括：顺序号、文号、责任者、题名、日期、页号、备注。卷内文件目录能够固定文件在案卷中的具体位置，巩固档案实体系统整理的成果，而且能够反映卷内文件的基本情况，是检索具体档案文件的重要工具。

2. 案卷目录

案卷目录是在档案实体整理过程中，对案卷进行排列与编号以后，将案卷号、案卷题名及其他特征进行系统登记的检索工具。案卷目录也就是案卷名册。其中，案卷目录表是案卷目录的主体，案卷目录表的基本项目包括：案卷号、案卷标题、案卷起止日期、卷内文件页数、保管期限和备注等。案卷目录的主要作用是：固定全宗内档案分类体系和案卷排列次序，反映和巩固档案整理工作成果；揭示全宗内档案内容与成分，是查找、利用档案的基本检索工具；是案卷清册和总账，便于档案的统计和安全保管。

3. 全引目录

全引目录又称案卷文件目录或“卷内文件目录汇集”。它是以全宗为单位将案卷目录与卷内文件目录合二为一，汇编而成的一种档案目录。全引目录兼有案卷目录和卷内文件目录之功能，使检索能够深入到文件级。全引目录能够弥补案卷目录与卷内文件目录分开，卷内文件目录附于案卷内部，不利于检索的缺憾，可直接、具体地揭示每份文件的基本特征。利用者通过查阅全引目录，能比较全面地了解档案馆（室）的馆藏档案的情况。全引目录格式如表 6-1 所示。

二、查检性检索工具的编制

1. 分类目录

档案分类目录是按档案分类法组织起来的，揭示全部（或主要部分）馆藏内容与成分的一种综合性检索工具。它打破了全宗的界限，不受档案实体整理体系的束缚，提供从档案内容入手检索档案的途径，是档案工作人员

表 6-1　　　　　　　　**全引目录格式**

立档单位名称：＿＿＿＿＿＿　全宗号＿＿＿＿＿＿　目录号＿＿＿＿

案卷号	题名	起止日期	总页数	保管期限

顺序号	文号	责任者	题名	日期	页号	备注
1						
2						
3						

从事业务工作和利用者查找档案的不可缺少的工具。分类目录还可作为一种基本检索工具，派生出各种专题目录、重要文件目录等，向外报道馆藏，满足利用者的特定需求，正逐渐代替案卷目录，在档案馆（室）中占据主导地位。

在手工检索系统中，分类目录的编制包括条目的排列、参照卡和导卡的设置、字顺类目索引的编制。

①条目的排列。将已经著录的条目按分类号的顺序排列起来，对同一类号的条目再按时间顺序、题名、责任者字顺等其他特征排列。

②参照卡。用于揭示类目间的相互关系，指引利用者准确找到所需的档案。分为一般参照卡、直接参照卡和相关参照卡。一般参照卡表示类目的注释或说明分类规则。可告诉利用者，此类只收什么档案，什么档案本类不反映，应到哪个类去查找，如图 6-1 所示。

MA4　乡镇企业
　　　　综合入此，专业入有关各类

图 6-1　档案分类目录一般参照卡

直接参照卡（又称单纯参照卡），用来指引利用者从未被采用的类目到被采用的类目查找，参照符号用“见”表示，如图 6-2 所示。

R417　海洋工程 　　　　见　TA5

图 6-2　档案分类目录直接参照卡

相关参照卡用来表示类目间的交叉关系，用“互见”作参照符号，如图 6-3 所示。

TA5　海洋工程 　　　　互见　TA5

图 6-3　档案分类目录相关参照卡

③导卡。也称指引卡。用于揭示分类目录的结构及其逻辑体系，指导人们在目录内迅速准确地查到所需的档案卡片。一般可在每一类前放一张概括本类内容的导卡（见图 6-4）。

LA2 粮食 　　　　LA　21　粮油管理 　　　　　　　22　粮食购销 　　　　　　　　　…… 　　　　　　　27　粮油议购议销

图 6-4　档案分类目录导卡

④字顺类目索引：将分类目录的类目按字顺排列起来，提供从字顺主题入手查找档案的途径，提高分类目录的利用效率。分直接索引和相关索引两种，其中相关索引用处较大，其编制方法如下：对类名进行规范化处理，将之转化为标题形式；补充分类表中未列的概念，如类名同义词、表中未收的新学科、新事物或其他重要概念等；编制索引款目，对两个或两个以上主题的类目分别编制款目；对某些款目词实行轮排，使同族概念集中，并提供多条检索途径；将所有的索引款目按字顺排列。字顺类目索引范例如图 6-5

所示。

水产品—保鲜 MD32
水产品—供销 MD3
水产品—加工 MD3
水产品—经营管理 MD34
水产品—收购 MD31
水产品—销售 MD32
水产品—综合利用 MD32
水力发电 NE21
水利电力规划 ND1
水文测量 ND211

图 6-5　分类目录字顺类目索引示例

分类目录还可作为一种基本的检索工具，派生出各种专题目录、重要文件目录等，向外报道馆藏，满足利用者的特定需求。

2. 主题目录

档案主题目录是根据档案主题法的原理，按档案主题词的字顺组织起来的目录。主题目录不受全宗和分类体系的限制，直接从事物出发按字顺查找所需档案，灵活性强，便于进行特性检索，但系统性不如分类目录。在手工检索系统中，主题目录的编制步骤和方法包括：标题形式的选择、主标题与副标题的确定、著录卡片按字顺排列、参照卡的设置。

①标题形式的选择：标题形式有单一标题、复合标题、倒置标题等。单一标题是由一个主题词构成的标题。如“经济改革”、“粮食”等。复合标题是由两个以上具有逻辑关系的主题词组配而成的标题，主题词之间为概念限定关系时，用短横连接，如“小麦—种子—繁育”；若为概念相交关系，则用冒号连接，如“生产作物：经济作物”。倒置标题是将主题词中的定型词提前，提供族性检索的机会，如“飞机，超音速”，这种标题形式有利于同族事物的集中。对一个主题概念的表达，在同一个目录中只能采取一种标题形式，须根据需要选择适当的标题形式。

②主标题与副标题的确定：主标题反映的是档案的中心内容，是查找档案的主要依据，提供检索入口；副标题是对主标题的限定或说明，起细分作用。应选择具有独立检索意义，符合利用者检索要求，档案中较详细论述了

的主题词作为主标题。

③著录卡片按字顺排列：先按主标题字顺排，主标题相同的，按副标题字顺排；主标题和副标题都相同的，按题名或责任者字顺排，也可按年代、地域等特征排列。当标题中出现外文字母、阿拉伯数字和各种符号时，一般按照以下顺序排列："（ ）"、"—"、"："、"，"、汉文文字、拉丁字母、斯拉夫字母、希腊字母、阿拉伯数字、罗马数字。对复合标题中有独立检索意义的主题词进行轮排，以提供多条检索途径。如：

高产作物：经济作物→经济作物：高产作物

④参照卡的设置：根据《中国档案主题词表》中的参照项设置参照卡，显示主题词之间的相互关系，方便检索。与分类目录一样，主题目录的参照卡也可分为一般参照卡、单纯参照卡、相关参照卡几种。

3. 专题目录

档案专题目录是集中揭示有关某一专题档案内容的检索工具。它不受全宗的限制，有利于按专题查找档案材料，对于科学研究，解决某些专门问题很有帮助，是档案部门进行定题定向服务的有效工具。

档案专题目录的编制程序如下：

（1）选题

应根据党和国家各项工作的需要、利用者的某一特定需要，从本馆所藏档案材料的具体情况出发，选择具有现实利用价值的专题。选题是决定专题目录能否产生较大效益的关键，分被动选题和主动选题两种方式。

被动选题是根据主管部门下达的任务或有关部门提出的委托进行选题；主动选题是根据当前的中心工作、社会生活的重大事件、科学研究中的重大课题及各项工作的具体要求，结合本馆所藏档案状况和人力、物力等自主选题。选题的基本原则是要尽量满足当前的利用需要，反映馆藏特色，以重大课题为主，兼顾一般要求，具有一定的研究意义，并量力而行。

（2）选材

有关某一题目的档案数量往往很多，这些档案可能涉及好几个全宗，各全宗中所含有该专题的档案的数量和角度不同，需要对这些材料进行挑选，挑出能反映专题本质的有价值的材料，既不遗漏有关的档案，又防止充塞许多对本专题意义不大的档案。可以利用现有的检索工具选材。

（3）著录

对选好的材料进行著录，也可借用分类目录中的卡片。

（4）排列

一般按分类号排列，也可按时间、地区等标准排列，根据所收档案的特点而定。

4. 联合目录

档案联合目录是汇总若干档案馆或其他单位收藏的档案，综合编成的一种检索工具。如“革命历史档案联合目录”、“明清档案联合目录”、“中华民国档案联合目录”等。其作用在于：

（1）资源共享。它把分散在各地的档案从目录上联成一体，可为利用者提供更丰富的档案线索，实现档案信息资源共享。

（2）它是建立目录中心的先决条件。

（3）可推动馆际间的协作和交流，便于互通有无，形成全国性或地区性的协作网络，扩大档案利用的范围。

档案联合目录的编制方式有三种：

（1）以一馆为基础，其他馆校对补充。

（2）在统一著录格式和方法的前提下，各档案馆分头编制。由一馆牵头校对补充，汇总。

（3）各馆分编，组织专门班子汇总。

联合目录的结构包括：

（1）序言或编制说明。说明编制目的、使用范围、选材标准、著录方法、体系结构等。

（2）汇总的条目。条目的著录格式统一，条目按分类号排列组成分类联合目录，按主题词排列则组成主题联合目录。

（3）辅助索引。联合目录体系庞大，应配置辅助索引。如档案馆名称索引、全宗索引、人名索引、地名索引等，帮助利用者顺利查找所需档案。

5. 档案索引

档案索引是深入揭示档案的内容特征和形式特征，注明其来源出处，并按一定规律加以编排的一种检索工具。索引对分散在各个全宗、年卷中的档案信息内容分门别类地进行揭示，提供查找档案的线索，具有灵活、直观、简洁、使用方便等特点。索引和目录不同，目录是对档案内容和形式特征进行全面系统的记录，著录项目详细、完备，它所揭示的是完整的档案单元，如一个全宗、一个案卷、一份文件等。而索引则深入揭示了档案的某一方面的特征，如人名、地名、机构名等，与目录相比，索引揭示档案内容更为深入、细致，索引款目比较简略，一般只有标目和档案出处等项，能提供简便的查找途径。不少目录的正文后面，往往附有辅助索引，将档案目录的有关著录项目根据不同的需要，按与目录正文不同的排检方式重新组织起来，为利用者从多途径查找档案提供了方便，目录的使用价值也随之提高。因此，档案索引还能提高其他检索工具的检索功能和利用价值。

（1）档案索引的分类

①按内容分，档案索引可分为分类索引、主题索引、人名索引、地名索引等。

分类索引是以分类号作为标目及检索入口的索引，按分类号的顺序排列。例如，为档案主题目录配置的分类索引，可以同主题目录一起同时提供分类、主题两条检索途径。

主题索引是以主题词为标目及检索入口的索引，按主题词字顺排列。例如，为档案分类目录配置主题索引，可以提高分类目录的使用价值，提供按主题查找档案的途径。

人名索引是以档案中涉及的人名为标目及检索入口的索引，按人名字顺排列。

地名索引是以档案中涉及的地名为标目及检索入口的索引，按地名字顺排列。

②按载体分，可分为书本式索引、卡片式索引、缩微式索引、机读式索引。

书本式索引是以纸张为载体，通过印刷方式编制并装订成册的索引。

卡片式索引是以纸质卡片为载体，用手工书写或机器印刷方式编制和生产的索引。

缩微式索引是以缩微平片和缩微胶卷为载体的索引。

机读式索引是以磁带、磁盘为载体的索引，它是索引生产自动化的产物。

③按编制方式分，分为手工索引和机编索引等。

手工索引是人工编制的索引，这是传统的索引形式。

机编索引是用计算机编制、生产的索引，又分为机助索引和全自动索引。机助索引是用计算机辅助人工编制的索引；全自动索引是全部由计算机生成的索引。机编索引基本可取代手工索引。

④按排序方法分，可分为字顺索引、序号索引、编年索引。

⑤按索引所处的位置分，可分为附录式索引、单卷式索引、期刊式索引。

附录式索引是附于档案目录、文摘、参考资料等之后的索引；单卷式索引是单独出版的索引；期刊式索引是相隔一段时期连续出版的索引。目前最常见的档案索引是附录式索引。

总之，档案索引的种类繁多，各档案机构应根据自身的条件和利用者的需求选择所要编制的索引的类型。

（2）档案索引的结构

索引由正文和附属结构两大部分组成。索引正文包括索引款目和参照系统等；附属结构有使用说明、代码表、检字表、缩略语表等。简单的档案索引常常只有索引款目一项。

①索引款目。索引款目是索引的基本组成要素，是构成索引正文的基础。其功能是指引利用者查找档案中包含的某一方面信息，并指明其出处。包括标目和出处两项。

索引标目是索引款目的排检入口，它决定了款目在索引中的排检位置，是用户查找索引的出发点。各种档案特征，只要具有检索意义的，都可作为标目，如档案分类号、主题词、人名、地名、文号等。索引标目决定了索引的性质和类型。

出处项指明索引揭示的档案信息在馆藏体系中的位置，亦称档号。

除了标目和出处两个基本项目外，有些索引款目中还有注释和其他附加信息如题名等，对标目起补充说明作用。

索引款目结构如图 6-6 所示：

太平天国………………………………标目
（1850—1864）…………………… 注释
4—5—16—7
8—13—54—1………………………出处
12—2—9—15

图 6-6　档案索引款目结构示例

②参照系统。参照系统是反映索引款目之间相互关系的一种关系网络。它能提供更多的检索入口，帮助用户更全面、更迅速、更准确地查到所需要的档案信息，起提示和指引的作用。参照系统由见参照、参见参照、说明参照等组成。

见参照由非正式标目指向正式标目。如：毛润之　见　毛泽东。

参见参照指明标目之间的相互关系。如：孙中山　参见　辛亥革命。

说明参照又称一般参照，说明索引的使用方法。如：

档案馆

参见各种类型档案馆，如综合性档案馆、专业性档案馆、企事业单位档案馆等。

③附属结构。它包括使用说明、代码表、检字表等。使用说明是对索引用途、收录档案的范围、排列方法、使用方法的说明。代码表包括档案及档案馆类型代码表、机构名称代码表、地区代码表等。检字表包括汉语拼音检字表、笔画笔顺检字表、四角号码检字表等，以方便查找。

（3）档案索引的编制

①总体设计。确定档案索引的编制目的、规模，收录档案的范围，索引的类型，编制方式等。

②标引。分析档案内容，从中选择所需的索引标目，如人名、地名、机构名、事物名等。如果要编制分类索引或主题索引，则需依据档案分类法或主题法进行分类标引或主题标引。标目的选择应考虑用户的检索习惯及其需求，只选取具有检索意义的档案内容特征或形式特征作标目。

③编制索引款目。将从档案材料中选取的标目，连同出处、注释以及某些附加信息等，按照一定的格式编成一条条索引款目。

④配置参照。结构较复杂的索引一般都应设置参照，以显示索引标目之间的相互关系。分类索引和主题索引的参照可以参考档案分类法和主题词表编制，其他索引的参照一般也要参考一些工具书编配。

⑤将全部索引款目和参照按一定的次序统一排列。排序的方法应根据索引的类型而定，分别采用分类、字顺、序号等排列方式。

⑥编辑加工与排印。结果审核校对、编辑后，按预先设计的版面格式附上编制说明及必要的代码表、检字表等排版印刷出版。

如果是应用计算机辅助编制索引，则在标引完成后，将索引款目和参照系统等数据输入到计算机内，由计算机自动完成款目拼接、排序、编辑、打印等工作。

（4）计算机在索引编制中的应用

计算机主要在如下方面应用于索引的编制：

①自动标引。利用专用软件，进行自动分词、句法分析、自动聚类、自动抽词、词频统计等工作。由于标引是索引编制过程中所费人力最多、难度最大的一项工作，所以自动标引技术的应用对于提高索引的编制速度，节约

人力、物力有着十分重要的作用。

②自动生成索引款目。向计算机输入各种索引数据后，采用专用软件可用于索引款目的拼接、参照的配置，并自动排序和轮排，生成各种索引款目。

③辅助编辑排版。可通过计算机控制版面格式、变换字体与字号、添加助检标志、输出打印稿等。

④用于索引的管理。可利用计算机进行索引的统计工作，检查索引中存在的错误和遗漏，并对其进行必要的修订。

（5）人名索引的编制

人名索引是揭示档案中所涉及的人物并指明其出处的一种检索工具，可分为综合性人名索引和专题性人名索引两种。综合性人名索引是将馆藏档案中涉及的全部人名编制成索引；专题性人名索引是按某一专题范围编制人名索引，即选择若干比较常用的专题来编制人名索引。一般来说，专题性人名索引利用率较高，且编制工作量不大，对一般档案部门都是适宜的，可以满足大多数从人名入手查找档案的利用要求；而综合性人名索引编制工作量大，且并非档案中涉及的任何人名都有检索意义，所以，往往只用于人事档案、诉讼档案等，对普通档案不太适宜。

在编制人名索引时，应对一人多名的情况加以处理，在一个人的真实姓名、字号、别名、笔名、艺名等之间建立参照，将同一人的档案材料集中一处，避免漏检、误检。人名索引可参照《中国档案主题词表》所附人名表编制。

人名索引分人名和档号两部分，将人名引向所在档案的档号，即可查到记载某一人物的各种档案材料。人名索引可按人名字顺排列，有笔画笔形法、音序法等。其款目结构如图 6-7 所示：

沈钧儒 ………………… 标目
(1875—1963)　……… 注释
3—2—45—8
1—8—12—6　………… 出处
4—9—3—15　　　　（档号）

图 6-7　档案人名索引款目结构示例

（6）地名索引

地名索引是揭示档案中所涉及的地名并指明其出处的一种检索工具。地名索引可以为从地区角度入手查找档案的利用者提供档案线索。尤其是对利用档案编史修志者十分有用。地名索引比较适用于涉及地区范围较广的地质档案、农业档案、气象档案、测绘档案等。

在编制地名索引时，应搞清楚各地区在行政区划、名称等方面的沿革，在原用名和现用名之间建立参照，将同一地区的档案材料集中一处。

地名索引包括地名和档号两部分，必要时应加上注释，将地名引向所在档案的档号，即可查到记载该地区情况的各种档案材料。其款目结构如图6-8所示：

热河省 ………………… 标目
（1928—1955） ……… 注释
3—4—15—12
5—2—3—17 ………… 出处
5—3—9—24 （档号）

图6-8　档案地名索引款目结构示例

6. 档案文摘

档案文摘是以提供档案内容梗概为目的，不加评论和解释，简明确切地记述档案重要内容的短文。档案文摘虽然在档案室和档案馆并不常见，但它具有其他档案检索工具所不具备的功能和特点。

（1）档案文摘的功能和特点

档案文摘是对档案信息内容的浓缩，主要起报道档案内容，甚至代替原文阅读的功能，档案文摘虽然也能提供一定的检索手段，但其主要作用不是提供检索途径，而是报道档案内容。档案目录和索引则是揭示档案的内容和形式特征，提供档案查找的线索，不直接报道档案的内容，具有较强的检索功能。档案文摘的功能主要体现在3个方面：信息报道功能、检索功能和信息传播功能。

由于文摘在一定程度上可以代替原文阅读，能够及时提供大量信息，与目录、索引相比，更具有时效性。然而，绝大多数档案室和档案馆并未把编写档案文摘提上议事日程。较为常见的是公文文摘，即在现行文件阶段，由文件作者或文书人员以及其他人员撰写的文摘，这种文摘往往与处理完毕的文件一起移交给档案室，供日常工作查考之用，它更多地起到了参考资料的作用，而非检索工具的作用。另外，档案文摘的特殊性在于，它不能像其他普通文摘一样公开刊行，不能让人任意查阅，具有一定的封闭性。

(2) 档案文摘的种类

按不同的标准，档案文摘可以划分为不同的种类。

①按所含信息量的多少，可划分为报道性文摘、指示性文摘和报道指示性文摘。

报道性文摘是直接、完整地反映档案原文中所含定量和定性信息的文摘。它是信息含量最大的文摘，它将原文中的主要论点、性质、方法、结论等事实数据比较全面地反映出来，在一定情况下可以代替原文的作用。

指示性文摘是简要描述档案原文的主要内容供利用者判断是否需要阅读原文的一种简短的文摘。指示性文摘不直接反映档案原文的事实性信息，只指明原文的主题和内容梗概。

报道指示性文摘是介于上述两者之间的一种文摘，对原文中的重要内容采用报道性文摘的写作方法，对其他内容则采用指示性文摘的写法。

②按文摘的编写者，分为作者文摘和文摘员文摘

作者文摘是由档案原文责任者自己编写的文摘。这种文摘一般与原文同时产生，能及时、准确地传递原文的信息，具有显著的报道功能。

文摘员文摘，也称第三者文摘，是由专职或兼职的文摘员编写的文摘，是档案责任者以外的人员编写的文摘。这种文摘要求文摘人员具有较高的专业水平，并按照一定的规范编写，以保证文摘的质量。

③按文摘的内容，分为综合性文摘和专业性文摘

综合性文摘是指汇集了不同学科、不同主题档案内容的文摘。这种文摘全面反映各个学科、专业的档案内容，一般没有特定的利用对象。

专业性文摘是只针对某一专业或某一主题内容编写的文摘。这种文摘一般只针对某一特定的利用对象，只反映档案原文中特定的内容信息。

④按文摘所在位置，分为同址文摘和异址文摘

同址文摘指与原文登在一起的文摘。这种文摘一般作为作者文摘，常刊登在原文之前。

异址文摘指与原文分开刊登的文摘。这种文摘刊载在专门的检索刊物上。

(3) 档案文摘的结构、构成要素与详简度

①档案文摘的结构。档案文摘一般由著录事项和文摘正文两部分组成。

档案文摘的著录事项包括：

1）档号、文摘号与计算机备检号；

2）档案题名；

3）档案作者与立档单位；

4）档案所在案卷标题及其起讫页码；

5）档案存放处所及其编号；

6）关键词。

著录事项的详略程度依文摘的类型与阅读对象而定，它直接影响到文摘的检索功能。

②档案文摘的构成要素。文摘正文一般由如下要素构成：

1）目的：档案的主题范围，所要达到的目的、对象；

2）事由：所要解决的问题、采用的方法、手段等；

3）结论：观察、研究和处理的结果、数据，今后的课题、启发、建议、预测等。

4）其他有情报价值的信息。

③档案文摘的详简度。档案文摘的详简度应根据档案的类型、内容、信息量、篇幅和实际需要确定，其中档案内容是决定性因素。根据《文摘编写规则》（GB6447-86）的规定，报道性文摘和报道指示性文摘一般以400字左右为宜，指示性文摘一般以200字左右为宜。

一般来说，宜写成报道性文摘的档案材料有：工作报告、调查报告、总结、情况反映以及3 000字以上的文件；宜写成指示性文摘的档案材料有：命令、指示、标准、技术图纸、工作章程、合同、协约、判决书、法规、3 000字以内的文件材料。

④档案文摘的编写步骤和方法。档案文摘的编写步骤如下：

1）进行主题分析。正确把握原文的内容，明确其主题，确定编写文摘的要点。

2）撰写正文。根据国家标准《文摘编写规则》的要求，按规范的文摘结构和要索，编写文摘正文。

3）进行著录。根据利用者的类型和利用者的需要作详尽无误的著录。其中，档案原文题名、作者及出处是必不可少的著录项目。

下面是一条指示性档案文摘示例：

关于资源、综合利用项目与新建和扩建工程实行“三同时”的若干规定/国家计委/1—3—4—12/要求新建、扩建、改建项目和技术改造项目，以及一切可能对环境造成污染和破坏的工程建设和自然开发项目，必须严格实行防止污染和生态破坏的措施与主体工程同时设计、施工、投产，并对坚持“三同时”，推动资源综合利用，促进企业合理利用资源，增加社会财富，有效地保护环境等作了具体规定。

三、介绍性检索工具的编制

1. 全宗指南

全宗指南是对一个全宗的档案的形成历史、内容范围、成分、数量等各个方面以文章叙述的形式所作的全面介绍。可分为组织全宗指南、个人全宗指南、联合全宗指南等，其中，组织全宗指南占绝大多数。

(1) 全宗指南的结构

全宗指南由立档单位和全宗历史概况、全宗内档案内容和成分介绍、辅助工具三部分组成。

①立档单位和全宗历史概况。介绍立档单位和全宗的形成时间、经过、名称、性质、演变情况；全宗内档案的来源、数量、所属年度、进馆时间、分类、完整程度、整理鉴定和被利用情况等。

②全宗内档案内容和成分介绍。主要介绍档案来源（责任者）、内容、形式（种类、制成材料等）、形成时间、可靠程度、查考价值等。这是全宗指南的主体部分。

③辅助工具。包括目次、机关简称表、人名索引、地名索引等。

(2) 全宗指南的编制方法

①档案馆全宗数量很多，价值各异，不必为所有全宗编制指南，而应根据全宗的特点和利用需要，有选择地为具有实际利用价值的、经过系统整理和编目的全宗编写指南。

②编写时应全面收集有关该全宗的历史材料以及说明档案内容和成分的材料，查阅各种检索工具和档案材料本身，必要时还应该找有关人员调查，使全宗指南的叙述有根有据。

③根据全宗内档案材料的性质和特点，在介绍的详略程度上，分别采取简要介绍（将各案卷综合介绍），详细介绍（将各案卷逐个介绍），重点与全面相结合介绍（一般案卷简要介绍、重要案卷逐个介绍）等形式，将最有价值的档案材料突出介绍出来，以达到宣传、报道的目的。

④文字简练，条理清楚，内容准确，不掺杂个人观点，所引出处无误。

⑤尽可能提供档案编号和出处，适当配备辅助工具，方便利用。

2. 档案馆指南

档案馆指南是对一个档案馆的概况及其全部馆藏以文章叙述方式所作的概略介绍。它是档案馆对其收藏和服务情况进行宣传和报道的重要工具。

详细的档案馆指南包括序言、档案馆概况、馆藏档案情况介绍、馆藏资料介绍、索引、附录等组成部分。

(1) 序言。说明档案馆指南的编写目的、功用、结构体系、排列顺序、使用方法、编制过程等。

(2) 档案馆概况。主要包括档案馆沿革、馆藏档案概况、档案馆服务方式及规章制度。档案馆沿革说明档案馆成立时间及发展历史、历任馆长姓名、馆内组织机构、建筑、设备、馆址、联系方式等；馆藏档案概况包括：馆藏档案的特点、种类、范围、数量、起止年度、来源、变化、整理、鉴定、保管利用情况；档案馆服务方式及规章制度包括：开馆时间、利用手续和所需证件，借阅程序和方法，制发档案证明和复制本的规定，查阅机密文件的审批手续，收费标准等。

(3) 馆藏档案情况介绍。这是档案馆指南的主体部分，是将馆藏全宗按性质分为若干部分，分章节进行系统介绍。对全宗的介绍，可分为两种形式：一是对一个全宗作单独介绍；二是对若干全宗作综合介绍。档案馆不必对每一个全宗一一介绍，可只重点介绍比较重要的全宗，不太重要的只在序言中作概括交代即可。在介绍全宗内档案情况时，对反映立档单位基本职能和主要工作活动的档案要作详细介绍；对具有全国意义的重大实践、知名人物和具有地方特色的档案要突出介绍；一般档案作概略介绍即可，涉及党和国家机密的档案不予介绍。

(4) 馆藏资料情况介绍。各档案馆都收藏有一定数量的馆藏资料，它可以补充档案之不足，可在档案馆中专辟一章作介绍。内容包括馆藏资料的来源、种类、数量、分类、整理及检索工具等。

(5) 索引。索引是档案馆指南的辅助工具，可给利用者使用指南提供方便。一般包括人名索引、地名索引、机关名索引、主题索引等，可以是综合性索引，也可以是专门索引。

(6) 附录。包括本馆检索工具一览表及其使用说明，馆藏全宗目录，利用档案的规章制度等。

3. 专题指南

专题指南是以文章叙述的方式，按一定专题对档案机构收藏的有关该专题的全部档案材料所作的综合介绍。专题指南在选题、选材上与专题目录相同，在档案内容成分的介绍方式上类似全宗指南。专题指南主要起介绍、宣传和报道作用，但它不记录档案的检索标识，不具备查检档案的功能。

专题指南一般由序言、目次、档案材料内容简介、索引、附录等部分组成。其中，档案材料内容介绍是专题指南的主体部分。该部分的写作要求按专题的具体情况分若干章节，以简练、准确的文字，系统介绍本专题有哪些方面的材料，这些材料反映或涉及哪些主要问题、重大事件、重要人物及其时间、地点，有何利用价值，并指明档案材料的种类、数量、可靠程度、起止日期、全宗名称等。对几个档案机构合编的专题指南，还应注明档案的收藏处所。

四、档案检索工具体系

所谓档案检索工具体系，是指由若干功能不同的检索工具组成的各司其职、相互联系、相互补充的检索工具整体，这个体系能从不同角度揭示馆藏，提供不同的检索途径，满足利用者多方面查找档案的要求。建立科学合理的档案检索工具体系是使利用者充分了解和利用馆藏的重要保障，是开发利用档案信息资源的基础。建设档案检索工具体系的基本要求是：

1. 要有一定数量的功能不同的检索工具

要馆藏性、查检性、介绍性检索工具并举。只有具备不同种类的多种检索工具，才能提供多种检索途径，满足多角度查找档案的要求。

2. 要具有适用性，与利用需求相一致

每一种检索工具都有自己的独特功能，其功能是否得到有效发挥，要看馆藏档案的特点及利用需求情况而定，一个档案馆不可能也不必要编制所有类型的检索工具，若设置的检索工具与大多数利用者的查找角度、需求状况不相符合，其结果将是徒费人力物力。例如，省级以上的档案馆不应设文号索引，因为进馆档案至少是20年以前的文件，很少有人从文号角度查找。由于我国各档案馆普遍财力不足，所以应重视检索工具的使用效益和经济效益，在编制检索工具时，根据档案价值的不同应有所侧重，不宜平均使用力量。对于有价值的档案及利用率高的档案应优先投入较多力量，把钱用在刀刃上。某些价值不大或极少利用的档案只需要有目可查，检索工具可从简。

3. 要正确处理各检索工具的联系与分工

在建立检索工具体系时，不应单纯追求种类的多样，应注意各种检索工具的作用和职能范围，使之完整、系统、配套、功能齐全。具体而言，就是在功能上比较接近，相互之间可以部分甚至全部代替的检索工具应不设，以免平行重复，浪费人力物力。例如，全宗文件目录与分类目录在功能上比较接近，有了分类目录就不必编制全宗文件目录。所以说，在建立体系的过程中不宜强调每一种检索工具著录项目和体例的完整，除了基本目录应全面系统地反映馆藏外，其他检索工具只起补充作用，以避免检索工具的多头现象。

在查检性检索工具中，分类目录与主题目录是功能互补的两大基本目录，按理应同时设置，但实际上，大多数档案馆在目前情况下无力同时设置这两种目录。于是，人们提出了两种检索方法相结合的问题。目前，两者结合的途径有以下三条：一是以分类目录为主导编制分类目录，类目索引作为辅助工具，同时提供分类、主题两条检索途径；二是以主题目录为主导编制分类索引，将主题词纳入范畴体系中，在主要提供主题检索途径的同时，提供一定的分类途径；三是编制分类主题目录，在组织目录时以《中国档案分类法》为依据，同时对某些专指性要求较强的部分在终端类目以下用主题词进行细分，细分后的主题词按字顺排列，将《中国档案分类法》和《中国档案主题词表》结合使用。

4. 在档案检索工具编制中应推行标准化

由于社会对档案信息资源共享的需要，对档案检索工具的标准化提出了迫切要求。档案检索工具的编制往往各行其是，虽说有统一的著录标准，但未得到切实贯彻执行，项目设置不够规范，存储的信息量不够丰富，影响了检索工具作用的发挥，不利于馆际协作和情报交流，不利于档案检索的计算机化。因此，在建立检索工具体系时，应积极推行标准化，为将来建立统一的档案信息检索体系奠定基础。

◎ 本章思考题

1. 试述几种常用档案检索工具的编制方法。
2. 如何建立科学合理的档案检索工具体系？

第七章　计算机档案信息检索系统

◎ 本章要点

①计算机档案信息检索系统的特点与类型

②档案数据库组织

③计算机档案信息检索系统的开发

◎ 关键词

计算机档案信息检索系统　档案数据库　顺排文档　倒排文档　检索软件

第一节　计算机档案信息检索系统的特点、类型和结构

20 世纪 80 年代，我国各级档案馆及大的档案室进行了计算机检索的试验和实际应用。当前，计算机档案信息检索逐渐取代手工检索而占据主导地位。

一、计算机档案信息检索系统的特点

计算机档案信息检索系统是以电子计算机作为检索设备，将档案信息以二进制代码的形式记录在磁性载体上，由计算机检索软件进行控制，对输入的档案信息自动进行存储、加工、检索、输出、统计等操作的一种信息检索系统。与手工检索系统相比，其优点十分明显。

1. 检索速度快

使用传统的手工检索系统要查到所需档案，须逐张翻检有关检索工具，这常常是一种繁琐、费时的手工劳动，而用计算机进行检索，速度就快很多。要查找一个或一批文件级档案条目，少则几秒钟，多则几分钟就可完成。这保证了提供档案的及时性。

2. 存储量大，检索途径多

计算机能够用较小体积存储大量的档案信息，这是书本式、卡片式检索工具远远不能相比的。计算机具有为每个文件提供多个存取点的能力，因而可以实现档案信息的多元检索，档案著录的每一项目，既可单独作为一条检索途径，又可把若干项目结合起来进行检索。

3. 检索效率高

计算机信息检索系统对各种检索要求有很强的适应性。将文献的多种特征输入计算机后，通过计算机本身的处理系统可以满足利用者的多方要求，并将检索结果迅速打印输出，其检索效率较之手工检索工具大大提高。

二、计算机档案信息检索系统的类型

(1) 按数据库的性质，分为目录信息检索系统、事实与数值信息检索系统、全文信息检索系统。

目录信息检索系统存储的是经过加工的档案目录信息，检索结果是符合检索要求的档案线索。目录信息检索系统目前在档案计算机检索系统中占绝大多数，它是发展最早，应用最广泛的检索系统。

事实与数值信息检索系统存储的是档案中所包含的各种事实或数据，它对档案材料进行了更高层次的情报加工，输出的检索结果为用户可直接利用的事实和数据。这种检索系统有逐渐增多的趋势。

全文信息检索系统存储的是机读化的档案全文信息，通过这种检索系统可以检索档案原文中的任何一个字、句、段、节等，也可直接输出档案全文。

(2) 按检索方式，分为脱机检索系统、联机检索系统。

脱机检索系统是将用户的检索提问集中起来，由系统操作人员统一输入，统一查找，再把检索结果打印出来分发给用户。这种检索系统的用户不能直接使用计算机参与检索过程，需要较长时间才能获得检索结果，适合于那些不需立即获得结果但要求较高检全率的检索要求。早期的计算机检索系统大多为脱机检索系统。

联机检索系统是以人-机对话的方式，通过计算机终端和通信线路由检索人员直接对档案数据库进行检索。用户可以随时查找所需的档案信息，并能马上获得检索结果，还可随时修改检索提问，直到获得满意的结果为止。

(3) 按服务方式，分为定题检索系统和追溯检索系统。

定题检索系统是将用户提出的检索要求编成逻辑提问式输入到计算机里，组成提问文件存储在磁盘上，每隔一定时间对数据库中新收入的档案信息进行检索，并按一定的格式打印输出给用户。定题检索服务一般是以脱机方式进行的。

追溯检索系统是根据用户的检索要求，对数据库中积累的档案材料进行专题检索，可以普查若干年内与检索课题有关的所有材料，其检索可追溯到档案数据库所能提供的年代。

(4) 按检索语言，分为受控语言检索系统和自然语言检索系统。

受控语言检索系统是采用分类表、词表等规范化的检索语言对标引和检索所用的词汇进行控制，检索时需通过分类表、词表将标引用语和检索用语进行相符性比较。

自然语言检索系统是直接采用自然语言存储检索档案信息，能够方便标引和检索，但要以计算机检索技术的高度发展为前提。

三、计算机档案信息检索系统的构成

计算机档案信息检索系统由机读档案数据库、计算机硬件、计算机软件三大部分构成。

机读档案数据库是将一系列档案文献条目用二进制代码的形式，记录在磁带、磁盘或光盘上，以便让计算机"阅读"理解和运算，其内容与普通的检索工具基本一致，但为了便于计算机判断和处理，在条目中增加了指示符、分隔符、结束符等标志，并记明了各个著录项目以及整个条目的长度与地址。为了提高检索效率，计算机还需对目录数据库作进一步加工，排成各种索引文档。一个计算机检索系统包含若干种文档。

硬件，指计算机及外部设备，它是进行信息存储、运算、输入、输出的实体。计算机的选型，应根据馆藏量、系统规模及检索功能的要求来决定。根据我国档案馆（室）现有条件，一般以采用微型机或小型机为宜。尤其是微型机售价低，其容量和功能不断提高，能满足大多数档案馆（室）档案检索的要求，是财力不充足的档案机构的最佳选择。在配置硬件时应考虑各种设备的兼容性、处理速度与处理能力、可靠性与适应性等，既要考虑目前的需要，又要着眼于将来的发展。

软件，指控制计算机各种作业的一系列指令，没有这些指令，计算机就不能运行。目前市场上出售的软件较多，先要配齐有关的系统软件，应用软件可以购买，也可以自己研制开发。由于档案种类的多样性，内容的复杂性以及档案管理、利用的特殊性，要求档案检索系统的软件开发须从档案的特点以及档案工作实际出发，进行系统分析和设计，不能完全搬用情报检索系统的软件。

第二节　档案数据库

档案数据库是以一定的组织方式存储在一起的机读档案数据的集合。“记录”是档案数据库的基本单元，是对某一份文件或案卷的题名、责任者、来源、页码、分类号、主题词、摘要等进行描述的结果，每条记录相当于一条著录款目。一个档案数据库由若干条记录组成，这些记录可以被组织起来以供检索和显示之用。一条记录的各个项目称为字段（相当于著录项目），在长度上可以是固定的，也可以是可变的。档案数据库的结构分为物理数据库、概念数据库和逻辑数据库三层。档案数据库是档案计算机检索系统的核心，其性能往往影响到整个系统的功能效率。

一、档案数据库的特点

（1）集成式。档案数据库对档案数据实行集中化控制，可将各种有关数据集中在一起进行统一的控制和管理，保证了数据的一致性、完整性。

（2）结构化。档案数据具有复杂的数据结构，它将各应用系统的全部数据合理地组织起来。

（3）低冗余度。数据库中的档案数据重复少，数据的冗余度被控制在最低限度，节省了计算机存储空间。

（4）可靠性。数据库系统采取各种手段加强了对数据的保护，保证了数据的安全可靠。

（5）共享性。数据库系统内的各应用程序可以共用，数据库还可以出售，供不同用户、不同系统使用。

二、档案数据库的分类

一般将数据库所含信息内容作为档案数据库的基本分类标准，根据此标准，档案数据库可分为：

（1）目录数据库。包括各种机读版的文摘、索引、目录等，又称为目录数据库。其作用在于指引用户找到合适的档案信息源，即档案原文，从而满足其检索要求。

（2）事实数据库。又称为文本-数值数据库，是同时包含文本信息和数值信息的数据库，它提供经过加工的一次情报，利用者可直接从中查找自己所需的档案信息。

（3）全文数据库。存储机读化的档案全文，可用来检索档案原文中的任何字、句、段、章、节等。

事实数据库和全文数据库的特点在于它们本身含有一次情报，即用户所要求获取的数值、事实或文本，可直接向用户提供所需的档案信息。相对于二次文献数据库来说，事实数据库和全文数据库是在更深层次上对档案信息进行加工的产物。

此外，按数据形式分，档案数据库还可以分为文字型数据库、数值型数据库、图像型数据库，以及多媒体数据库等。

三、档案数据库的生产

1. 档案数据库生产过程

档案数据库的生产，包括档案材料的收集、鉴选、摘要、数据录入、校对、计算机处理等环节。

（1）档案材料的收集

确定档案的收集范围和来源，按要求全面收集档案材料，作为建库的原始材料。一般以馆藏丰富的档案馆（室）为基地。

（2）档案材料的鉴选

应以利用者需要为准则，根据数据库的目的、范围选择有价值的档案材料。

（3）档案文摘的编写

将收集来的档案材料一一作摘要，以便进一步加工处理。文摘的编写应当标准化，遵循国家标准 GB6447-86《文摘编写规则》。

（4）数据准备

将档案的内容特征和形式特征著录、标引出来，为数据库提供经过加工的数据。著录标引须达到标准化的要求。

（5）数据录入

将著录标引结果转化成机读数据。数据录入工作可以用计算机键盘根据工作单来完成，也可以用文字处理设施进行，以后再作成批转换。

（6）校对

计算机自动对录入的数据进行审核，如审核字段的数据形式是否正确，字段长度是否符合，各种标识符号是否有误等。

（7）计算机处理

通过特定的计算机程序，进行记录的装配与格式转换。各个检索系统内部的数据格式可以不同，为了便于系统间的转换，国际上有通用的标准化格式，即 ISO2709《书目信息交换用磁带格式》。

2. 档案数据库对档案著录标引的要求

对于档案著录的要求：

（1）必须采用机读目录格式进行著录，应采用国家标准《中国档案机读目录格式》（GB/T—20163—2006）。

（2）采用标准的项目标识符。

（3）采用详细著录级次，必要时可增加一些项目。

（4）填写著录工作单，保证数据录入准确无误。

对档案标引的要求：

（1）进行深度标引。采取全面标引方式，对档案的整体主题和局部主题，只要有较大检索意义的，都可标引出来。一般来说，一份档案标引深度可达到 5 至 15。

（2）用自由词作补充标引。对一些新概念和词表中未列出的专有名词，如人名、地名、机构名、工程代号、产品代号、会议名称等，可作为自由词经一定规范后直接标引出来。

（3）标引具有两个或两个以上主题的档案时，采用关联符号，以避免误组配。同一个主题的标识采用相同的关联符号，置于文献号后。例如，对《钢的硬度和铝的强度分析测试报告》，标引为：

钢　0124a　　硬度　0124a　　测试　0124a，b

铝　0124b　　强度　0124b

在这里，0124 是文献号，a，b 是关联符号。检索比号时，不仅文献号须相同，关联符号也须相同。

（4）加注机编主题目录标题符号。数据库可用来生产供手工检索用的机编目录和索引，供手工检索用的标引词是先组散组式的，对标引深度和组配次序有一定的限制。为此，须加注标题符号。

标题符号一般由两部分组成，位于前面的符号表示是哪一条款目，后面的符号表示标题的级别。例如：

钢　S_1A　　硬度　S_1B　　测试　S_1C，S_2C

铝　S_2A　　强度　S_2B

S_1、S_2分别表示第一、二条款目，A、B、C 分别代表主题标题—子标题—次子标题。根据此标题符号可做成两条款目：

①钢——硬度——测试

②铝——强度——测试

（5）进行上位登录。即在给出一个检索词或分类号的同时，给出所标引档案所有的上位词或上位分类号。其作用是方便扩检，提高检全率。上位登录可通过程序由计算机自动进行，也可人工进行。

（6）填写标引工作单。工作单所列栏目和项目视具体的档案计算机检索系统的建库要求而定，一般包括：档号、缩微号、密级、时间、作者、题名、文摘、文件类型、分类号、主题词、自由词、标题符号、文档单位等。

3. 档案数据库的性能指标

（1）数据收录的完备性

这是评价数据库质量的首要指标。数据库覆盖面的大小、收录数据的完备程度，关系到它是否能全面满足用户的检索要求，是取信于用户的基本前提。

（2）数据的准确性

数据库中收录的数据是否准确可靠，是保证档案检索系统检索效率的重要因素，数据的任何差错，如格式的不一致、字符的出入、拼写的失误，对计算机处理数据和检索结果都有很大影响。尤其在数值型和事实型数据库中，数据的不准确将会造成严重后果，可能导致用户对数据库的彻底否定。

（3）信息含量的充分性

它指档案数据库揭示档案信息特征的充分程度，如对一份档案著录项目的详细程度；有无摘要；摘要的详略如何；标引深度的大小等。数据库的信息含量越充分，就越有助于用户判断档案的价值及其切题程度，从而帮助他们迅速准确地找到自己所需要的档案。

（4）数据更新的及时性

主要指一份档案从形成到纳入数据库之间的时差。如果用户先看到原始档案，然后才从数据库中检索到该档案的有关信息，就会认为数据库所提供的数据不及时。数据库的及时性对于现实效用较强的科技档案尤其重要，数据库的时差越短，其价值就越大。

（5）数据库的成本效益

建立数据需消耗大量的人力、物力，租用或购买数据库的花费也不小。因此，经济成本是衡量与选择数据库的重要指标，应尽可能地选用最低的成本达到较大的效益。计算数据库成本的指标包括每个字段、每条记录的平均费用，每次检索、每条命中记录的平均费用。

四、档案数据库的文档类型及结构

一个档案数据库一般至少由一个顺排文档和多个倒排文档构成。

1. 顺排文档

按档案记录的输入顺序（即记录的顺序号）排列的文档。记录按顺序一个接一个存放，一个存取号对应一条记录，存取号越大，对应的记录就越新。由于它存储了所有记录完整的信息，所以，又把它称为主文档（Master File）。在顺排文档中进行检索，计算机就要对每个检索提问式逐一扫描数据库中的每一条记录，存储的记录越多，扫描的时间越长，检索速度慢，效率较低。顺排文档相当于检索工具的主表部分。

2. 倒排文档

这是将主文档中的可检字段（如主题词、责任者）抽出，按某种顺序重新排列起来所形成的一种文档。以不同的字段作为标识，组织成不同的倒排文档（如主题词倒排文档、责任者倒排文档等）。倒排文档可以按主题词的字顺排，也可以按分类号的大小排。倒排文档只有文献的标识、文献篇数及文献存取号。因此，检索时必须结合顺排文档使用，先在数据库的倒排文档中查得文献篇数及其记录存取号，再根据存取号从顺排文档中调出文献记录。倒排文档类似于检索工具中的辅助索引。

例如，查找同时含有主题词 A 和 F 的文档，可先检索主题词倒排文档，获得同时含有 A 和 F 的文档存取号 003，然后再在顺排文档中获得该文档的完整著录信息（见图 7-1）。

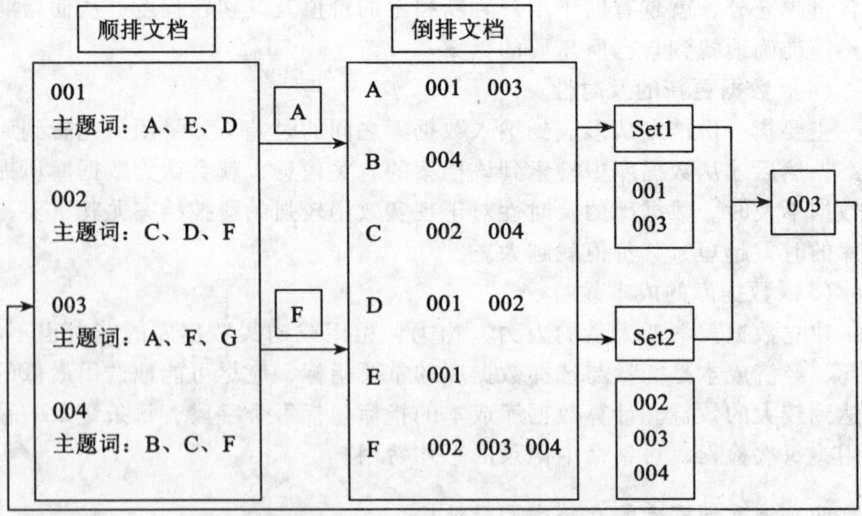

图 7-1 顺排文档与倒排文档结合使用示意图

第三节　计算机档案信息检索系统的开发

一、计算机档案信息检索系统开发的步骤

计算机档案信息检索系统开发的步骤包括：开发准备、系统分析、系统设计、系统实施、系统维护和评价。

1. 准备阶段

进行初步调查，组成专门的系统开发领导小组，制订系统开发计划。在深入调研的基础上，提出系统初步目标，并进行新系统开发的可行性研究，确定系统开发的方式。系统开发的方式有委托代理式、合作开发式、独立开发式等。

2. 系统分析阶段

在明确了系统的目标后进行工序分析，工作量分析，费用和时间分析，用一系列图表构造出系统的逻辑模型，并与文字说明一起组成系统说明书。

3. 系统设计阶段

具体进行计算机和人工过程的详细设计，包括选择合适的硬件、软件设备，进行代码设计、输入输出设计、程序模块设计和处理过程设计等。

4. 系统实验阶段

进行设备的选购、安装和调试、人员培训、程序设计和调试、数据库的建立、系统的调试和转换等工作。其中，数据收集、加工和录入等数据准备工作需要投入大量的人力，是建立计算机档案检索系统中最繁琐的工作，也是系统能否投入使用的关键。

5. 系统维护和评价阶段

系统调试完毕之后，须通过检验和验收。系统运行一段时间后还要对系统的质量和效益进行评价。系统评价指标包括输出信息的质量、系统的可靠性、开发和维护费用及经济效益、系统工作效率、服务质量、用户的满意程度等。系统的维护和评价须反复进行多次，使系统不断趋于完善。

二、影响计算机档案信息检索系统开发的因素

1. 档案材料的基本情况

档案的数量、类型、特点和状况决定了系统的规模、数据库的类型、系统开发的进程，也对计算机硬件和软件的选配提出了要求。

2. 档案管理状况

现有的档案管理基础是计算机档案信息检索系统能否顺利开发的前提。例如，档案是否齐全、整理有序、鉴选得当，档案信息前处理工作的进展状况等都是直接的影响因素。

3. 用户需求

用户需求是整个系统的出发点，也是决定系统是否适用、达到较高利用效率的关键。用户需求状况还直接影响到系统结构与功能设计，例如，要实现自动标引，就需要建立可用词词库，并辅以词表管理功能。

4. 人员、设备、经费条件

系统开发过程中需要各方面的人才，包括系统分析人员、数据录入人员、计算机操作人员、程序设计人员、著录标引人员等。此外，经费充足、设备齐全等因素在系统开发中往往发挥决定性作用。

5. 技术可行性

现有技术水平决定了系统能实现什么样的目标和功能，技术可行性反应在硬件、软件的性能，数据库管理系统、汉字输入技术等方面。

三、计算机档案信息检索系统开发的组织

计算机档案信息检索系统开发的组织主要有委托代理式、合作开发式和独立开发式等形式。

1. 委托代理式

档案部门将系统开发委托给相关技术部门，档案部门只提供必要的资金和业务条件，双方签订委托代理合同。

2. 合作开发式

即相关技术部门和档案部门分别负责与自己业务有关的工作内容，双方共同参加系统开发的全过程，并就系统开发中的关键问题进行协商，充分交流意见，直至取得协调一致。系统实际设计工作由计算机技术人员负责，档案管理人员则需向计算机技术人员介绍档案管理的原则、方法和各种具体要求，协助其做好调查分析等工作。

3. 独立开发式

由档案部门独立进行系统的开发。条件是档案部门拥有技术实力，能够独立解决系统开发中出现的各种技术问题。如果系统规模不大，技术要求不高，可以采用独立开发方式。

在以上三种方式中，委托代理式的双方如果沟通和交流不畅通，则系统

功能会受影响；合作开发式的双方都参与系统开发，既能够弥补档案部门自身技术力量的不足，又能保证档案部门及时提出关于系统功能的意见，提高系统的适用性和技术水平；独立开发式节省经费，组织管理方便，所开发的系统适应性强。

开发计算机档案信息检索系统时应注意如下几点：

1. 随时考虑用户的实际需要

计算机档案信息检索系统开发的目的是为利用者提供高效、方便的检索服务。系统开发的成功与否取决于它能否适应用户的各种检索需要。因此，在系统的研制过程中应始终与实际应用部门保持联系，根据实际需要对研制过程中出现的偏差予以纠正，使系统具有较强的适用性。

2. 有计划、有步骤地实施系统开发工作

系统开发的每个阶段都有明确的工作任务，各个阶段之间，各个工作环节之间有着内在的逻辑关系和先后次序，只有严格按各个阶段的划分有步骤地完成规定的任务，才能保证系统开发的顺利进行。

3. 重视系统开发中形成的各种材料的收集和保管

在系统开发过程中，无论是调查研究材料，还是系统设计方案、文字和图表等技术材料，或是系统测试报告、评价材料，与用户交流情况的说明等材料，都应认真收集、整理、妥善保管，它们都是系统研制开发工作的成果反映，也是以后工作的依据，对于系统的进一步完善及推广使用具有重要作用。

◎ 本章思考题

1. 简述计算机档案信息检索系统的特点与类型。
2. 档案数据库的组织方式有几种？
3. 简述计算机档案信息检索系统的开发步骤和方式。

第八章 计算机档案信息检索方法与技术

◎ 本章要点

①档案信息检索的过程

②计算机档案信息检索的方法

③计算机档案信息检索技术

④检索策略构造与调整

◎ 关键词

计算机档案信息检索　检索方法　检索技术　检索策略

第一节 档案信息检索的一般过程

一、档案信息检索的基本步骤

（1）明确检索要求，确定所要查找的档案信息在时间、类型、内容等方面的特点和限定范围。

（2）根据所在档案机构检索工具和检索系统的设置情况，选择有效的检索途径，确定需查找的档案检索工具或数据库。

（3）对检索课题进行主题分析，并依据档案分类表或词表将档案检索课题的主题概念转换成档案检索标识（分类号或主题词）。

（4）从档案检索工具或检索系统中进行查检，将档案检索标识与表达档案主题概念的档案文献标识进行匹配（相符性比较），检出相关档案。或者直接利用关键词进行检索获得相关档案，或者通过其他检索途径如题名、责任者、文号、档号等查找符合检索要求的档案。

（5）对检索结果进行分析，若与检索要求不符，则根据需要扩大，缩小或改变检索范围，直到获得满意的检索结果为止。

二、手工检索过程

(1) 了解和熟悉馆藏检索工具。了解本馆（室）所设置的检索工具的种类、收录范围、编排方式、功能等，弄清楚本机构能提供什么样的检索途径，为查找某方面的档案选择恰当的检索方式。

(2) 明确检索要求。针对某一具体的检索课题，明确检索的真实目的，所要求的检索角度、深度和广度。由于各种原因，利用者在提出检索要求时，常常是不够确切的，对检索要求含糊不清的表达常常掩盖了利用者真正的情报需求，致使检索效果受到影响。因此，档案检索人员需要向利用者反复了解、征询，以确定检索的真实要求。

(3) 根据检索要求，选择必要的检索途径。选择什么样的检索途径要看利用者对所要查找的档案线索的掌握程度，如已知文号，可查文号目录；已知责任者，可查责任者目录；若没掌握什么线索，则可通过分析检索课题的主题，选择内容检索途径，查找分类目录和主题目录。在手工检索中，明确了检索途径，也就基本上确定了所要使用的检索工具。

(4) 如果选择的是分类和主题检索途径，在检索过程中就须将检索课题的主题概念转换成检索标识。由于概念转换须借助档案分类表和主题词表，而检索人员对分类表、词表的结构、功能和使用方法不一定很熟悉，再加上分类标引和主题标引有一定的难度，因此，概念转换是手工检索过程中较为困难也是比较关键的步骤。

(5) 根据检索标识在各种卡片式、书本式的检索工具中进行查检。这是手工检索的实际操作阶段，在检索过程中应根据检索要求随时调整检索范围，包括扩大、缩小或改变检索范围。可利用分类表的等级体系或词表的参照系统、范畴索引来实现。

(6) 获得与检索课题相关的档案线索后，就可根据检索工具提供的出处提取档案，进行甄别、筛选或利用。

(7) 如果一次检索达不到较高的检全率或检准率，不能完全满足检索要求，可另外选择检索途径，重新进行查检，直到获得满意的结果。

三、计算机检索过程

计算机检索是在构造和执行检索策略的过程中进行的。检索策略是根据检索要求和检索系统的具体情况制订的检索方案，具体表现为完成一次检索而构造的一系列检索表达式。实际上，手工检索过程中也需要制订恰当的检索策略，但手工检索对检索途径、检索用词和查检步骤的选择和安排只存放在检索人员脑子中，不必要写成书面的表达语句，并且可以边查边看边考虑，灵活改变检索方案。而在计算机检索中，由于检索标识与文献标识之间的对比匹配关系是由机器进行的，必须把情报提问转换成计算机可以识别的形式，这就需要事先制订周密的检索策略，以保证检索的顺利进行。

计算机检索的具体过程如下（见图 8-1）：

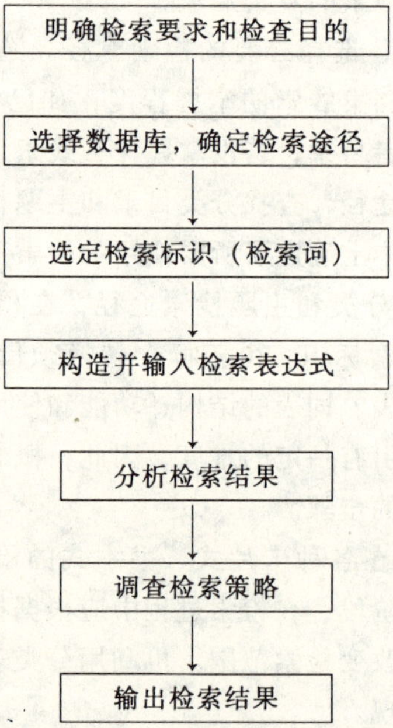

图 8-1　计算机档案检索流程示意图

（1）明确检索要求和检索目的，确定大致的检索范围。

（2）根据检索要求选择数据库（或文档），并确定检索途径。

（3）对用户提问进行概念分析，依据检索词将分析出的主题概念转换成检索标识。

（4）运用布尔逻辑算符或检索系统支持的其他检索方法构造检索提问表达式。

(5) 输入提问表达式，由计算机对文档进行查找，检出相关文献。

(6) 分析检索结果，若不符合要求，则对提问表达式进行修改并且重复第 (5) 步，直到满意。

(7) 按照所需要的格式和要求，输出最终检索结果。

第二节　计算机档案信息检索方法

一、计算机档案信息检索方法

1. 布尔逻辑检索 (boolean logic)

用布尔逻辑运算符连接各个检索词，然后由计算机进行逻辑运算，查找所需信息。布尔逻辑检索广泛运用于计算机检索系统，是使用面最广、使用频率最高的一种检索方法。布尔逻辑算符有如下 3 种：

(1) 逻辑“与”

用“AND”或“ *”表示。用来表示其所连接的两个检索项的交叉部分，即交集部分。检索式为：A AND B (或 A * B)。如：大学生心理咨询可用“大学生 AND 心理咨询”来表示。

(2) 逻辑“或”

用“OR”或“+”表示。用于连接并列关系的两个检索词，检索式为：A OR B (或 A+B)。如：“城乡医疗体制改革”可用“(城市医疗 OR 农村医疗) AND 体制改革”来表示。

(3) 逻辑“非”

用“NOT”或“—”表示。用于连接排除关系的检索词，排除不需要的和影响检索结果的概念。检索式为：A NOT B (或 A—B)。表示检索含有检索词 A 而不含检索词 B 的信息，即将包含检索词 B 的信息集合排除掉。如：研究生 NOT 博士研究生

逻辑“与”的运用能缩小检索范围，利于提高检准率；逻辑“或”的运用能防止漏检，利于提高检全率；逻辑“非”的运用能排除不需要的和影响检索结果的概念，提高检准率。

布尔逻辑运算符及检索表达式见表 8-1。布尔逻辑运算的文氏图见图 8-2。

表 8-1　　布尔逻辑运算符及检索表达式

逻辑算符	AND（逻辑与）	OR（逻辑或）	NOT（逻辑非）
检索式	A AND B A * B	A OR B A+B	A NOT B A−B
命中记录	A 和 B 都出现的记录	A 和 B 有一个出现或两个都出现的记录	只出现 A 不出现 B 的记录
图例	图 8-2	图 8-2	图 8-2

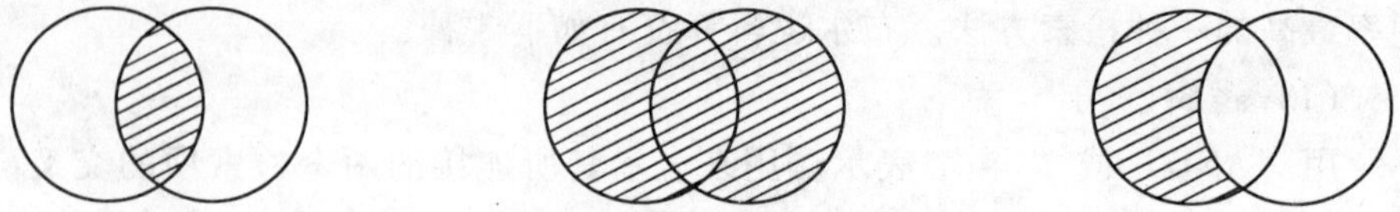

图 8-2　布尔逻辑运算的文氏图

在一个检索式中，可以同时使用多个逻辑运算符，构成一个复合逻辑检索式。复合逻辑检索式中，运算优先级别从高至低依次是 NOT、AND、NEAR，可以使用括号改变运算次序。此外，当检索式含有截词符、位置算符时，布尔逻辑运算最后执行。

2. 邻近检索（proximity search）

邻近检索又称为位置算符检索。是用特定的算符（位置算符）来表达检索词与检索词之间的关系，并且可以不依赖叙词而直接使用自由词的一种检索方法。与布尔逻辑检索方法相比，邻近检索可以通过严格限制词和词之间的位置关系，表达更为确切的检索要求。经常使用的位置算符有 With（W）或 Near（N）两种。用（W）或（N）连接检索词 A 和 B，用于表示两个词在同一记录中位置的密切相邻关系。

（1）（W）与（nW）

用位置算符（W）连接检索词 A 和检索词 B，检索表达式为：“A（W）B”。表示检索词 A 和检索词 B 必须在文本信息中按照前后顺序紧挨着出现，检索词 A 在前，检索词 B 在后，二者的前后位置关系不能颠倒，二者之间不能插入其他的词，但可以有一个空格、一个标点或一个连接符号。如果允许 A 和 B 之间有多个词，可用“A（nW）B”表达，n 表示 A 和 B 之间可以最多插入 n 个词，但 A 和 B 之间的前后顺序不能颠倒。

(2)（N）与（nN）

用位置算符（N）连接检索词 A 和检索词 B，检索表达式为：“A（N）B”。表示检索词 A 和检索词 B 必须在文本信息中紧密相连出现，但 A 和 B 的位置可以颠倒，A 在前 B 在后或者 B 在前 A 在后都可以，二者之间不能插入其他的词，但可以有一个空格、一个标点或一个连接符号。如果允许 A 和 B 之间有多个词，可用“A（nN）B”表达，n 表示 A 和 B 之间可以最多插入 n 个词，A 和 B 之间的前后顺序可以颠倒。

3. 字段限制检索（field limiting）

即将检索词限制在某一特定的字段范围内进行检索，例如：“环境保护（LA）”是对语种进行限定，括号内的“LA”表示语言，意指该检索词只在语言字段进行检索。除此之外，还可将检索词限定在题名、作者、时间、档号、分类号、主题词、文号等可检字段进行查找，提高检准率。

4. 词组精确检索（exact search）

精确检索主要通过双引号“”专指一个检索词（组），从而检索出与双引号内完全相同的一个短语，避免计算机在检索时将专指概念拆分。如“武汉大学樱花”作为一个专指的词组，双引号的使用有利于获得精确的检索结果。

5. 加权检索（weighted retrieval）

所谓加权检索，就是在检索时，给每个检索词一个表示其重要程度的数值（即所谓“权”），对含有这些检索词的档案进行加权计算，其和在规定的数值（阈值）之上者作为检索结果输出。权值的大小可以表示被检出档案的切题程度。加权检索可对检出档案材料进行相关性排序输出，也可根据检准率的要求进行灵活的分等级输出，输出时按权值大小排列，只打印权值超过阈值的相关文献。

检索词的权值是按照提问者的需要给的。例如，有一个检索课题是关于环境污染防治的，可分别给检索词一定的权数。

环境 40

污染 40

防治 50

检索时，检出一系列有关档案材料，按权值递减排列如下：

权值

130=40+40+50　环境污染防治

80=40+40　环境污染

90=40+50　污染防治

若指定权值大于或等于90的为命中文献（90为阈值），则只有有关环境污染防治和污染防治的档案材料被打印输出。

一般而言，在计算检索式的权数时，若检索项用逻辑乘运算，则取大的权数作为命中档案的权数；若用逻辑和运算，则取命中文献中含有的检索项的权之和为命中档案权数；若用逻辑非运算，则取前一个检索项的权作为命中档案的权数。

6. 截词检索（truncation）

所谓截词检索，就是用截词符对检索词进行截断，让计算机按照检索词的部分片段同索引词进行对比，以提供族性检索的功能。截词检索主要用于西文文献的检索中。

截词检索可采用右截断（前方一致）、左截断（后方一致）、左右同时截断（中间一致）三种方法。

（1）前方一致

对检索词的词尾部分截断，右截断在计算机检索中广泛应用，这种方法可以省去键入各种词尾有变化的检索词的麻烦，有助于提高检全率。例如，键入检索词 Computer+（“+”为截断符号）可以检索出任何以 Computer 为开头检索词的文献，如 Computers，Computerize 等。

（2）后方一致

把截断符号放在字根的左边，如+Computer，那么计算机在进行匹配时，索引词 Minicomputer，Microcomputer 等均算命中。

（3）中间一致

将字根左右词头、词尾部分同时截断，例如：+Computer+，可以命中包含该字根的所有索引词，如 Minicomputer，Microcomputer，Computers，Minicomputers，等等。这种左右同时截断的方法，在检索较广泛的课题材料时比较有用，可获得较高的检全率。

7. 联想检索（associative retrieval）

联想检索是建立在人类的联想式思维基础上的一种检索方式。联想式检索系统能够帮助用户在检索信息的同时，检索和显示所联想到的其他任一信息，当输入一个检索词以后，系统可以显示与该词意义相同或相近的词，辅助用户查询，提高检全率或检准率。

第三节　档案信息检索策略

所谓检索策略，是在分析用户情报需求的基础上，选择检索途径、检索用词，明确各词之间的逻辑关系，构造检索表达式，明确查找步骤的科学安排，具体体现为一组检索式的总和。检索策略对检索效果有很大影响，检索策略制订得好，不仅可达到较高的检全率和检准率，还可以提高检索速度，缩短检索时间，降低检索费用。尤其是对计算机检索而言，制订周密的检索策略是检索得以成功的关键。档案检索方法可借鉴情报检索的一般方法和技术。档案检索效率可用五个方面来衡量：全、准、快、便、省。其中，检全率和检准率是评价检索效率最常用的两个指标。

一、档案信息检索提问分析

检索提问是用户实际表达出来的检索要求，也称情报提问。档案检索提问分析是对档案检索课题所作的主题分析，目的是弄清用户真正的检索要求，以便确定检索对象和检索范围，它是制订档案信息检索策略的首要步骤。

档案检索提问分析包括以下内容：

（1）检索目的：是为了查证某一事实，还是为了研究某一问题。

（2）检索对象：是检索档案中包含的信息，还是检索某一特定的档案。

（3）检索范围：检索哪种类型、时间、地区和专业范围的档案材料。

（4）现有档案线索：如立档单位的名称、职能、沿革，检索对象的时间、地点，档案责任者、文号、图号，相关联的人物、机构、事件等。掌握的线索越多，越有利于检索的进行。

由于种种原因，用户的检索提问往往不能准确全面地表达其真正的检索要求，增加了档案检索提问分析的难度。表现为如下方面：

（1）用户往往把提问局限于他认为检索系统所能够提供的信息范围内，而不一定是他的全部需求。例如，用户对档案机构或检索系统提供档案信息的能力有所怀疑，认为不能满足其要求，或者认为自己的时间、吸收能力、经济能力有限，没有必要正式提问。另一些用户为了保密，不愿表明自己全部的检索要求，而是有所保留。这样，检索提问往往缩小、放大或偏离了用户真正的检索要求。

(2) 用户对检索要求的表达受到了用户水平和系统语言的影响，常常出现误差。用户在表达自己的信息需求时，受本身水平的限制，难免出现含混不清、词不达意甚至错误表达自己的检索要求的情况。另外，用户一般没有经过检索语言或检索技能的培训，难以采用受控的人工检索语言精确表达自己的检索需求。在这种情况下，容易产生表达误差。因此，用户的检索提问不一定就能代表其真正的检索要求。

(3) 用户一开始可能没有意识到自身的潜在信息需求，这种潜在信息需求转化为现实的信息需求有一个过程。用户为实现其研究、查证等检索目的而应当提出的检索要求暂时还没有被意识到，这种潜在的信息需求往往随着检索工作的进展逐渐明朗，转化为现实的检索提问，需要作进一步的提问分析。

可见，由于受到检索系统功能、检索语言类型以及用户自身素质和检索心理的影响，用户在检索时的实际提问往往并不能全面反映其全部的、真正的信息需求，表达误差时有发生。为了弄清楚用户的真正需求，需要对检索提问进行深入分析，并耐心征询用户意见，引导用户梳理自己的检索意图，将用户潜在的信息需求准确转化为现实的信息提问。

二、档案检索策略的构造

(一) 检索途径的选择

根据用户的检索提问选择合适的检索途径，决定检索入口。对某一特定的检索要求选择什么检索途径，决定于用户对档案线索的掌握程度及检索系统的设置情况。对于手工检索来说，检索途径的选择就是决定采用哪种检索工具进行检索，可以是分类目录，也可以是主题目录；可以是题名目录，也可以是文号索引，等等。而对计算机检索系统来说，则包括对数据库的选择及检索项目的确定。检索项目包括待检数据库中各种规范化代码如档号、分类号、产品代码、国家或地区代码、机构名称代码等，以及表示主题概念的检索词。在计算机检索中，检索词是各种档案数据库中不可缺少的基本检索项目。检索词包括主题词和自由词，一般总是优先选择主题词作为最基本的检索项目，因此在计算机检索中，主题检索途径是主要的检索途径。

(二) 检索标识的选定

选择好检索途径后，即可根据分类表或词表，将表达用户提问的主题概念，转换成检索标识。所选择的检索标识适当与否取决于对检索提问进行主题分析的正确性、全面性以及标引的准确性和专指性。检索标识的选定对检索网络度和专指度有很大影响。检索网络度是指检索标识网络检索课题主题概念的范围和程度，网络度高，检全率就高。检索专指度是指检索标识表达检索课题的主题内容的确切程度，专指度越高，检准率就越高。为了达到较高的网络度和专指度，就要对检索课题进行深度标引，这意味着要用更多的检索标识来更全面、更具体地标引检索课题的主题概念。具体来说，要优先选择专指的主题词，另外可选用适当的自由词配合检索。需要说明的是，使用自由词可达到较高的专指度，可以及时反映新概念，灵活性强，但自由词缺乏词汇控制，增加了检索难度，因此，自由词的选用是有一定限制的。

（三）检索式的拟定

根据检索课题的主题内容选定了检索标识后，就可以用布尔逻辑算符和一些检索指令将检索提问中各有关概念之间的关系表达为布尔逻辑检索式。检索式是检索策略的具体表现形式，它是对检索提问的逻辑表达，也称检索提问表达式。

检索式中常用的布尔逻辑算符有：逻辑与（或称逻辑乘、逻辑积），符号“*”；逻辑或（或称逻辑加），符号“+”；逻辑非，符号“-”。检索指令是表示计算机能够执行的各种运算关系的标记和符号，不同的计算机检索系统有各自的检索指令。不管用户的检索提问多么复杂，都可以用布尔逻辑的原理，使用概念组配的方法，转化成布尔逻辑检索式。

例如，对“外国铁路拱式钢桥”之一检索提问，可编制如下检索式：

$$(\text{铁路桥} * \text{拱式桥} * \text{钢桥}) * \overline{\text{中国}}$$

检索式编制的好坏，直接关系到检索效果。检索式的拟定有一定的技巧，其基本要求是：

（1）应完整而准确地反映出检索提问的主题内容。

（2）应遵守待检数据库的检索用词规则。

（3）应符合检索系统的功能及限制条件的规定。

（4）应遵守概念组配原则，避免越级组配。

（5）注意检索式的精练，能化简的检索式尽量化简。

三、档案检索策略的调节

档案信息检索过程比较复杂，由于种种原因，检索结果往往不能满足检索要求而出现一些偏差，这就需要及时修改和调整检索策略，进行反馈检索，以达到既定的检索目标。

一般来说，需要进行反馈检索的课题有两种类型：一是未达到检索目标，或用户又在原来检索的基础上提出了进一步的检索要求；二是由于构造检索策略不当所造成的检索失误。不管是哪种情况的反馈检索，都要对用户提问和检索结果进行深入分析，在原有的检索基础上进一步扩大或缩小检索范围。

（一）调整检索式，扩大或缩小检索范围

1. 提高检全率，扩大检索范围。可采用如下方法：

（1）降低检索标识的专指度，可从词表中或检出文献中选择一些上位词参加检索。例如：在查找关于“档案信息组织”的文献时，用表达式“档案信息 * 组织”进行检索，但检索结果表明，系统中符合要求的记录很少，有必要适当扩大检索范围，用“文献信息”代替“档案信息”，表达式为“文献信息 * 组织”，检索结果命中记录数明显增多。

（2）删除检索式中用逻辑与“AND”（ * ）连接的某个组面，扩大检索网络度。例如：将“计算机 * 网络 * 安全”中的一个组面“计算机 * ”去掉，用“网络 * 安全”进行检索，扩大检索的网络度，从而扩大检索范围。

（3）增加检索式中用逻辑或“OR”（+）连接的检索词，进行族性检索。例如，对“研究生教育”这一提问，可编制如下检索式：

研究生（硕士研究生+博士研究生） * 教育

此处增加“硕士研究生”和“博士研究生”这两个相关的检索词，意味着除了总论研究生教育的材料可以检出外，专论有关硕士研究生和博士研究生教育的材料也可一并检出。

2. 提高检准率，缩小检索范围。可采用如下方法：

（1）提高检索标识的专指度，增加或换用下位词和专指性较强的自由词。

（2）用逻辑与“AND”（ * ）连接一些进一步限定主题概念的相关检索项，例如“研究生 * 教育” * 通知。在这里，“通知”为档案的文种，可对主题概念进行限定。

（3）用逻辑非“NOT”（—）排除一部分不需要的材料。

（4）在检索标识后注明关联符号和职能符号，以避免概念的误组配，提高检准率。

（二）增加检索途径

除了采用主题检索途径之外，增加分类途径、责任者途径或其他形式检索途径进行检索，可以对档案材料的专业范围、档案类型、文种、时间等进行限制。

（三）利用概念等级树扩检或缩检

利用分类表、词表中的概念等级结构向上扩大检索范围，提高检全率；向下缩小检索范围，提高检准率，可由计算机自动处理。例如，可采用上位登录的方法，将检索标识的所有上位词用计算机自动登录，利于扩检。

（四）采用截词检索、加权检索、精确检索等方法进行检索

截词检索、加权检索和精确检索等都是计算机信息检索常用方法，其目的在于实现族性检索、控制检索结果输出的相关度，以及提高检准率。

需要指出的是，由于检全率和检准率之间存在着相互制约现象，提高检全率常常会降低检准率，而检准率的提高又可能导致检全率的降低。因此，在构造和调整检索策略时，应深入分析用户检索提问的实质及需求范围，找到一个检全率和检准率之间的平衡点，达到理想的检索结果。

第四节　计算机档案信息检索技术

一、全文检索

全文检索技术是20世纪50年代末产生的一种信息检索技术，中文全文检索技术的研发始于20世纪80年代后期，全文检索技术与出版技术相结合，产生了各种类型的数据库，包括：全文期刊数据库、全文报纸数据库、全文专利文献、法律文献数据库，除此以外，全文处理技术还用于年鉴、手册、百科全书、参考书等参考工具的编制，以及古籍文献和经典文学作品全文数据库的研制。

档案全文检索，又称档案原文存储与检索，是借助于光盘存储器与缩微设备联机实现的一种档案检索方式。我国自从沈阳市档案馆于1991年最早开始光盘原文存储与检索的应用研究以来，档案全文检索已经逐渐由实验向实用化发展。

全文检索系统的核心组成是全文数据库和全文检索软件。全文数据库是将一个完整的信息源的全部内容转化为计算机可以识别和处理的信息单元而形成的数据集合。全文处理采用了“一次扫描技术”，即计算机索引程序顺序扫描文章全文，对每一个（字）词建立一个索引，指明该（字）词在文章中出现的次数和位置；用户查询时，检索程序根据建立的索引进行查找，并将查找的结果反馈给用户。这个过程类似于通过字典中的检字表查字的过程。应用全文检索软件，可以对文件全文，包括字、句、段、章、节等不同层次的内容进行编辑、加工和检索，将受控语言与自然语言检索相结合，采用布尔逻辑检索、截词检索、邻近检索、模糊检索等方法查找原文中任何细小单元的信息。

一般来说，全文检索需要具备建立索引和提供查询的基本功能，此外，还需要具备方便的用户接口、面向 WWW 的开发接口、二次应用开发接口等。在结构上，全文检索系统应具备索引模块、查询模块、文本分析模块、对外接口，以及外围各种应用系统等。在结构上，全文检索系统应具有建立索引、处理查询返回结果集、增加索引、优化索引结构的功能，以及外围各种不同应用系统的功能。

全文检索的方法主要分为按字检索和按词检索两种。按字检索是指对于文章中的每一个单字都建立索引，检索时将词分解为字的组合。按词检索是指对文章中的词即语义单位建立索引，检索时按词检索。英文的字与词是合一的，而中文的字与词有很大分别，中文全文检索系统的建立面临汉字词的切分问题。

自动标引技术和自然语言检索可用于全文检索系统的技术实现。采用自动标引技术能大大提高标引的专指度和标引的速度，而采用自然语言检索则能提高检准率和系统的易用性，但却容易出现假联系和误组配，降低检全率。为了提高自然语言检索的效率，可引进后控机制。后控词表综合了自然语言和常规的受控语言的长处，对于提高全文检索系统的检索效率有着重要的作用。

二、多媒体存储与检索

多媒体存储与检索技术是指将文本、数值、图形、图像、声音等多种类型的档案信息进行综合处理的技术。迄今为止，已有不少多媒体档案检索系统问世，如清华大学档案馆技术部研制的《THDA-MIS 多媒体档案及办公管理信息系统》等。多媒体存储与检索技术能够使用户方便、直观、迅速地获得全方位的档案信息，保证了档案信息的完整性与准确性。本地区、本部门举行的重大活动，召开的重要会议等实况录像、录音均可录入计算机供随时调用，体现了档案的原始记录性。

多媒体检索系统是信息技术迅速发展的结果，与多媒体检索系统相关的技术包括：

（1）数字信息处理技术

包括模拟信号与数字信号的相互转换，文本、数值、图像、数字语音信息的编码与解码技术。这些技术的发展使得图像和音像成为计算机可处理的数据。

（2）计算机存储技术

全文本、图形画面和语音信息都要求很大的存储空间，海量存储技术的发展满足了多媒体系统对存储空间的要求。输入输出设备的发展（高清扫描仪、高分辨率显示和打印设备、图形工作站等）则为图像、语音的输入输出提供了有效手段，使用户能方便地、直接地生成和获取多媒体数据。

（3）面向对象的数据库理论和技术

传统的数据库管理系统主要适应于格式化和结构化数据，而文本、图像、语音等都是非结构化数据，面向对象的数据库技术就是为了解决非结构化数据的组织和管理问题而发展起来的，它为多媒体检索系统提供了理论依据和方法、手段。

长久以来，大多数多媒体系统是将图与声压缩后当成一个文件甚至一个记录存储到计算机中，使用时即可与文本信息一样地使用，并且借助于附加在图形或声音旁的标引信息，如关键词来实现对图形与声音的检索。但利用关键词无法对多媒体的深层次信息进行详细深入的检索，因此，直接针对视频、声音和图像的内容特征进行检索日益受到关注。

所谓基于内容的检索（Content-Based Retrieval，CBR），是指直接根据描述媒体对象内容的各种特征进行检索，能从数据库中查找到具有指定特征或含有特定内容的图像（包括视频片段），融合了图像理解和模式识别等技术。它具有如下特点：

（1）从媒体内容中提取信息线索

基于内容的检索突破了传统的基于表达式检索的局限，它直接对图像、视频、音频内容进行分析，抽取特征和语义，利用这些内容特征建立索引，并进行检索。

（2）基于内容的检索是一种近似匹配

在建立数据库时，须使用模式识别的方法对图像库中的图像按不同索引特征分类，在检索的过程中，它采用某种相似性度量对图像库中的图像匹配获得查询的结果。由于对内容的表示不是一种精确描述，因此，CBR 采用相似性匹配的方法逐步求精，以获得查询结果，即不断缩小查询结果的范围，直到定位于要求的目标。这一点与常规数据库检索中的精确匹配方法不同。

(3) 特征提取和索引的建立可由计算机自动实现，避免了人工描述的主观性，也大大减少了工作量。

(一) 视频检索

视频检索是通过对非结构化的视频数据进行结构化分析，提取视频内容的特征（包含语义特征），从内容上对视频进行检索。视频检索与传统的文本检索相比，存在较大的技术难度。这是因为，视频的内容特征特别是语义特征的提取存在较大的困难，在索引建立、查询处理以及人机交互等方面也与传统的文本搜索存在很大区别。视频检索采用的技术主要有：

(1) 结构化分析和检索

按视频主题或内容特点对一个视频对象进行结构分析和层次化处理，对视频流进行镜头分割、关键帧提取和场景分割等处理，从而得到视频的结构化信息。在结构层次上，视频可通过场景、镜头、帧来描述。帧是一幅静态的图像，是组成视频的最小单位，镜头是由一系列帧组成的一段视频，它描绘同一场景，场景是由一组连续的、同属于一个故事单元的多镜头所组成。镜头分割方法多以视频内容的不连续性为划分镜头的依据，可选取视频的某种特征来度量视频内容的不连续性，如颜色特征、运动矢量特征、边缘特征等。镜头分割后，对每个镜头可提取若干关键帧，并用关键帧来简洁地表示镜头，对已分割出的镜头进行聚类，将内容相近的连续镜头合并为一个单元组，从而得到场景信息。这样，在检索时，可采用基于关键帧的检索，用户一旦检索到目标关键帧，就可以利用播放来观看它代表的视频片断。此外，还可采用基于运动的检索，可以查询摄像机的移动操作和场景移动，以及用运动方向和运动幅度等特征来检索运动的主体对象。①

(2) 特征提取与特征描述检索

特征提取是视频检索的基础，实际上就是分析视频数据，提取描述特征，包括：视觉特征（如事物的颜色、形状、纹理、目标的运动情况等）、听觉特征（如视频中音频的频谱分布和变化规律、节奏、韵律等）、文本特征（如 ASR 文本、字母文本、Web 文本等），以及其他特征等。特征描述

---

① 李国辉，胡晓峰．基于内容的检索［EB/OL］．［2010-10-25］．计算机世界网，http：//www2. ccw. com. cn/1998/18/167416. shtml.

检索建立在特征提取的基础之上，例如，用户可以选用系统提供的调色板，指出所需检索的镜头或关键帧的主色调，还可通过调色板调整其所需颜色。

（3）浏览检索

层次化浏览是视频检索常用的方法。如利用分层场景转移图进行浏览，获取整段视频的场景图之后，再用分层方法对代表帧进行聚类，并将每类选取的代表帧作为浏览节点再依次向下一层推移。

（二）声音检索

声音检索可通过声音文本进行检索，也可以采用语音识别技术对声音内容进行检索。

声音文本检索是将原始的声音以文本形式存储，通过对声音文本的描述，如题目、内容特征等提供对声音的检索。

语音识别与合成方式检索。由语音识别装置从语音信号中抽取相关信息转换成计算机可以理解的数据，存入语音数据库，将语音与文本信息统一，由数据库管理系统描述、编辑、加工、存储、检索，可以直接检索声音的内容。

（三）图像检索

图像检索也包括基于文本的检索和基于内容的检索两种方式。

基于文本的图像检索沿用了传统文本检索技术，回避对图像可视化元素的分析，而是从图像名称、图像尺寸、压缩类型、作者、年代等方面标引图像，一般采取关键词查询，或者是根据等级目录浏览查找。

基于内容的图像检索技术是指通过分析图像的特征，如颜色、纹理、形状等特征，对其建立索引，存储在特征库中。用户检索时，从颜色、纹理或现状等方面描述自己所需图像的大体特征，就可在图像信息库中找到相应的图像。

图像检索原理包括如下三方面：第一，收集和加工图像资源，提取特征并分析标引，建立图像的索引数据库；第二，对用户需求进行分析和转化，形成检索提问；第三，根据相似度算法，计算用户提问与索引数据库中记录的相似度大小，提取出满足阈值的记录作为结果，按照相似度降序的方式输出。

图像查询的方法一般有：

①关键词查找。输入关键词对所需要查找的图像进行描述。

②浏览查找。通过等级式类目查找。图像按照不同的主题进行归类，用户通过点击层层类目的链接，找到自己所希望的类目下的图像。

③特征输入查找。对图像的特征参数进行设置，如希望图像中的色彩比例为“R：128；G：128；B：64”，或者是对图像的明亮度在0～100%之间加以调节。

④草图查找。用户亲自动手绘制需要查找的图像特征，以用户描绘的草图为样本，查找与之相似的图像。

⑤示例查询。由系统随机给出一组图像样本，让用户对这组图像进行评价，选择与自己的检索需求相似的图像，然后根据用户选择的图像进行分析，检出与之相似的其他图像。

三、超文本和超媒体检索

普通的文本多为文字材料，其知识单元按线性顺序排列，只能进行顺序检索。而超文本（Hypertext）是用非线性方式把知识单元及其关系组合在一起的一种网络结构，利用计算机进行快速扫描、追踪、查询和交流。超文本是一种包含多种页面元素（文字、图片、音频、视频）的高级文本，它以非线性方式记录和反映知识单元（节点）及其关系（链路），具有直观性以及人机交互性等特点，并且可以深入到知识单元。超媒体（hypermedia）是超文本（hypertext）和多媒体在信息浏览环境下的结合。超文本主要是以文字的形式表示信息，建立的链接关系主要是文句之间的链接关系。超媒体除了使用文本外，还使用图像、图形、声音、动画或视频片断等多种媒体来表示信息，建立的链接关系是多种媒体之间的链接关系。

（一）超文本和超媒体系统的特点

超文本和超媒体系统具有如下特点：

（1）采用了动态、开放的设计方法。允许用户借助于链路从一个节点随时转换到另一个节点，可随时添加、删改和组建超文本的知识网络空间。添加新的信息，只需要键入并链接到其他的信息节点即可，无需重新设计记录格式。

（2）采用了非线性的排列方式，可以揭示各种相关信息之间的内在联系。传统的信息系统对信息只作了简单的特征描述，采用的是结构化的线性组织方式，不能深入揭示知识单元及其关系。超文本系统按知识单元及其关系建立知识网状结构，可以根据知识片段及其关系进行非顺序性的浏览检索，符合人们的联想思维习惯。

（3）可以将文字、图像、图形、声音及视频等多媒体信息进行综合处理，展示图、文、声并茂的立体信息。

(4) 它是一种人-机交互的用户友好系统。用户利用计算机可以增删信息，加注评语，修改或重建知识网络。

(5) 检索灵活，效率提高。将计算机存储、表现信息的能力与人脑筛选信息的能力组合在一起，可以随时扩大、缩小或改变检索范围，实现多途径检索，能提高检全率和检准率。

(二) 超文本系统的结构与原理

超文本系统建有专有数据库，采用人机交互的方式，实现对知识网络的检索。超文本数据库由节点和链路组成，节点表示知识单元，链路表示这些知识单元之间的关系，它将相关的知识单元连接起来，构成一个关系网络。超文本技术的本质是在文档内部和文档之间建立关系，正是这种关系给了文本以非线性的组织。超文本的格式有很多，目前最常使用的是超文本标记语言（Hyper Text Markup Language，HTML）及富文本格式（Rich Text Format，RTF)。超文本系统中的每个文档都包含了若干个被醒目显示的，用以指向别的文档的参照项，当某个参照项被触发时，通过数据库中的链路，系统马上就可转换到包含有该参照项的另一文档并显示出来。这种参照项是嵌入式的，不改变原文的顺序，用户既可以阅读完整的一份文档，也可以随时停下来，选择一个可导向某一新文档的参照项进行联想检索，并可以随时返回来继续阅读。

(三) 超文本检索的模式

超文本具有两种检索模式：浏览式的检索模式和提问式检索模式。

1. 浏览式的检索模式

由于超文本对信息的非线性组织特点，用户可以通过链路进行非线性浏览，查看感兴趣的节点所存储的信息，从中找到自己所需要的信息。用户通过浏览不仅可以查找与检索课题相关的信息，而且在浏览过程中往往有意外的收获，能够受到节点信息的启发，不断调整检索目标，获得更为全面、确切的信息，或者通过浏览信息片段，建立新的查询路径。但浏览式检索模式最易产生的一个问题是网络“迷航”问题，即用户通过跟踪节点间的链路在网络中四处移走时，记不清楚自己浏览的线路和访问过的节点，无法清晰地判明所查信息的方向和位置，迷失了自己在网络中的位置。为了克服网络“迷航”问题，常用的措施是使用全局浏览器（global browser)，帮助用户在网络浏览时进行定位，使用户能清楚地看到自己浏览的路径和方向。

2. 提问式检索模式

用户进入某一网站或相关信息数据库，在检索框中输入检索词或提问表达式，点击搜索按钮，便可得到检索结果。与浏览式检索模式不同的是，提问式检索模式事先确定了一个明确的检索目标，并通过拟定检索词或检索表达式进行检索，直接获取信息结果，准确度高，而不是通过浏览一步一步查找和筛选信息。这种检索模式要求用户具备基本的检索技能，能够熟练构造检索策略。

四、联机检索

联机检索技术产生于20世纪60年代中期，20世纪七八十年代迅速发展，目前已经得到广泛应用。联机检索允许用户以联机会话方式直接访问系统及其数据库，具有不少优点。

（一）联机检索的特点

1. 交互式检索

联机检索采用检索者与系统的会话的方式进行。用户可以通过终端借助于通信线路与系统直接对话，可随时修改检索策略直到获得满意的结果为止，是一种交互式的检索方式。

2. 实时检索

联机检索系统采用分时技术，即由计算机把处理机时间划分成很短的时间片轮流地分配给各个联机终端，即“分时”。由于计算机运算速度极快，使用户产生错觉，以为自己是唯一用户，检索是以实时进行的，从呼叫系统，到取得检索结果，片刻即可。一个设计优良的系统对一个询问或指令的响应速度快到1~2秒，几乎是即时的。消除了手工检索和脱机检索时间上的延迟现象。

3. 启发式检索

联机检索系统可以帮助检索者选择合适的数据库，通报数据库的更新情况，显示系统词表，帮助检索者将课题的主题概念转换成检索标识，解释检索者不熟悉的作业指令及其使用方法，回答各种业务询问，并让检索者浏览检索的初步结果。由于系统的帮助，检索者可以边检索边询问，在得到启发和帮助的条件下逐步明确自己的检索策略，使检索得以顺利进行。

4. 高检准率

联机检索是“对话”式的，允许检索者随时根据检索的实际情况修改检索策略，扩大、缩小或改变检索范围，避免检索失误，查到自己真正需要的答案，检准率较高。

5. 对用户限制较严

在脱机检索系统中，用户不直接操作计算机，由检索人员代查档案，对用户没什么限制。但在联机检索系统中，用户直接与计算机打交道，由于系统数据库中档案信息并不是无区别地向所有人开放，不是人人都有权检索机密材料，这就必须采取保密措施。此外，联机检索一般是要收费的，为了防止盗用，系统给终端用户一个秘密代号，即口令字。每次开始检索时，系统要求用户输入口令字，检验该检索者是否为合法用户，口令字对上以后，系统才开始提供检索服务。合法用户的权限可以分级，有的用户可以检索整个数据库，有的只能检索其中的一部分。

（二）联机检索系统的组成及检索过程

1. 联机检索系统的组成

联机检索系统由 3 个部分组成：主机系统、通信设备和终端设备。

主机系统是联机检索系统的核心，它的处理速度快、具备多程序和分时功能，内存容量大，输入输出设备多样化，功能区全。

通信系统是指终端设备与主机系统进行通信的设备。通信设备分为两种：专用通信线路和通过拨号选择对方的交换线路。联机检索系统使用的是后一种通信线路，即使用电话网和用户电报网进行拨号通信。

终端设备是一种人与系统的接口设备，它将字符、声音以及人类的信息表现形式转换成系统的机器代码。反之，将系统的结果还原成字符、声音等形式，传送给终端用户。

2. 联机检索系统的检索过程

检索者通过计算机终端，向系统发出呼叫，系统响应后对用户作保密审查，审查合格后用户就可开始检索，检索的具体步骤一般为：①利用主题法或联机选择法选择合适的数据库；②将课题分析结果分解成系统能识别的检索词；③采用布尔逻辑算符、位置算符、截词符等组织检索词，构造检索表达式；④进入数据库，输入检索表达式进行查找；⑤分析检索结果；⑥调整检索策略，直到获得满意的检索结果为止；⑦输出检索结果，退出联机系统。

（三）联机检索的功能

联机检索系统除了提供一般的布尔检索、加权检索、截词检索功能外，还具有一些脱机检索系统所没有的功能：

1. 帮助用户选择合适的数据库

由于系统拥有的数据库越来越多，检索者有时不了解自己该查哪一个数据库，这时系统可根据检索课题将含有该课题档案的数据库名单，按照所含档案数量的多少排序，向检索者显示，供其选择。

2. 词表显示

选定数据库后，如果检索者不熟悉检索语言，可要求系统显示自己需要的那一部分词表或分类表，从中选择合适的检索词。

3. 帮助检索者回顾检索历史

如果检索过程较长，检索者可能会忘记自己已经输入的检索表达式或选择的数据库，检索到了什么阶段。这时，系统可帮助检索者通过回顾检索历史，梳理检索思路，决定下一步如何检索。

4. 保留检索语句或检索策略

当某些检索语句或检索策略以后还需要重复使用时，系统可为检索者短期保留它们，根据标识号即可召回，检索者在下次检索时就不用重新输入检索语句或检索策略了。

5. 提供联机定题服务

用户根据需要订购联机定题服务，输入自己的检索表达式，系统将其纳入专门的用户提问档，予以长期保留。每当系统数据库增加新的纪录时，就为检索者进行查找，将符合用户课题需要的新纪录提供给用户。

6. 支持个人文档服务

联机检索系统允许用户将自己的机读文档输入并保存在该系统中，以备自己检索之用。系统为这种个人文档保密，旁人无权存取。

（四）联机检索系统的选择

各个联机检索系统所提供的数据库不同，收费标准各异，可提供的检索功能和服务项目不同，系统的数据质量、响应速度、可靠性和方便性等也有差异。因此，选择合适的联机检索系统十分必要。一般来说，选择联机检索系统应考虑如下因素：

1. 数据库因素

（1）数据库的追溯范围

如果检索课题是普查性的，需选择追溯年代较长的数据库；如果检索课题只要求了解最新发展动态，则不需追求数据库的追溯性，因为追溯年代越长，检索时扫描的范围就越大，耗时就越多，检索费用也就越多。

（2）数据库的文档划分

若在系统中有单独的大库，对普查式检索课题有利；如果按年代将大库断开，划分为几个文档，则对检索最新材料的用户有利。有的数据库既作为一个单独的完整的数据库存在，又有按累计期划分的若干个小文档，这种大小文档并列的方式既便于普查式的检索，又便于最新信息的检索，是最为方便的。

(3) 数据库的现实性

即数据库收入的最新资料与其发表的时差有多大，这与数据库更新周期的长短有关。更新周期越短，就越能及时获得信息。

(4) 数据库记录内容的完整性

对同一种数据库，各个检索系统对装入字段的选择会有所不同，装入字段越多，其内容就越完整。

(5) 系统对数据库的独占性

有的数据库是由某一检索系统独家提供的，这无疑能增加该系统的吸引力。

(6) 数据库群的存在情况

对某一学科主题范围而言，往往有一批相关的数据库，称为数据库群，这种数据库群是否存在及其完整程度，是衡量检索系统数据库资源整体水平的依据之一。对检索者来说，某一领域数据库群的存在，扩大了选择数据库的余地，也便于进行跨文档检索。

2. 系统软件功能因素

(1) 系统的用户界面

用户界面包括检索模式、后处理的选择、说明提示等。有的联机检索系统针对无经验的检索新手和有经验的检索专家，分别提供菜单驱动和命令驱动方式，以及 WWW 方式的检索。能够适应不同水平级别的用户，比只有一种方式要好。

(2) 系统的软件功能

除了一般的布尔逻辑检索外，是否还具备加权检索、截词检索、字段限定检索等功能。系统软件功能与检索处理的深度和灵活性有密切关系。

(3) 系统所能提供的服务

系统提供的服务包括：原文复印件传递、在线咨询、电子邮件、系统说明材料提供、用户培训等。

(4) 费用因素

系统的收费标准、有无优惠等也是检索者非常关注的因素。

(5) 检索者对系统的熟悉程度及经验水平

检索者的素质和经验是保证检索质量和效率的重要条件，检索者应结合自身的情况选择对检索语言、数据库、软件功能、服务项目有较多了解的系统。

（五）Web 环境下联机检索的发展

随着 Internet 的迅速发展，基于 WWW 方式的网络信息检索对传统的联机检索产生了冲击。世界上的许多联机检索系统，如 DIALOG、STN、OCLC 等都加入了 Internet。利用者可通过 Internet 的远程登录功能（Telnet）和 WWW 方式进入联机系统。

Telnet 是进行远程登录的标准协议和主要方式。通过 Telnet，Internet 用户可以与世界上的许多信息中心、图书馆及联机系统联系。使用 Telnet 协议进行远程登录时需要满足以下条件：本地计算机上必须装有包含 Telnet 协议的客户程序；必须知道远程主机的 IP 地址或域名；必须知道登录标识与口令。在使用 Telnet 登录联机系统系统时，应申请一个账号，进入主机系统时输入用户名和口令字，就可以进行远程登录，浏览或检索联机系统的资源。

从技术角度上说，WWW 是 Internet 上那些支持 TCP/IP 协议、WWW 客户或服务程序和超文本传输协议 HTTP 的客户机与服务器的集合，通过 WWW 方式可以存取 Internet 上的各种超媒体文件，包括文本、图像、声音、动画、资料库，以及各种软件。DIALOG 在 Internet 上的网址是 http：//www. dialog. com。

五、光盘检索

沈阳市档案馆于 1991 年最早开始光盘原文存储与检索的应用研究，此后，光盘原文存储和检索逐渐由实验走向普及。档案原文存储与检索的发展主要依赖于光盘技术的支持。

（一）光盘原文存储和检索的特点

光盘是一种海量存储载体，其信息存储容量极大，能满足一般磁盘所不能承受的存储要求。在多种多样的光盘载体中，只读光盘（CD-ROM）在档案自动检索中应用最多。

CD-ROM 在物理规格和存储方式等方面都已形成一定的国际标准，通用的 CD-ROM 光盘是一种直径为 120mm、厚度仅 1.2mm 的塑料（聚碳酸酯）圆盘，中间有一个直径为 15mm 的圆孔。CD-ROM 存储量大，制作容易，成本低，可同微型计算机相连接进行随机检索，因此得到迅速普及。CD-ROM 技术的采用，有利于建立分散式的、小型的档案检索系统，符合我国档案检索工作的实际，是一种理想的选择。具体而言，光盘存储有下列优点：

① 光盘具有很大的存储容量，耐用，费用低。

② 光盘系统可向用户随盘提供相当于联机系统功能的软件，便于自动化检索，检索速度快，且可随机存取。

③ 可避免使用联机检索所必需的电信设施，免除了联机检索中的电信费、联机系统使用费，还可避免远距离电信传输时可能出现的通信失误。

④ 一旦订购了光盘数据库，其使用量就没有限制，不必在使用时受到经费的压力。

⑤ 可以将文本、图像、声音等信息结合在一起，扩大档案数据库的用户范围。

⑥ 光盘系统的图像输出质量好，可改善字迹模糊的档案文件的可读性。

但不可否认的是，光盘存储也存在下列缺点：

① 购买（或租用）光盘数据库，不管其中的记录是否被利用，都必须全部一次付费。因此光盘系统如果使用量太少，则显得十分昂贵。

② 由一个单位建立的光盘系统，可供利用的档案信息资源十分有限。

③ 光盘数据库的更新是定期进行的，其时效性不如联机检索系统的数据库。

④ 光盘系统若为单用户性质，每次就只能由一个检索者使用。

⑤ 缺乏设备和软件的兼容性，标准化问题需进一步解决。

（二）光盘检索服务的方式

CD-ROM 可提供追溯检索、定题检索、套录子库、国际联机检索的预处理、检索人员培训等服务。

1. 追溯检索（Retrospective Search，RS）

追溯检索是指在时间上由近及远，逆着时间的顺序，查找一段时期内有关特定主题信息的检索方法，比较适合于科研项目的文献检索。由于 CD-ROM 数据库的使用几乎不受时间限制，因此还可以为特定用户的指定专题（或特殊要求）提供专题追溯检索服务。

2. 定题检索（Selective Dissemination of Information，SDI）

国际联机所提供的定题情报检索服务费用昂贵，一般的用户难以承受这笔费用，而 CD-ROM 数据库一般都是 1 ~ 3 个月更新一次，可利用其数据库更新提供 SDI 服务，长期跟踪国际先进技术的进展情况。启用 CD-ROM 数据库检索软件的“保留”和“执行检索策略”功能（即 SAVE 和 EXECUTE 指令），可方便的实施 SDI 服务，而且，保存的检索策略可用微机编辑软件加以修改和补充。

3. 套录子库

套录（downloading 或 offloading）是指在联机情报检索过程中，利用微机终端从数据库中套取某一主题的文献记录，将其存储在磁盘上，脱机后进行倒置、合并、删除、格式转换等处理，建立本机上的专业或专题子库，供今后重复多次检索使用的一种情报检索与存储技术。CD-ROM 数据库检索软件一般都具备套录检索结果的功能，可根据用户需求，套录数据库中的部分记录。对于无条件设置联机终端或专业范围较狭窄无需购置整套数据库的用户来说，可以采用套录子库的方法在本单位的微机上建立“自己的”专用子库。

此外，CD-ROM 光盘检索还可提供国际联机检索的预处理和检索人员的培训等服务。在功能上，CD-ROM 光盘检索与国际联机检索可取长补短、相辅相成。

（三）光盘检索的发展

1. 光盘网络化

CD-ROM 技术在网络化方面的突破，促进了光盘资源的网络共享。光盘数据库通过与局域网或 Internet 的连接，可在网上通过光盘搭组、光盘阵列或将光盘数据库的内容先复制到硬盘上，供网上多个用户共享。CD-ROM 光盘网络化实现从单光盘—单用户到多光盘—多用户的转变，对于计算机情报检索产生了重要影响。国内很多图书馆或文献信息中心是在 Novell 环境下，利用文件服务器、光盘服务器或专用网络文件服务器实现光盘的网络检索功能。

2. 点对点远程检索

点对点光盘检索是通过拨号方式来实现对远程光盘数据库的检索。远距离的个人或单位借助调制解调器和电话线，以异步通信的方式对光盘数据库实现远程检索。这也是一种对光盘资源的网络共享方式，它的优点是对设备的要求不高，费用低，实用性强。

3. 多媒体光盘检索

多媒体系统将文字、图像和声音信息集成处理，需要很大的存储空间和实时检索要求，而 CD-ROM 具有高密度、大容量、低成本、检索方便的优点，是一种理想的多媒体信息存储介质。随着多媒体技术的发展和系统功能的增强，多媒体光盘检索也将得到更多、更广泛的应用。

六、智能检索

档案智能检索技术是应用人工智能技术模拟档案检索的过程，实现档案信息的存储、检索和推理的一种先进的档案检索技术。从国防科工委档案馆等单位研制的实验性的智能化系统来看，这种智能检索系统可以部分实现自然语言检索，提高检全率和检准率，代表了档案检索系统的发展方向。

（一）智能档案检索系统的特点

（1）建立在知识库的基础上，具有很高的推理功能。这是它与一般档案检索系统的主要区别。

（2）使用自然语言进行交互。采用高级的自然语言处理技术，来理解、分析用户的提问和向用户提供检索结果。

（3）面向用户。能把智能性工作从用户身上转移到机器上解决，如描述情报需求，制定检索策略及分析结果等。

（4）适用性广。适于不同类型的用户，尤其是无经验的用户。

（5）具有学习能力。可以从用户与系统的交互中获取知识，使系统适应环境的变化而发展变化。

（二）智能档案检索系统的结构与功能（见图 8-3）

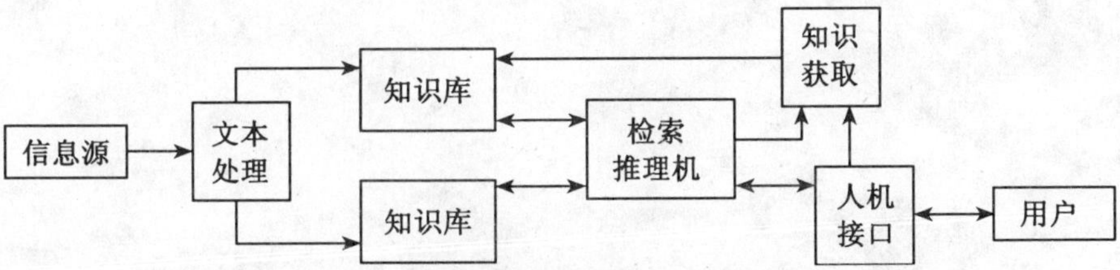

图 8-3 智能检索系统的结构功能图

1. 知识库

知识库中包含了满足档案检索要求所需要的各种知识，如文献知识、专业知识、专家知识、语言学知识等。

2. 数据库

存储大量事实型数据以及推理过程中的中间结果信息等。

3. 检索推理机

综合应用各种检索策略和推理技术，利用知识库中的知识，按一定的推理策略解决用户的问题。

4. 文本处理

利用计算机自动处理自然语言形式的文本信息，对文本进行语法、语义分析，并采用知识表示方法表达档案内容及其语义关系。

5. 人机接口

理解、分析用户提问，产生适于用户的结果，并具有解释功能。

6. 知识获取

利用机器学习技术，从各种知识源中获取知识。

◎ 本章思考题

1. 试述计算机档案检索的过程。
2. 计算机档案信息检索方法主要有哪些？
3. 计算机档案信息检索技术主要有哪些？
4. 如何构造检索策略，调整检索策略？

第九章　网络环境下的档案信息组织和检索

◎ 本章要点

①网络环境下信息组织方式

②元数据在文件档案管理领域的应用

③网络档案信息检索途径

④档案网站信息检索

◎ 关键词

网络档案信息组织　网络档案信息检索　元数据　档案网站　数字档案馆

网络环境下，信息资源更加丰富，信息量和信息种类迅速增加，信息传递速度大大加快，档案信息组织与检索的方式也随之发生着变化。

第一节　网络环境对传统档案信息组织和检索方式的影响

传统的档案信息检索工具主要是手工编制的目录、索引、文摘、指南，局限于对文本信息的组织。即使采用了计算机技术以后，所处理的仍然是二次档案信息，需要首先用人工进行著录、标引等费时费力的前处理工作。而在网络环境下，档案信息资源主要以信息库、资源库的形式存在，除了传统的二次文献信息数据库外，出现了越来越多的全文数据库、多媒体数据库；除了文本信息之外，出现了大量的图形、图像、声音、视频等多媒体信息；数据的组织方式除了线性组织方式之外，还有非线性组织方式。传统的高度专业化、规范化、结构化的信息组织与检索方式已经不能完全满足网络环境下的档案信息需求。如何有效地组织与检索档案信息，使其能在网络环境下得到方便的存取和利用，是档案部门面临的重要任务。

一、网络环境下档案信息资源的特点

网络环境下，档案信息以数字形态为主，它们的主要特点是：

（一）对技术和设备的依赖性

数字档案信息的形成和利用都依赖于数字环境和电子技术，必须通过设备和技术才能被识别和利用，并随着技术环境的变化而变化。

（二）载体形式的多样性和不稳定性

数字档案信息的载体可以是磁带、磁盘、光盘等形式，相对于纸质档案而言具有体积小、节省存储空间的特点，但对于环境的温湿度、防磁性、抗病毒等条件要求较高，载体脆弱而不稳定，寿命较短。

（三）信息源的分散性

数字档案信息来源广泛，种类繁杂，跨行业、跨语种、多介质，不规范，呈现分散无序的状态，其相关性难以判断。

（四）信息的动态性和可变性

数字档案信息可直接由计算机进行存储、删除、修改和发送，使档案信息的处理变得高效、便捷，但同时也随时面临着被篡改、盗窃甚至销毁的危险，其更迭、消亡难以预测，信息的可靠性大大降低。

（五）信息的可共享性

数字档案信息可不受时间和空间的限制，能通过网络大范围传播和交流，提供给多个用户检索利用，实现信息资源共享。

二、网络环境对传统档案信息组织和检索方式的冲击

（一）传统的档案加工方式无法胜任对海量信息的组织和检索

传统的档案信息组织加工方式大多是以手工方式为主，如各种目录、索引、文摘的编制等，尤其是著录、标引等信息前处理工作需要耗费大量的人力、物力，更不用说分类表、词表的编制和维护了。面对网络环境中海量的全文信息和多媒体信息，传统的档案信息组织和加工方式显得无能为力，这要求实现档案信息组织与检索的自动化，如自动分类、自动标引、自动编制和管理分类表和词表、自动编制目录、索引、文摘，以及自动搜索网上信息源等。

（二）基于文本的档案信息组织和检索无法满足对大量非文本信息的处理

在网络环境中，除了文本信息之外，还有大量的非文本信息，如图形、图像、声音、视频等。这些非结构化的信息，不像目录信息那样格式化和规

范化，如何对它们进行加工和组织，如何描述和揭示它们的内容特征，如何实现非文本信息数据库的规模生产和低成本检索等，传统的基于文本的档案信息组织和检索方式难以胜任。

（三）用户类型和需求的变化要求增加和完善档案检索系统的功能

网络环境下，用户可以通过任何一台与 Internet 连接的计算机查询 Web 资源，各行各业、不同年龄、不同文化层次的人都可以成为终端用户，直接利用网络信息资源，用户成分多样化、复杂化。大多数用户未经过专门的训练，缺乏计算机数据处理知识和必要的信息检索技能，因此，要求网络信息组织与检索方式简单实用，尽量考虑用户的要求，使普通用户不经过训练就能用自己熟悉的语言与网络交互，提供不同的界面满足不同水平用户的需要。

（四）信息资源共享性要求档案信息组织与检索的标准化

信息网络是对各类信息源进行存储、加工和利用的协作系统，要求各方面的整体配合。如果只顾单个信息系统的特定需要，就会带来系统间的交流障碍，使网络资源得不到充分利用。因此，网络信息资源共享的前提条件是信息组织与检索的标准化和兼容化，在网络建设、信息处理与检索等方面采取一系列标准，使网络资源得以共享。

第二节　网络环境下的档案信息组织

一、信息网络环境下的信息组织方式

（一）自由文本方式（Freetext）

主要用于全文数据库的组织，是对非结构化的文本信息进行组织和处理的一种方式。它不同于二次文献数据库的组织，无需前控，也不用规范化的语言对信息进行复杂的前处理，不是对档案特征的格式化描述，而是用自然语言深入揭示档案文献的知识单元，根据档案全文的自然状况直接设置检索点，能够完整地反映出一次文献的全貌，它是通过计算机自动进行档案信息处理和组织的。

（二）超文本方式（Hypertext）

它是一种将网上相关文本信息有机地编织在一起的信息组织方式。它以节点为基本单位，节点间以链路相连，将文本信息组织为某种网状结构，使用户可以从任一节点开始，根据网络中信息的联系，从不同角度浏览和查询

信息。这是一种非线性组织方式，能提供非顺序性的浏览功能，比传统的信息组织方式更加灵活方便，用户在查询过程中可以随时转换到自己感兴趣的信息，符合人们的联想思维方式。超文本方式与多媒体技术结合，称为超媒体方式（Hypermedia），它将文字、表格、声音、图形、图像等多媒体信息以超文本格式组织在一起，使人们可以通过高度连接的网状结构在各种信息库中进行浏览，找到多种媒体所载的各种信息。

（三）主页方式（Homepage）

有点类似于档案全宗的组织方式。它将有关某一机构或某个人物的各种信息集中组织在一起，是对某个机构或人物的全面介绍，介绍的详略程度由建立主页的单位或个人自行决定。

（四）联机编目方式（Online Cataloging）

入网的档案机构根据统一的规则和格式进行编目，各单位生成的书目数据通过网络进行实时传送和交换，形成一个逻辑上的书目库，实行书目数据的规范化、规模化生产。网上联机编目可以减少重复劳动，提高编目工作的效率和质量，实现档案目录信息资源的共享。

二、分类法在网络信息组织中的作用

分类的思想古已有之。分类是人类对文献信息和知识进行组织管理的古老方法，分类法在传统的手工检索环境中一直占有举足轻重的作用。网络环境下，信息组织的对象逐渐多样化，除了传统的文献信息外，还包括大量的图形、图像、声音、视频信息，传统的文献分类法不可避免地受到挑战，与此同时也面临着新的发展机遇。分类法在网络信息组织中的作用主要包括如下 4 个方面。

（一）用于联机浏览检索

分类法具有较强的系统性和族性检索功能，其分类体系便于人们浏览一个学科或一个专业范围的情报资料，逐步确定自己的检索范围，因此能适用于人们对网络信息浏览检索需要。张琪玉教授对分类浏览检索的优点作了如下形象而具体的描述：“分类体系结构具有‘物以类聚’、‘鸟瞰全貌’、‘触类旁通’的作用，可以把内容庞杂、种类繁多的网上资源有系统地组织在一起，用户能很方便和有效地系统掌握和利用一个学科或专业范围或主题领域的知识和信息，即使未掌握检索原理和技巧的用户，也能通过从大类到小类的细目的逐层深入，比较容易检索到与其检索目的具有针对性的网络信息资源；分类体系的‘透明度’较高，用户通过分类浏览常可‘发现’他所需要但并不知道该事物名称的信息，不像关键词检索必须首先确知所需信息相应事物（或主题）的名称，才能入手检索”。① 在现有的联机公众查询目录（OPAC）中，已有很多系统增加了“浏览周围书架”的功能，对通过任何途径查到的条目，均可由此进入分类系统，扩大或缩小检索范围。

传统的文献分类法以文献内容的学科属性为主要分类标准，类目体系按严格的隶属关系层层展开，类目以线性方式排列，类目层级较多，标记制度繁琐。文献分类法的这些特征对于内容繁杂、结构多样的网络信息资源的分类存在一定的局限性。因此，分类法在用作联机浏览检索时，应充分利用新技术、新方法对它进行某种程度的改造，提高分类法描述网络信息的能力，使之更加符合对网络信息进行浏览检索的要求。对传统分类法进行改造的方法很多，包括：降低分类难度，简化标记制度；利用超文本技术对网络资源进行多维揭示，反映学科发展的多维构架和事物的多维属性，为用户提供多途径浏览；根据网络资源的类型和特征，调整分类表的类目级次，实行粗分类原则；提高分类法类目词语的现实性，增添终端用户检索时所用的自然语言词语，及时反映网络资源中出现的新主题：扩展同主题词表的联系，采用分面分析方法，突破传统的线性组织方式；建立强大的参照系统；加强标引深度；分类法的机读化和网络化；检索语言的分类主题一体化和自然语言化，等等。

传统分类法用于网络信息组织和检索，使用最多的是 DDC。OCLC 于 1992 开始启动 Internet 信息资源编目项目，它对 Internet 信息资源分类用的是 DDC。早在 1997 年，Internet 上就有 17 个使用或宣称使用 DDC 组织 Internet 资源的网络信息服务系统，而同时，使用 UDC 和 LCC 的网络信息服务系统各为 5 个。② DDC21 版的编制及其在网络上的应用引人关注。DDC 在结构和编制方面，吸收和利用了分面分类的理论，例如，它的辅助表和“类似区分”（Divide Like）处理能反映和表达许多延伸出来的复杂主题。

（二）用于非文本信息的组织

叙词法用于文本信息的组织具有优势，这是因为，叙词法的语词能直接

---

① 张琪玉．网络信息检索工具的分类体系——网络信息检索工具发展的方向与提高竞争力的途径［J］．江苏图书馆学报，2002（4）：7-11.

② Koch T. The Role of Classification Schemes In Internet Resource Description and Discovery［EB/OL］．［2011-02-20］．http：//www. ukoln. ac. uk/metadata/desire/classification/classification. pdf.

专指地表达文献的主题概念，适合于对结构化规范文本的内容特征进行直接描述。但如果用叙词来描述和揭示非文本信息，则存在困难，因为图形、图像、声音、视频等非结构化信息不像书目信息那样格式化和规范化，其内容特征难于用文字确切表达，其形式特征往往表现为一定的颜色、纹理或声频，难以用文字直接表达。而分类法的聚类功能以及代码化标识则使其在描述非文本信息时具有独特的优势。例如，我们可以对难以用主题词表达的非文本信息进行粗分类，将同类信息集中在一起，赋予分类标识，再结合其他特征进一步地细分。

（三）用于超文本系统的管理

超文本系统将网上信息组织为某种网状结构，用户在查询过程中可随时转换到自己感兴趣的信息，但用户在网络漫游过程中经常会出现"迷航"问题，在漫无目的的泛泛查询中迷失了浏览的方向和目的，浪费了宝贵的时间。这需要采取一定的指引和控制措施，引导用户的浏览，提示和帮助用户厘清自己的思路。分类法由于能直接反映概念之间的相互关系使其在超文本系统的管理中有自己的用武之地。

分类法的语义关系网络与超文本系统有某种相似之处，将它用于超文本系统，可以起到指南的作用。利用分类法的语义关系网，可对用户的检索过程和检索范围进行控制，为不同专业知识水平的用户提供查询信息的捷径。由于超文本系统提供的是非线性的浏览功能，因此，按线性排列的等级列举式分类法难以对超文本系统进行管理，必须对其进行改造才能使用，而分类主题一体化词表则是比较理想的选择。这是因为，分类主题一体化词表是将分类表和叙词表结合在一起的统一控制的检索语言，既保留了完整的等级分类体系，又通过参照系统反映了概念之间错综复杂的关系，能满足多种检索要求。分类主题一体化词表完善的关系网络可为超文本系统直接利用，用来设计和管理超文本的链路，并为具有不同检索要求的用户提供最经济有效的检索途径。

（四）作为网络信息组织的通用工具

主题法系统由于受语种的限制难以实现国际通用性。而分类法系统在通用性方面有自己的优势：

（1）分类法以号码作为标识，其等级体系反映了概念之间内在的逻辑关系，每个概念在这个分类体系中都有相对固定的位置，不会因为所用语种的不同而发生变化。

（2）分类法的等级体系具有很大的伸缩性，一种分类表可供不同单位在不同类目等级上使用。

分类法的上述特性使其在现有的检索语言中最有可能成为国际通用的语言，成为网络信息组织的通用工具。国际上几部著名的分类法如 DDC、UDC、LCC 等都在谋求在网络上的应用，并已经取得相当的进展。DDC 在网络信息组织方面的应用最为突出，不少网络信息服务系统和图书馆都在用 DDC 组织和查询 Web 资源。

目前，用于联机检索的分类法大多为传统的大型体系分类法。分析其原因，主要有如下几个方面：

（1）这些分类法历史悠久，应用广泛，直接将它们用于网络信息的组织，对现有的信息组织体系影响较小，容易被人们接受。

（2）这些分类法几乎都是综合性分类法，其类目范围覆盖各个学科专业领域，具有通用性。

（3）体系分类法结构严谨，系统性强，其严密的等级体系直接反映了知识分类的成果，更适用于联机浏览检索的需要。

（4）这些分类法大多已经有了机读版。如 DDC 的机读版 Electronic Dewey 于 1993 年出版，1994 年修订，1996 年将同年出版的 DDC 第 21 版制成用于视窗环境下的机读版发行，即 Dewey for Windows。UDC 的机读版也于 1994 年出版，并发行了光盘。1995 年美国国会图书馆运用研制成功的 USMARC 将 LCC 的全部类目转换成了机读形式。分类法的计算机化为它们在网络中的应用创造了条件。

（五）促进分类主题一体化

分类主题一体化至今已经有了很大进展，越来越多的分类主题一体化词表编制出版，但其出版周期较长，推广使用的时间也很长。在联机检索系统中，分类主题一体化检索则较容易实现。例如，美国国会图书馆制订了一个有关分类数据的机读目录标准格式，在这一著录格式中，LCC 的分类号与美国国会图书馆主题词表（LCSH）的主题词和人名记录相对应，有助于编目人员确定合适的主题词和分类号。此外，在机读版的 DDC 记录中，包含了与 DDC 类号相对应的 LCSH 的主题词，在其电子版的相关索引中还直接选用了 LCSH 的主题词。这些做法对分类主题一体化都起到了有力的推动作用。

通过对分类法在信息网络中的应用领域、应用现状及前景的分析，我们可以描述用于网络的分类法应具有的特征：

（1）机读化和网络化。不仅要实现传统分类法的计算机化，而且应建立基于 Web 的应用系统，方便用户登录、使用并添加必要的注释和评论。

(2) 国际通用性。分类法在网络上的应用会跨越国界，实现国际通用性。主要表现在：作为网络信息组织工具的分类法几乎都能支持多语种检索；具有更少的政治和宗教倾向，如 DDC21 版就对 DDC20 的宗教类作了较大的修订，旨在降低其基督教倾向。

(3) 兼容性。这主要体现在各种分类法之间的兼容互换及其与主题法的兼容上。

(4) 灵活性。传统分类法具有相当的稳定性，修订周期长，而且一般不从根本上改动其结构体系，这使许多新学科、新事物、新概念不能及时在分类法中反映。用于网络信息组织和检索的分类法则具有很大的灵活性，可以方便地调整分类法的结构，随时增删改分类法的类目，并能根据网络信息组织和检索的需要作较大的改造。①

主题法在网络信息组织中的应用也十分广泛，具体应用为关键词法。关键词法是一种采用自然语言来组织信息的方法，关键词能深入、直观地揭示信息中所包含的知识，符合人们的思维习惯，因此关键词法在网络信息组织中得到了广泛应用。网上各种各样的搜索引擎和数据库大多采用了关键词法组织信息资源，如 Google、Baidu 等，中国科技期刊数据库、中国学术期刊光盘数据库也大多使用关键词法来组织信息。

三、网络信息分类体系

传统的文献分类法用作网络信息分类的改造之后，可适用于对网络学术信息资源的分类，但对网络上的大众信息资源进行分类却存在先天的局限性。目前，我国各大门户网站如新浪、搜狐、网易以及其他商业性网站采用的是网络信息分类法。最具有代表性的网络信息分类体系是 Yahoo! 的分类体系。

Yahoo! 以人工编制的主题树方式，将信息按照主题分为如下 14 个基本大类：艺术与人文、商业与经济、电脑与因特网、教育、娱乐、政府、健康、新闻与媒体、休闲与运动、参考资料、区域、科学、社会科学、社会与文化。每一个基本类目下细分为不同层次的子类目，等级越低的子类目中的网站主题越专指、具体，从而建立起一个由类目、子类目等构成的可供浏览的相当详尽的目录等级体系。其类目设计基本合理，尽量囊括了互联网上丰

① 洪漪，梁树柏．分类法在信息网络中的应用［J］．情报学报 1998（1）：19-22.

富的信息种类，类目等级层次鲜明，各级类目的详略和宽泛程度不一，为网上信息资源的归类提供了一个基本的依据。许多网站以 Yahoo! 的分类体系为参照，建立了自己的分类体系，由于拥有的网站或信息的多寡以及所针对的用户群体的差异，不同网站的网络信息分类各不相同，但它们在本质上是相同的，即一种有别于文献分类法的针对大众信息资源的分类体系。它们具有如下特征：

（1）类目设置从所能够提供的信息资源和普通用户的检索需要出发，突出日常所需，如教育、娱乐、保健、商业、新闻、休闲、体育等，通俗实用。但各网站的类目设置五花八门，分类标准不一，追求用户点击率和商业利益，类目体系所覆盖的知识领域缺乏完整性和严密性。

（2）类目的排列（包括同位类的排列）缺乏逻辑性和规律性。

（3）类名用词不规范，随意性大。

（4）交替列类、多重列类，反映不同学科门类和知识之间的交叉、融合等横向关系。

为了强化网络信息分类体系的实用性、规范性和易用性，避免用户在面对不同网站所提供的不同分类体系时的茫然无措，可采取如下改进措施：

（1）类目体系总体上采取主题分类模式，以类组的方式列举一级类目。如：金融/证券/股市/保险，文化/文学/艺术/娱乐/体育，等等。这样便于用户在主页界面中概览整个分类体系和类目内容。

（2）可多重列类。其特点是在同一个类下，同时采用几个分类标准分别建立几个平行的子目系列，这几个系列之间内容是交叉的。

（3）类目层级不宜过多或过少。过多会影响检索速度，过少则会影响浏览效果。

（4）类名应简洁、确切、规范、通用，能准确概括网络信息资源的内容。

（5）设专类揭示重要的网络信息资源或重要的数据库。

（6）为了满足部分用户的专业检索需求，如果条件允许，可在普通分类体系之外添加专业分类体系。

（7）保持分类体系的开放性和动态性，及时增加新的子类。跟踪热门类目，醒目标注。

综上所述，传统文献分类法在网络上的应用使其焕发了新的生机和活力，而网络信息分类体系与传统的文献分类法在分类对象、分类原理和分类方法等方面存在明显的差异，二者的性质不同，作用不同，不可相互替代，但可在细节和微观问题上相互借鉴。此外，目前的网络信息检索一般是分类浏览检索与关键词查询相结合，单一采用分类浏览或单一采用关键词法查询的网络信息服务系统较少。分类浏览便于对信息的层层剖析，适合兴趣浏览和阅读，用户在浏览过程中，所到之处有兴趣的就点击阅读，不感兴趣的就略过，但完全采用这种方式进行针对性强的情报检索就会比较拖沓繁琐，而关键词法具有直接性和专指性优点，便于特性检索，在进行情报检索时，与分类浏览功能互补。

第三节　元数据与文件档案管理

一、元数据与文件档案管理

元数据（metadata）这一术语最早出现于计算机技术领域，一般被解释为“关于数据的数据”（data about data），在不同的专业领域对其有具体的定义和应用。在图书情报界和信息界，元数据是指对信息对象结构化、编码化的描述，描述信息对象的结构、内容、形式特征及其他相关特征。我国的《电子文件元数据标准》（征求意见稿）对电子文件元数据的定义简单而明确，即“元数据是描述电子文件内容、背景和结构信息及整个管理流程的数据”。元数据可对数据对象进行全面、详尽地描述，指引用户查找、识别、确认、选择和获取信息对象，同时，能帮助信息管理者更好地管理信息资源，以及对资源的长期存取。一般来说，所有的信息对象都具有如下三个方面的基本特征：内容、背景和结构，它们都可以通过元数据反映出来。因此，元数据可视为一种描述和反映信息对象的三个方面特征的数据集。

随着计算机和网络技术的迅速发展和普遍应用，元数据已经广泛应用于多个专业领域，如空间地理、法律、生物（动植物、微生物）、地质、海洋、气象、社会科学、艺术作品、人文科学、数字图像、电子商务、电子政务等领域都在利用元数据来管理、维护和利用本专业的数据资源。20 世纪 90 年代以来，许多元数据标准在各个不同领域出现，著名的有：都柏林核心元素集（Dublin Core Element Set，DC）、艺术作品著录类目（Categories for the Description of Works of Art，CDWA）、电子文本编码与交换（Electronic Text Encoding and Interchange，TEI）、档案编码描述（Encoded Archival Description，EAD）、政府信息定位服务（Government Information Locator

Service，GILS），以及专为描述科技文献的 BibTex、EELS、EEVL、RFC 1807；专为描述人文社会科学资源的 ICPSR SGML Codebook Initiative；专为描述地理空间资源的 CSDGM，描述数字图像的 MOA2 metadata、CDL metadata、VRA Core，等等。

传统的档案著录卡片、文件登记簿、文件处理单、案卷目录、全引目录、全宗名册、索引和文摘等都属于元数据，它们不仅描述和反映了文件和档案的内容特征，而且揭示了其保管处所、外形特征和结构，包括馆藏位置、编号、数量、载体形式、规格、密级、保管期限等。但传统的档案著录和档案信息组织方式不能全面、动态地反映电子文件的各方面特征。电子文件形成、捕获、登记、分类、存储、保管、利用、跟踪、处置、传输、归档移交及长期保存等过程都需要通过元数据方式加以控制，以确保电子文件的真实性、完整性与有效性。电子文件元数据具有其特定的含义和内容。20世纪90年代初期，美国匹兹堡大学的 David Bearman 在其发表的研究电子文件的论文中，首次将元数据引入到电子文件管理领域。由 David Bearman 和 Richard Cox 等人在其“保证电子文件凭证性的功能要求”的研究项目（1992—1996年）中提出的六层次文件元数据模型在国际上产生了重要影响，这六个层次是：指示层、期限与条件层、结构层、背景层、内容层和利用历史层，具体见表9-1。其后研制的电子文件元数据研究项目，如美国印第安那大学的《文件管理元数据说明草案》、澳大利亚国家档案馆的《政府机构文件保管元数据标准》等都将匹兹堡大学的元数据模型作为参考。

表9-1　　　　**匹兹堡大学的元数据模型①**

层次	内容
指示层	文件说明、操作、领域、日期等标识数据
期限与条件层	文档存取与使用权、身份、许可证、款项、密钥等，文件发表、引用、复制、保护、销毁等有关政策、法律、规章、机构、期限、区域等标识数据

① 匹兹堡大学的元数据模型［EB/OL］．［2010-07-05］．http：//web. archive. org/web/20001212190100/http：//www. sis. pitt. edu/ ~ nhprc/meta96. html#2.

续表

层次	内容
结构层	文档标识、鉴定、编码、字符、像素、抽样、数据压缩、数据源（个人、系统、指令）算法、数据类型、数据获取（个人、模式、背景、校准等）、特殊保护（隐私、专利、机密、版权等）、软件版本、硬件构成、加密、密钥等
背景层	原作者、接收者、复制、使用、许可、契约、机构交易、授权、法律、组织、相关领域
内容层	标准与类型的描述、文件或档案主体，包括可执行形式的信息
利用历史层	使用类型、查看、复制、编辑、归档、编索引、分类、发送、处理等，价值、时间、用户标识数据

二、我国电子文件元数据标准

我国于2008年出台了《电子文件元数据标准》的征求意见稿，它的制订遵循了如下文件管理的国际标准：按ISO15489《信息与文件—文件管理》规定的文件管理过程要求定义电子文件管理元数据，采用ISO/TS 23081《信息与文献—文件管理流程—文件元数据》定义的电子文件管理元数据概念模型、实体及关系模型；采用ISO14721《空间数据和传输系统—开放档案信息系统—参考模型》定义的信息包（SIP、AIP及DIP）数据模型，实现电子文件内容、背景、结构信息的封装，以确保在分散与集中管理过程中电子文件的真实性、完整性、有效性，确保电子文件在不同应用系统间的安全传输；采用ISO14721定义的数字信息长期保存模型，实现电子文件的长期保存与利用。①

该标准以文件连续体理论为基础定义元数据模型，从文件档案管理业务流程出发，规定了如下5个实体（entity）：文件实体、责任者实体、业务实体、关系实体、长期保存实体。其中，文件实体、责任者实体和业务活动实体，是确保文件真实性、完整性、有效性，实施档案化管理最为关键的因

① 电子文件元数据标准（征求意见稿）[EB/OL].[2010-06-04].http://www.saac.gov.cn/articleaction.do?method=view&id=ff8080811870109e0118edd93afa0111.

素。以这5个实体为框架，该标准总共规定了112个元数据元素（详细到3级元数据元素）。根据元数据类型，可将元数据分为：关于文件自身的元数据、关于责任者的元数据、关于业务工作或过程的元数据、关于业务规章制度、政策以及法规的元数据和关于文件管理过程的元数据。表9-2是电子文件元数据元素简表（含1、2级元数据元素）。2009年12月16日国家档案局发布了档案行业标准《文书类电子文件元数据方案》（DA/T 46—2009），2010年6月1日该标准开始实施。该标准参照ISO23081，结合我国电子文件管理实际，将文书类电子文件元数据从概念层次上区分为文件实体元数据、机构人员实体元数据、业务实体元数据、实体关系元数据四个域，每个域包含了相应的元数据元素，总共有88个元数据。

表9-2　　**电子文件元数据简表**

实体	具体要素
1 文件实体（Record Entity）	1.1 文件层级（Record Category） 1.2 文件标识（Record Identifier） 1.3 文件题名（Record Title） 1.4 文件分类（Record Classification） 1.5 文件主题（Record Subject） 1.6 文件摘要（Record Abstract） 1.7 文件日期（Record Date） 1.8 文件语种（Record Language Type） 1.9 文件种类（Record Form） 1.10 文件覆盖范围（Record Coverage） 1.11 文件技术环境（Record Technical Environment） 1.12 文件位置（Record Location） 1.13 文件权限（Record Rights） 1.14 文件处置（Record Disposal） 1.15 文件管理历史（Record Management History）
2 责任者实体（Agent Entity）	2.1 责任者层级（Agent Category） 2.2 责任者标识（Agent Identifier） 2.3 责任者描述（Agent Description） 2.4 责任者权限（Agent Rights） 2.5 责任者行为历史（Agent Activity History）

续表

实体	具体要素
3 业务实体 (Function Entity)	3.1 业务层级（Function Category） 3.2 业务标识（Function Identifier） 3.3 业务法规依据（Function Mandate） 3.4 业务描述（Function Description） 3.5 业务权限（Function Rights） 3.6 业务处理过程（Function Event Identifier）
4 关系实体 (Relation Entity)	4.1 关系实体标识（Relation Entity Identifier） 4.2 关系实体类型（Relation Entity Classification） 4.3 相关实体标识（Identifier Of The Related Entity） 4.4 相关实体类型（Type Of The Related Entity） 4.5 关系定义（Relationship Definition） 4.6 关系时间（Relationship Time）
5 长期保存实体 (Preservation Entity)	5.1 签名信息（Signature Info） 5.2 锁定签名信息（Lock Signature Info） 5.3 编码（Encoding）

一个完整的元数据体系可以作横向的分析和纵向的分析。横向上，一个完整的元数据体系一般可分为描述型元数据、管理型元数据、结构型元数据和保存型元数据等。纵向上，一个完整的元数据体系应该包括三部分内容：语义、结构与语法（句法）。语义指的是元数据元素的定义，如题名、日期元素的含义。结构描述了元数据各元素之间的相互关系，如上位类与下位类之间的关系，元数据元素与修饰词（元素限定词和编码体系）之间的关系。语法（句法）则规定了元数据体系是如何被表达与描述的，如是否采用XML（可扩展标记语言）或更进一步的RDF（资源描述框架，采用资源-属性-属性值的“主谓宾”结构，提供一种框架器，并通过XML定义了一套形式化的方法，为机器语义理解的结构基础）进行描述，或直接采用其他方式等。

三、档案编码描述 EAD（Encoded Archival Description）

EAD 是国际标准通用标识语言 SGML（Standard Generalized Markup Language）在档案界的具体应用，SGML 和 XML（Extensible Markup Language，可扩展标记语言）是 EAD 的两大技术支柱。SGML 提供了如何标识文献内容的规则，是创建标识语言的元语言，而不是一种适用于某类具体文献的标识语言标准。根据 SGML 所确定的原则，可进一步生成某一类型文献所需的标识语言标准，这些特定的标识标准就被称为文件类型定义（Document Type Definition，DTD）。例如，HTML 就是作为 SGML DTD 的一种超文本标识语言而被用于万维网（Word Wide Web）的编码标准。同理，SGML 作用于档案文献描述而形成的 DTD，即为 EAD DDT（EAD），中文翻译为“档案编码描述”。XML 与 HTML 一样，也是依据 SGML 而产生的，是 SGML 的一个子集，但 XML 比 SGML 简练、易推广。相对于 HTML，XML 的数据结构和数据本身是分离的，这可使人们在不改变数据本身内容的前提下，自由地改变数据的显示格式，以多种格式输出。EAD 在制订和修改过程中，吸收了 XML 的优点。

（一）EAD 的产生与发展

1. EAD 的提出和 EAD1.0 的产生

EAD 的发展始于加州大学伯克利分校图书馆于 1993 年主持的伯克利检索工具项目（Berkeley Find Aid Project，BFAP）。该项目的目的是，研究是否有必要以及有可能为机读检索工具（例如档案馆、图书馆、博物馆编制的目录、登记簿、索引以及其他文献等）制定一种非专用的编码标准，使之可以支持各种馆藏资源的有效利用，并逐步发展为基于因特网的档案资源描述格式。

检索工具的编码标准必须反映并符合档案界和对其提供支持的机关团体的共同利益。对此，BFAP 的首席研究员 Daniel V. Pitti 提出，机读检索工具的编码标准应符合以下 5 项标准和要求。

（1）能够表达档案检索工具中广泛而又相关的著录信息；

（2）能够保留不同著录级别的层级关系；

（3）能够表现某一著录层级从另一著录层级那里继承来的信息；

（4）在著录信息的层级结构内部能够灵活移动；

（5）支持对文献中的各个具体元素进行详细标引，实现全文检索。

根据上述要求，Daniel V. Pitti 及其同事最终选择用 SGML 对伯克利和其他机构的各类档案检索工具进行编码试验。

1995 年 7 月 22 日，Daniel V. Pitti 及其领导的小组成员在密歇根的 Ann Arbor 集会。在这次会议上，他们对检索工具编码标准的设计原则达成共识，形成了“安艾伯协议”（Ann Arbor Accords）。会议期间，Daniel V. Pitti 修订了“安艾伯协议”中的数据模型和检索工具 DTD，并将其命名为 EAD（Encoded Archival Description），EAD 即由此正式提出。

1995 年 9 月，EAD 的研制工作得到了美国档案工作者协会（SAA）的支持，成立了专门的 EAD 工作组，由 SAA 下属的档案信息交流委员会（CAIE）管理，负责 EAD 的开发、审查、完善等工作。工作组成员包括来自国会图书馆（LC）、图书馆研究小组（RLG）、OCLC 和 SAA 的代表。SAA 正式提议 EAD 经终审成为一项标准后，由美国国会图书馆的网络发展与 MARC 标准办公室（ND/MSO）负责 EAD 的维护。目前，该工作组由 SAA 和 ND/MSO 共同领导。

EAD 初版即 Alpha 版于 1996 年 2 月由 ND/MSO 完成并以电子方式发布。1996 年 4 月召开的伯克利会议重申了 EAD DTD 设计的基本原则，确定了新增的 EAD DTD 的修订内容，并讨论了 EAD DTD 支持文件的内容和格式，首次将 EAD 标识的设计问题纳入会议议程。在上述工作的基础上，EAD Beta 版于 1996 年 9 月最终定稿，并于 1996 年 12 月在互联网上公布。EAD1.0 版本的诞生始于 1997 年 10 月 SAA 召开的华盛顿会议。在此次会议上，EAD 工作组审议和讨论了 EAD 用户提出的修改意见，彻底修改了当时的 Beta 版标签库，使之能够更精确的反映 1.0 版本的预期结构。为使 EAD DTD 与 XML 这一新兴的标准在更大程度上兼容，EAD 工作组将 EAD1.0 版的正式发布推迟至 1998 年 8 月。①

2. EAD2002

EAD1.0 版本正式发布之后，工作组就开始了对其的修订工作。隶属于 SAA 的 EAD 工作组通过用户在 EAD 网站上填写并提交意见表的方式，收集到了 67 条用户提出的对 EAD DTD 修改和增补的意见和建议，EAD 工作组于 2001 年 4 月在华盛顿举行的一次特别会议上对此进行专门讨论，并对 EAD DTD 进行了修订，最终在 EAD1.0 版的基础上形成 EAD2002 版本。为了保持 EAD DTD 与国际通用档案编码描述格式标准（The General Interna-

① Development of the Encoded Archival Description DTD [EB/OL]. [2011-02-12]. http://www.loc.gov/ead/eaddev.html.

tional Standard Archival Description, ISAD (G)) 的兼容性, EAD 工作组对 EAD1.0 版的 8 个元素提出了异议, 添加了一些新的元素, 调整了有关元素的级别和位置。EAD2002 以 XML 为基础, 对整个 EAD DTD 及其参考实体文件都进行重新设计, 同时还对 DTD 的结构进行调整, 使之对信息的逻辑组织更方便和实用。显然, 只有当越来越多的用户使用 XML 标识来取代 SGML 标识时, EAD 2002 的有效性才能真正体现出来。①

(二) EAD 标准的构成及 EAD 元素

1. EAD 标准的构成

EAD 选择 XML 作为编码语言, 并以 XML DTD (文件类型定义) 形式表示 EAD 内容与结构。EAD 标准文件由 4 部分组成:

(1) EAD 文件类型定义 (EAD DTD): 对 EAD 内容和结构进行定义, 是 EAD 的主要部分;

(2) EAD 标签库 (EAD Tag library): 一份按字母顺序排列的 EAD 标签名 (Tag names), 并对每一标签功能进行简短的描述;

(3) 使用指南: 介绍最基本的 EAD 标签的使用;

(4) 实施概要: 由 EAD 工作小组制定, 针对不同馆藏的图书馆档案馆提供相关的 EAD 元素组合和合适的标识层次。

2. EAD 元素

EAD 2002 为最新的版本, 共计包含 146 个元素, 其中有 EAD 标目 <eadheader>、前面事项 <frontmatter>、档案描述 <archdesc>3 个高层元素 (high level elements), 每一个高层元素下可分出若干子元素, 子元素下还可再细分出若干元素, 而所有元素都包含在最外层的封装元素——编码档案著录格式元素<ead>中。

(1) EAD 标目

EAD 标目<eadheader> 为必备项, 记录检索工具本身的书目性和描述性资料, 而不是对档案资料所做的描述。其下属元素项有: EAD 识别 <eadid>: 对 EAD 检索工具文件给定的唯一编码; 文件描述 <filedesc>: 包括一组有关检索工具的书目信息, 包括检索工具的作者、题名、副题名、赞助者等 (都在<题名叙述>内) 以及版本、出版者、出版丛刊和相关附注 (分别标目); 背景描述 <profiledesc>: 记录检索工具编目版本的相关记录,

① Encoded Archival Description Tag Library (Version 2002) [EB/OL]. [2011-02-12]. http: //archivists. org/publications/epubs/EAD2002-TL-05-03. pdf.

包括代理人姓名、编目地点及日期，以及检索工具的主要及次要语言；修订描述<revisiondesc>：记录有关检索工具的修订信息。

（2）EAD 前面事项

EAD 前面事项<frontmatter> 为可选项。该项以题名页为主，说明<档案描述>之前的前言文字，主要叙述检索工具的产生、出版与使用，而非描述资料的信息。

（3）EAD 档案描述

EAD 档案描述<archdesc>为必备项。用来记录整个 EAD 档案的封装元素，包括描述档案资料的内容、背景和范围，也包括一些有助于资料使用的管理和补充信息。其下属元素项主要有：描述识别 <did>：在<档案描述>及<构件>下，内含其他识别描述资料的核心信息；编排<arrangement>：描述资料归档顺序相关信息，例如内部结构的主要特征，或是资料在实质上或逻辑上的顺序；传记/历史<bioghist>：提供档案生产者的信息，给予相关的背景说明；数据对象<dao>：用属性（属性参考）和超级链接来连接检索工具信息及其电子形式；附注<note>：提供解释性的简短陈述；其他描述数据<odd>：提供难以并入其他命名元素中的描述数据；组织<organization>：有关描述资料细分为更小单位的信息；范围描述<scopecontent>：提供数据的主题覆盖范围；附属成分描述<dsc>：描述有关信息层级群组的信息；附属描述资料<add>；管理信息<admininfo>；访问控制 <controlaccess>，等等。

（三）EAD 属性

EAD 属性包括一般属性、连接属性和表格样式属性。连接属性和表格样式属性各自独立，列在一般属性的后面。

大多数的 EAD 元素都有其属性。属性可用元素所标志的内容命名，也可以根据被标志的内容赋予不同的属性值。属性可以是一个或多个，属性名称及属性值必须放在元素标志的后面，一起放在同一组尖括号内，格式如下：

<［元素］［属性］=“［属性值］”>

或<［元素］［属性一］=“［属性值一］”［属性二］=“［属性值二］”>

EAD 属性按其使用规范分为三类：①选用（#IMPLIED）：非必须属性。若无特定属性值，处理程序可自行推定其值；②必须（#REQUEST）：标志后面必须填入特定的属性值；③指定（#FIXED）：必须在 DTD 规定的属性值中选择一个属性值。EAD 属性共有 72 个，与 EAD 元素共同作用，完成文献资料的著录标引工作。

（四）EAD 的特点

（1）EAD 可以对档案全文信息进行置标，能适应任何长度的目录和记录，并能够描述在各种媒体上的所有类型的档案，包括文本文档、电子文档、可视材料和声音记录等。

（2）EAD 基于 SGML 标准和 XML 标准，具有强大的嵌套功能，能够实现对档案检索工具“全宗-类别（或系列）-案卷-文件”等级结构的层级式描述。即可对档案文献进行从全宗到类别（系列）、由类别（系列）到案卷、再由案卷到文件的从总到分的多级著录，或者说是对一个全宗内各个级别目录信息的全文著录。

（3）检索功能强。EAD 以 XML 查询语言（XML-QL）为基础，除了具有一般的检索功能，如布尔检索、截词检索之外，还可以在目录中查找单个款目和离散的数据项。

（4）具有较强的独立性。EAD 相对独立于处理程序、系统和设备，即独立于计算机软件和硬件，在 Unix、Windows 等操作系统中可以被很好地识别。

（5）可伸缩性。使用 EAD 既可以形成新的检索工具，也可以将已有的检索工具转化为 EAD 编码的机读格式，同一部文档可以选用一些简单的标识符著录，也可以选用复杂的等级化的标识符著录。

（6）易读性。由于 EAD 采用自然语言构成置标标识符，所以置标的语义从字面上即可看出，而 MARC 的标识符则不具备易读性。

（7）易用性和兼容性。XML 和 SGML 具有易用、直观、透明度高、使用灵活，不依赖任何软、硬件平台等特点，因此，以 XML 和 SGML 为技术基础的 EAD 具有易用性特点，可以建立与其他元数据（如 DC、ISAD（G））的映射，实现文献信息的共享。

总之，EAD 由 SGML 标准制定而来，而 SGML 又是支持网络协议 HTML、XML 的元标准。因此，遵循 EAD 的档案电子检索工具可通过互联网实现档案信息资源共享。

（五）EAD 在档案编码描述领域的应用

在 EAD 的发展过程中，涌现了大量的 EAD 研究和实验项目。美国、英国和加拿大对于 EAD 的研究和应用最为积极。在 EAD 研究早期，加州伯克利（Berkeley）大学图书馆、杜克（DUKE）大学、国家数字图书馆采用 EAD 编译检索工具，以测试其理论与技术的完善程度。耶鲁大学和哈佛大学在 1996 年初 EAD 初版发行时，就开始把它应用到工作中，加利福尼亚大学、圣地亚哥大学成功地把 EAD 检索工具用于数据库的建立。EAD 发行后，英国的利物浦大学、牛津大学、达拉姆大学、格拉斯哥大学，也开始了 EAD 项目研究。

1. EAD 早期应用

（1）美国遗产虚拟档案计划（CHP）

美国遗产虚拟档案计划（CHP）由美国国家人文科学基金提供部分资助，是加利福尼亚大学、加州大学伯克利分校、斯坦福大学、杜克大学以及弗吉尼亚大学的合作计划。该计划的目的是探索制作及维护 EAD 检索工具的分享式联合数据库所涉及的各种因素，包括知识、政策、技术以及经济方面的因素。通过该项目研究，证明在同样记录美国文化遗产但检索工具种类不同的四个合作档案馆中 EAD 都可适用，并依此建立一个联合虚拟档案馆。在参与机构的网站上可获得的资料包括《EAD 实施指南》以及《标签库》的草案、范例，以及其他有关此计划的信息及工具。①

（2）加利福尼亚博物馆和联机档案计划（MOAC）

加利福尼亚博物馆和联机档案计划（MOAC）的目的是制作一个“实际博物馆档案”的原型，能将标准的博物馆及图书馆原有的“检索工具”整合成为一个单一的资源，用于检索全加州的档案室、博物馆及图书馆的馆藏。此计划会测试 EAD 在博物馆环境下的使用状况，探索 EAD 应用于图画式及对象式馆藏的特定问题，以及调查博物馆、档案馆、图书馆馆藏的整合检索方式。博物馆、图书馆合作计划由加利福尼亚数字图书馆的“加利福尼亚联机档案”计划（先前的 UC-EAD）赞助。在其网站上列有关于此计划的完整描述、参与机构的名单，并可联机目前用 EAD 编码的博物馆及其馆藏。

（3）核心执行项目（CEPP）

核心执行项目（CEPP）由英国皇家委员会发起，目的是对英国中央政府 1916 年至今的部分文件的检索工具提供网上利用。其检索工具采用 EAD 编码，有两个版本，一个是用 INSO 的动态文本/动态网页（Dyna Text/Dyna Web）从 SGML 转化而来的 HTML 版，一个是 SGML 版，通过 SGML 浏览器如 Panaorama 来看。

（4）加利福尼亚联机档案计划（OAC）

① ［美］Daniel V. Pitti 著. EAD 发展的总体回顾［J］. 宋李娜，毕娟，译. 档案与建设，2003（6）：41-43.

加利福尼亚联机档案计划是一个为期两年的先导计划，目标是发展以加利福尼亚大学（UC）为研究对象的联合数据库，使用 EAD 著录 30 000 页的档案检索工具数据库，并使 UC 系统通过 Internet 普及各类用户。为了促进此原型数据库的发展，该计划的参与者已确定了著录的一般模式和特定模式。

2. EAD1.0 版应用实例

台湾“中央研究院历史语言研究所”对其所收藏的明清内阁大库档案进行著录格式的转化，是 EAD1.0 应用实例中较为完善的一个版本，显示了 EAD 在中文档案著录中的应用进展。附录一是其源编码（见附录一）。

从该实例源码中我们可以看出，EAD 对档案资料的描述，提供了被著录对象精确的内涵和多元化的检索入口。例如，实例中的<背景描述>、<文字部分>、<相关资料>元素提供了较为详尽的对档案材料内容和相关背景等信息的描述，有利于利用者更好地理解和使用自己所需的档案文件。<正题名>、<副题名>、<作者>、<赞助者>、<出版者>、<日期>、<单元识别>、<单元题名>、<单元日期>、<索引>、<主题>、<题名>等元素为利用者提供了尽可能多元的检索入口，可以帮助利用者最大限度地在整个档案资料库中检索出目标文件。

3. EAD2002 版应用实例研究

2002 年 12 月发布的 EAD2002 版本为目前最新的版本，应用案例见附录二。EAD2002 版本在 EAD1.0 版本的基础上形成，添加了几个新的元素。为了符合 XML 以及目前正在应用的其他相关技术的要求，EAD 工作组对整个 EAD DTD 及其参考实体文件进行了重新设计，对 DTD 的结构也进行了调整，使之对信息的逻辑组织更方便和实用。

EAD 在我国尚处于初步应用阶段。吉林大学管理学院王萍教授主持的国家社会科学基金项目“电子档案著录标准（EAD）的应用、评价与实证研究”对促进 EAD 在我国的应用具有积极的作用。该项目对 EAD 元素及属性进行了全面的分析，并将 EAD 与 DC、MARC 及 TEI 进行比较，探索它们之间的互操作等问题；对档案馆藏特性和利用者需求进行考察，探索 EAD 在我国档案信息资源著录工作中的应用问题；分析了 EAD 应用成本、检索效率、EAD 在我国应用的局限性，并提出了我国历史档案馆藏 EAD 开发应用规划模板。

该项目对 EAD 进行了实证研究，其内容包括：设计项目网站；创建全宗级 EAD 在线著录模板；EAD 从 XML 格式转换为 HTML 格式的技术实现；

展示“吉林桑蚕局全宗（部分案卷）指南”（SCJEAD）。详细信息可登录该项目网站：http：//www. jluead. org. cn/index. html。

第四节　网络环境下的档案信息检索

一、登录档案信息网站，直接获取档案信息

（一）我国的档案网站资源

现阶段，我国的国家级档案馆、地方级档案馆以及高校档案馆基本建立了自己的档案网站。我国的档案网站基本以电子政务网为依托，能够提供案卷级或文件级档案目录检索，少数网站能提供开放档案的原文检索。令人关注的是，我国越来越多的网站能提供现行文件在线检索，以及重要的视频信息和网上图片展览，丰富了电子政务信息服务的内容和方式。此外，档案网站基本登载档案新闻、档案政策与法规以及相关的政务信息等。获得档案馆网址的方法十分简单，在常用搜索引擎（如 Baidu、Google）的检索栏中输入关键词之后，即可获得有关档案馆的资料，同时也得到对应的网址。公众还可以通过中华人民共和国国家档案局主页（网址为：http://www. saac. gov. cn/)的“友情链接”栏目，链接到我国各省的地方档案馆，较为方便。但我国目前的各级、各地、各类型的档案网站资源处于分散状态，尚未对这些资源进行集成组织，无法实现一站式检索，只能分别登录不同的档案网站，才能检索和获取相应的档案线索、档案原文信息以及电子政务现行文件信息。

（二）国外有代表性的档案信息网站资源

通过国外档案信息网站，可从浩如烟海的外文网站中准确、快速地找到所需的档案信息资源。以下仅提供具有代表性的部分网站信息。

（1）国际档案理事会（ICA，International Council on Archives，网址：http：//www. ica. org/ ）

国际档案理事会是非政府间的国际档案专业组织。网站刊登国际档案理事会地区分会、业务处和委员会的有关情况，各类会议信息，还含有新闻，项目资料和会议文件等出版物信息。该网站提供了 ICA- List serv（the List serv of the International Council on Archives）这个重要的档案学术交流平台

（网址：http：//www. ica. org/4715/ica-listserv/ica-listserv. html）。用户可通过两种方式订阅：电子邮件方式和网站直接订阅，订阅之后可与这个平台上的档案学术讨论组进行交流，也可以发表自己的学术观点。

（2）联合国教科文组织的档案门户网站（网址：http://portal. unesco. org/ci/en/ev. php-URL_ID = 5761&URL_DO = DO_TOPIC&URL_SECTION = 201. html）

此站点由联合国教科文组织的通信和信息部门维护，可以链接到世界各国的档案馆，还收录了世界范围内的档案教育、培训、工作等信息。

（3）欧洲保护与获取委员会（ECPA，The European Commission on Preservation and Access，原网址：http：//www. knaw. nl/ecpa/）

该委员会成立于1994年，旨在保护欧洲地区各种档案、图书资料汇集的有效可用，包括书本、文件、照片、电影、磁带、磁盘等其他各种载体。ECPA网站因TAPE（Training for Audiovisual Preservation in Europe）项目的完成已经关闭，我们登录TAPE网站（http：//www. tape-online. net），能够了解欧洲声音文献遗产保护的培训信息、出版物信息。该网站在线提供大约170条有关声音文献数字化和保护的研究文献记录。

（4）美国档案工作者协会（SAA，Society of American Archivists，网址：http：//www. archivists. org/）

该网站收录了美国档案工作者协会SAA的教育指南信息（the SAA Directory of Archival Education），包括SAA制订的《档案高等教育指南》（2002）、美国各州和加拿大设有档案学专业方向的大学名录及链接信息、SAA的培训信息，以及SAA协会指南，美国和加拿大档案组织的链接信息，SAA会员信息，SAA的年度会议信息等。值得关注的是，该网站还提供SAA主办的*American Archivisit*（《美国档案工作者》杂志）的目录信息和较早发表的论文全文，以及*Archival Outlook*（《档案概览》，每年公开发行6期，属新闻报道）的目录信息（限注册用户）。

（5）原始资料库（Repsitories of Primary Sources，网址：http：//www. uiweb. uidaho. edu/special-collections/iil. htm）

该站点目前提供了通向世界上超过5 000个档案馆和手稿库房的链接，可获取有关手稿、档案、古籍善本、历史照片的信息，提供地区首字母索引检索方式。该原始资料库链接的所有网站都经过专人定期检查，确保其有效可用。

（6）美国手稿馆藏联合目录（NUCMC，National Union Catalog of Manuscript Collections，网址：http：//www. loc. gov/coll/nucmc/）

这是由美国国会图书馆手稿部创建和维护的档案资源网站。NUCMC 建立于 1959 年，它的任务是提供全国文献遗产的书目检索和利用服务，可通过网络免费搜索、直接登录 NUCMC 主页，以及通过 OCLC WorldCat 档案与手稿目录进行检索。此外，该网站还提供其他有关的信息，例如：美国国会图书馆馆藏检索、其他部门的馆藏、产品和服务的信息，检索工具和检索注意事项的介绍；美国国会图书馆之外的有关档案馆和手稿库房的资源；有关档案专业组织、档案教育、电子讨论组和期刊、助学金、奖学金、聘用机会等方面的信息；编码档案著录（EAD）及其应用的信息等。

二、利用搜索引擎获得档案信息

（一）利用专用搜索引擎搜索档案信息

1. 美国国家档案与文件管理局（NARA）的站内搜索引擎

（1）ARC（Archival Research Catalog，http：//www. archives. gov/research/arc/）

ARC 是一个网络档案专业数据库，它覆盖了 NARA 所辖各机构的馆藏，包括：总馆、华盛顿地区、各地区分馆和总统图书馆的馆藏，NARA 所藏档案的 20% 都能在 ARC 里进行检索。在利用 ARC 进行搜索之前，应对 ARC 档案的构成有所了解。ARC 档案的著录级别按照从总到分，从大到小可分为：档案组合或集合（Record Group，Collection）→系列（Series）→文件单元（File Unit）→记录（Item），具体如图 9-1 所示。

ARC 的资源类型包括：档案文本、图片、地图、声音文件等各种类型档案的数字形式，共有 124 000 张照片供搜索。可采用基本检索和高级检索两种方式进行检索。用户进入 ARC 的检索界面，选择检索主题，在检索框中输入关键词，并可根据检索结果调整检索策略，建议采用高级检索方式限制检索条件，以获得精确的检索结果。ARC 的检索功能包括：通过计算机自动标引和链接实现了按机构名和人名进行专门检索的功能，用户可直接输入人名或机构名进行检索。检索结果可按时间、形成者、所藏机构、所属全宗等不同方式进行排序。检索结果建立了超链接，可链接到相关的全文、照片、录音和录像；可链接到文件形成者、文件中涉及的人名、地名、机构

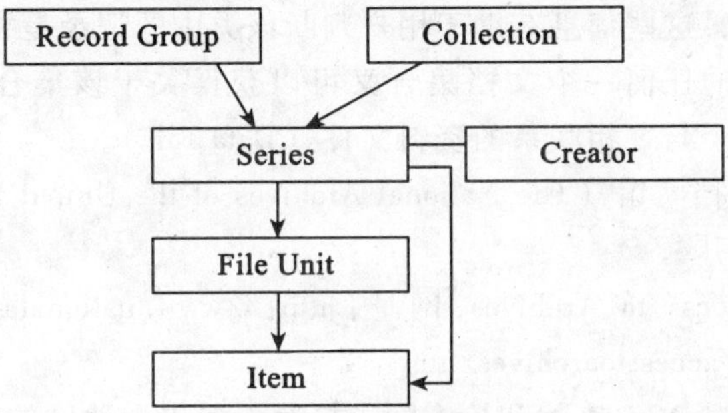

图 9-1　ARC 档案构成图

名；还可以显示每份档案在各个著录级别的情况，由此了解一个全宗内档案间的联系，进而链接到其所属的类别、系列乃至全宗，查看该类别与全宗的其他档案。此外，ARC 还专门设置了族谱和家族史检索，以及针对教学需求的检索功能。

（2） AAD（Access to Archival Databases，网址：http：//aad. archives. gov/aad/）

美国国家档案馆档案数据库（ADD）是为了实现 NARA 的任务，即为公众提供对重要证据的便捷获取（ready access to essential evidence）而开发的，是在美国“电子文件档案馆项目”（Electronic Records Archives Program）的支持下发展起来的第一个公开性可利用的应用系统，该项目旨在解决以电子形式日益增长的政府文件的保管问题。

ADD 主要用于检索 NARA 所保管的电子文件，它对档案实体采用现代数字技术进行具体描述（动感摄影、三维图片处理），甚至辅以影像背景、语言文字和音乐等方式对其进行抽象呈现，能帮助用户更好地理解文件。AAD 系统可以在线利用由 20 个联邦机构所产生的近 5 000 万份涵盖多个主题范围的历史上的电子文件。

ADD 的案卷保管者将所有的文件主题归纳为不同的类别（Series）供用户选择，它们是：所有类别（All Series）、族谱与个人历史（Genealogy/Personal History）、私营部门（Private Sector）、战争与国际关系（War/International Relations）、其他记录的索引（Indexes to Other Records）、地点（Places）、政府开支（Government Spending）、时间段（Time Spans）。对 ADD 检索前，用户首先确定欲检索的领域，选择其中的一个类别。点击该类别后便会看到相关信息，如此类别所含文档的集合列表、文档号、创建者、创建时间等，这些信息有助于用户判断该类中的记录是否与自己的兴趣相关。点击其中的任何一个文档集合又可以获得关于该集合的进一步的信息，即一个或多个与之相联系的资料文件（Data File）。

2. 英国国家档案馆（The National Archives of the United Kingdom）的档案数据信息检索引擎

①A2A（Access to Archives，网址：http://www.nationalarchives.gov.uk/searchthearchives/accesstoarchives.htm）

用户可以通过A2A查找和检索到英格兰、威尔士地区的档案信息资源，档案的产生年代可由今追溯到18世纪，主要包括人口普查记录，出生、结婚及死亡记录，移民记录，家族档案等。英格兰、威尔士境内的当地文件办事处、图书馆、大学、博物馆以及国家和专门机构保存维护这些档案，并向公众提供利用。由英联邦档案馆的主页进入。

②Archon Directory（网址：http://www.nationalarchives.gov.uk/archon/）

可由英联邦档案馆的主页进入。用户可检索英联邦的所有库房和在不列颠国家档案馆登记册（BNRA）数据库中收录的世界上其他藏有手稿的库房。Archon是英联邦档案人员和查找英国历史的手稿资源的用户的主要信息通道，由英国皇家历史手稿委员会负责维护。

（二）利用通用搜索引擎搜索档案信息

（1）Webcrawler（网址：http://www.webcrawler.com/）

它是第一个提供大范围搜索的WWW搜索引擎，提供主题查询和关键词搜索两种服务。关键词搜索的功能非常强大，支持自然语言检索、布尔检索和近似检索，检索结果按主题相关性。用户能通过它同时查找Google，Yahoo!，Windows Live，Ask等几大搜索引擎的数据库，并给出一份组合的查询结果清单。

（2）Google历史档案搜索服务（网址：http://news.google.cn/）

这项搜索服务集成在Google的资讯栏目里。通过该服务，你可以方便快速地查看以前发生过的事和新闻评论等。比如以“非典防治”为关键词进行搜索时，可以得到从2003年至今关于“非典防治”的各类网络信息，包括与“非典防治”相关的图片和网页信息。

（3）中国Web信息博物馆（网址：http://www.infomall.cn/）

该馆是在国家“973”和“985”项目支持下，北京大学网络实验室开发建设的中国网页历史信息存储与展示系统。目前已经维护有30亿以中文为主的网页，并以平均每月 4 500 万网页的速度扩大规模。它的基本使命是以一种集中的形式，全面展现中国互联网上信息的历史；为社会提供多种海量网络信息产品，供相关科研人员进行研究。这是一项社会公益事业，所提供的信息产品均免费（收取介质和处理成本除外）。使用时签署数据使用协议，即可得到相关产品。

第五节　中外档案网站检索实例分析

为了了解当前国内外档案网站信息组织与检索的基本现状，本节选取美国国家档案馆（National Archives and Records Administration，NARA）、英国国家档案馆（The National Archives of United Kingdom）和加拿大图书国家档案馆（Library and Archives Canada）、浙江省档案馆、青岛市档案馆作为分析对象，对这些网站的检索功能进行实验和分析。

一、档案网站信息资源的基本情况

（一）美国国家档案馆（http：//www. archives. gov/）

美国国家档案馆在其主页向用户介绍自己的内部体系、馆藏特色、服务功能、历史沿革乃至使用导向，每个网络用户都可以通过互联网充分利用存放在美国国家档案馆里的超过 5 000 万份的历史记录。为了方便用户的检索，NARA 开发了一系列基于网络的数据库，如检索 NARA 电子文件的档案数据库检索系统（Access to Archival Databases，AAD）、检索 NARA 非电子文件的档案研究目录系统（Archives Research Catalog，ARC）、检索缩微资料的缩微出版物检索系统（Microfilm Publications Search）、肯尼迪总统暗杀记录收藏参考系统（The President John F. Kennedy Assassination Records Collection Reference System）和国家档案馆图书馆目录（NARA Library Catalog）等①。2011 年，NARA 新推出了一站式联机公共查询系统（Online Public Access，OPA），用户可通过该集成检索平台，一次性检索 ARC、AAD、ERA 的相关数据，ARC 的数据和绝大部分功能将被 OPA 取代。2007 年，美国政府在“国家档案馆与档案管理局”（NARA）内部成立“政府信息服务办公室”（Office of Government Information Services，OGIS）来协调处理政府部门

① 黄如花．美国国家档案馆档案数据库检索系统的检索［J］．图书情报知识，2004（5）．

(信息形成者、拥有者)与信息公开申请者之间的关系，对信息自由法(FOIA)进行评价，并向国会和总统提出政策变革的建议①。在美国总统奥巴马倡导更加开放、透明政府的政策引导下，2009 年 10 月，美国白宫、政府出版局（GPO）和美国国家档案馆联邦登记办公室合作开展了一项突破性的工作，它们将《联邦登记》日报 10 年间（2000—2009）的文本转化为 XML 格式，并同时在联邦政府的几个信息门户上提供在线使用，即政府出版局联邦数字系统(GPO's Federal Digital System)、联邦登记网站(http://www.federalregister.gov)和政府数据的新门户网站（http://www.data.gov)。这次改革将 XML 增补为官方出版格式，可以大大提高公众获取和处理政府信息的能力，满足个性化的信息需求②。此外，公众还可以通过 RSS 定制，定期从网站上获取联邦登记日报的最新出版内容。

美国国家档案馆网站一般提供简单检索和高级检索两种途径，以 ARC 检索系统为例，其简单检索和高级检索界面如图 9-2、图 9-3 所示：

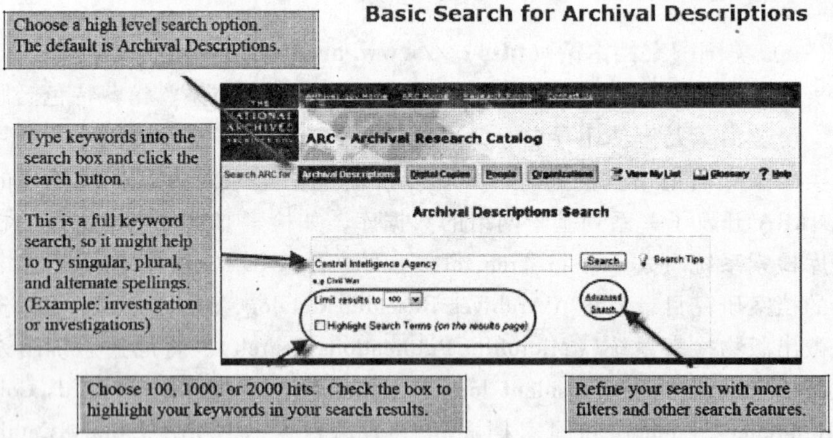

图 9-2　美国国家档案馆 ARC 简单检索界面

① Harold C. Relyea. Federal Freedom of Information Policy: Highlights of Recent Developments [J]. *Government Information Quarterly*, 2009, 26 (2): 317.

② The National Archives. The White House, National Archives and Government Printing Office Achieve Open Government Milestone [EB/OL]. [2010-04-20]. http://www.archives.gov/press/press-releases/2010/nr10-02.html.

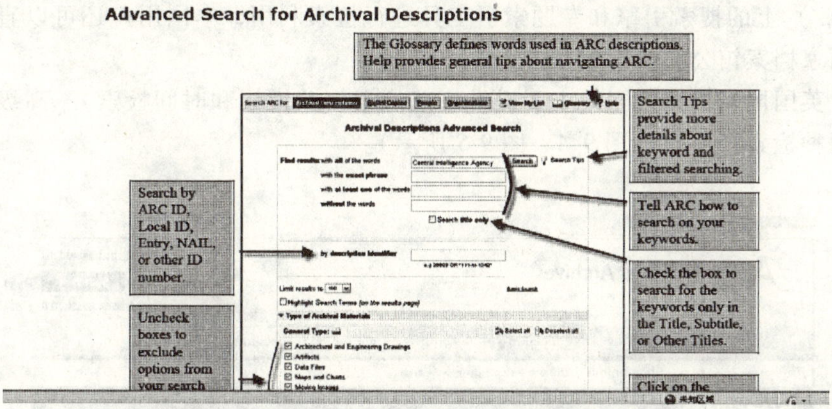

图 9-3　美国国家档案馆 ARC 高级检索界面

（二）英国国家档案馆（http://www.nationalarchives.gov.uk/）

英国国家档案馆是在 2003 年由公共档案馆（Public Records Office）和英国皇家历史手稿委员会合并组建而成的。英国国家档案馆建立了非常完备的档案信息资源服务体系，包括联机目录（the Catalogue）、国家数字档案库（The National Digital Archive of Datasets）、“获取档案”项目（Access to Archives，A2A）和国家档案登记系统（National Register of Archives）等，可为公众提供全面的档案信息服务。

此外，英国国家档案馆对于正式出版（网络出版）的政府信息资源和未正式出版的政府信息资源采取了不同的公开与服务方式。目前，英国政府与公众之间的信息交互，其中有一半以上都是在网上进行的。政府网站日益成为政府与公民、企业交流的基本工具，这些在网络公开出版的政府信息很容易消逝，因此，英国国家档案馆认为，采集和保存作为电子政务重要渠道的政府网站，具有非常重要的意义。于是在 2003 年 9 月，建立了专门选择性收藏英国中央政府网站的档案馆——英国政府网络档案馆。政府网站保存工作由国家档案馆下设的数字保存部（Digital Preservation department）具体实施。英国政府网络档案馆采集并保存的网站信息都可以在万维网上公开、免费获取，其分为 11 个主题，即“商业，工业，经济和金融”、“文化和休闲”、“环境”、“政府、政治与公共管理”、“卫生、保健与护理”、“国际事务与国防”、“人类、社区与住房”、“公共查询与皇家委员会”、“公共秩序、司法和权利”、“运输、通信和技术”、“工作、教育和技能”，读者可以通过政府网络档案馆主页（http：//www. nationalarchives. gov. uk/webarchive/）上的搜索引擎和专题索引工具进行检索利用，本国用户还可以直接到国家档案馆公共检索大厅进行查询。

英国国家档案馆网站主要提供快速检索（关键词和时间检索）、高级检索两种检索界面（如图9-4、图9-5所示）。

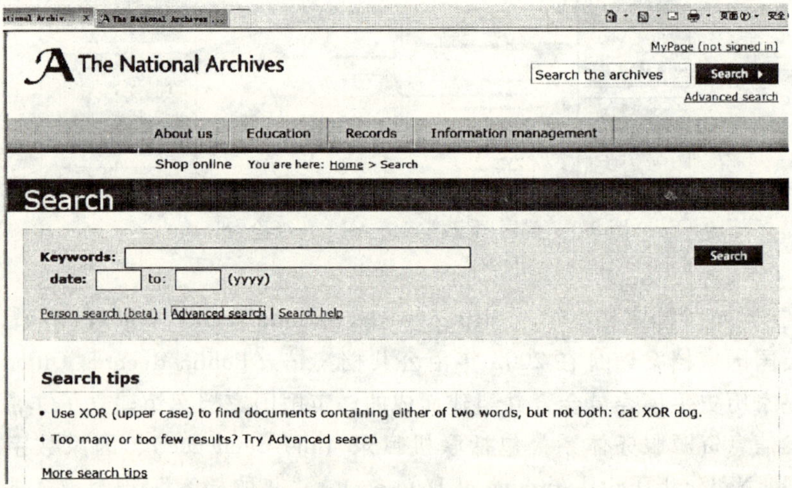

图 9-4　英国国家档案馆网站快速检索界面

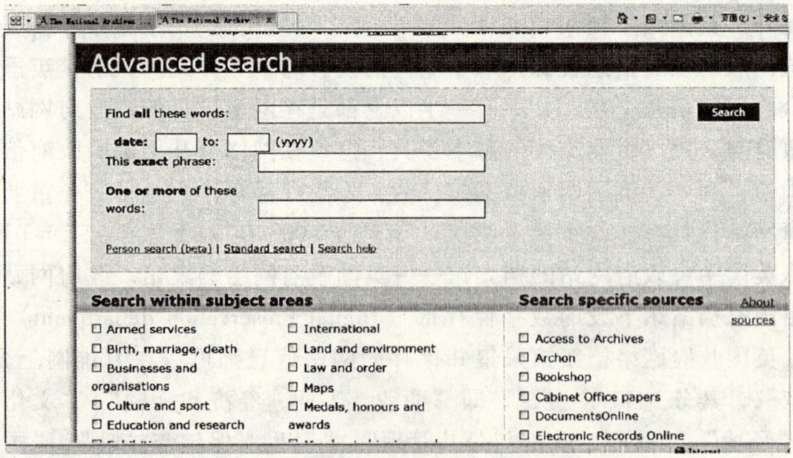

图 9-5　英国国家档案馆网站高级检索界面

（三）加拿大国家图书档案馆（http://www. collectionscanada. gc. ca/index-e. html）

加拿大国家图书档案馆是由加拿大国家档案馆（National Archives of Canada）和加拿大国家图书馆（National Library of Canada）于 2004 年合并而成的，是国际上图书馆、档案馆合并较为成功的案例，在成功进行馆藏资源、人力资源等多方整合后，其整体信息服务能力得到了极大提升。加拿大国家图书档案馆还针对网络政府信息资源数量日益增多的情况，从 2005 年开始收集加拿大联邦政府网站的资源，其建立的加拿大政府网络档案馆（Government of Canada Web Archive）于 2007 年 11 月正式开通，公众可以通过关键词、政府部门名称、URL 地址在加拿大国家图书档案馆网站上浏览、检索所需信息资源。目前，加拿大政府网络档案馆已经拥有 1.7 亿数字对象、超过 700 万兆字节的政府网站资源，成为公众获取网络政府信息资源的重要窗口。

加拿大国家图书档案馆由于是图书馆、档案馆的集成，因此在其检索界面提供了图书（library）、档案（archives）、祖先（Ancestors）、网站（websites）四种检索入口，既可以在四种入口进行集成检索，也可以选取任意一种检索入口进行独立检索（如图 9-6 所示）。

图 9-6　加拿大国家图书档案馆检索界面

（四）浙江省档案馆（http://www. zjda. gov. cn/）

浙江省档案馆网站公布了馆藏档案（含历史档案、新中国成立后档案、革命历史档案、馆藏资料、人物档案）的全宗介绍等信息，开发了“民国浙江阵亡将士名录”、“浙江省历任劳动模范”、“浙江省革命烈士英名录”、“浙江历史名人”、“校友录”等专题数据库，“英士大学”、“浙江大学”等照片资料数据库，以及现行文件数据库等，从而给公众提供了非常有特色的档案信息资源。

浙江省档案馆网站提供的检索路径主要是输入检索和浏览检索，其中输入检索包括关键字检索、高级检索（人物、自由词、主题词、会议等，如图 9-7 所示）、二次检索。浏览检索主要是根据相关主题进行浏览。

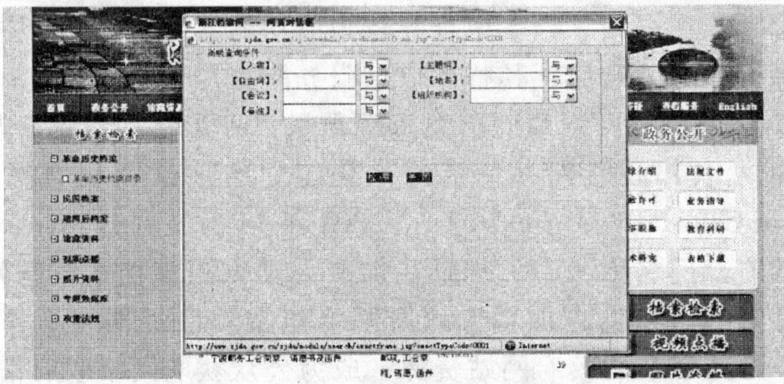

图 9-7　浙江省档案馆网站高级检索对话框界面

（五）青岛市档案馆（http：//www. qdda. gov. cn/）

青岛市档案馆从 1999 年开始规划数字档案馆建设，2001 年启动项目建设，2003 年正式投入使用，是国内第一个投入运行的数字档案馆①。目前，青岛市数字档案馆（http：//www. qdda. gov. cn/qddigitalarchives/front/index. jsp）已经建成囊括青岛市 13 个综合档案馆馆藏资源的数字化检索平台（如图 9-8 所示）。

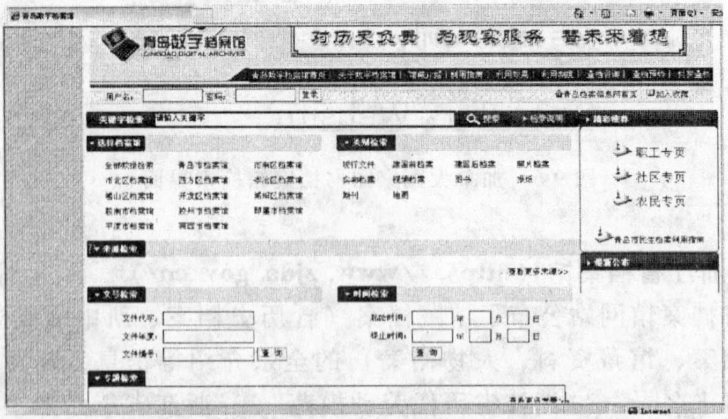

图 9-8　青岛数字档案馆检索界面

① 宋丽云．国内第一个数字档案馆青岛市档案馆启用[EB/OL]．[2011-04-10]．http：//www. people. com. cn/GB/keji/1056/2028542．html.

青岛市数字档案馆能够提供关键字检索、类别检索（类别包括现行文件、新中国成立前档案、新中国成立后档案、照片档案、实物档案、视频档案、图书、报纸、期刊、地图等）、来源检索（市委、市政府、市政协等）、文号检索、时间检索、专题检索等检索路径，从而能够满足公众多角度的检索需求。

二、档案馆网站检索实例

（一）美国国家档案馆网站检索实例

1. ARC 系统的检索实例

（1）简单检索

第一，在 ARC“People”检索项中输入“Bill Clinton”，见图 9-9。

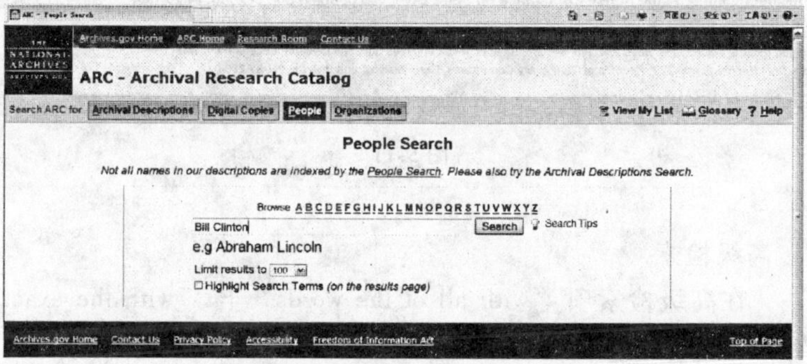

图 9-9

第二，检索结果显示如图 9-10 所示。

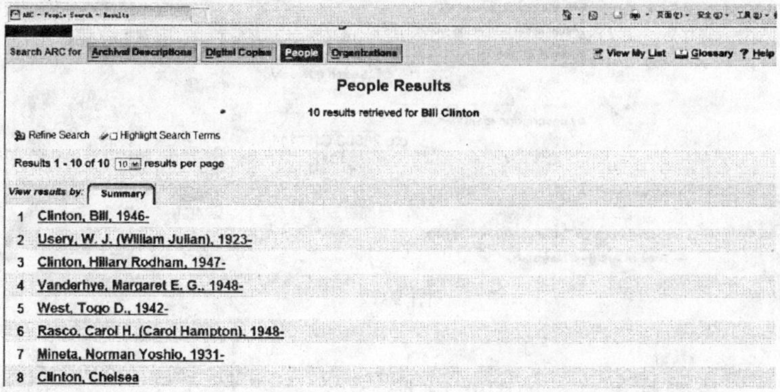

图 9-10

第三，选取其中第一项（Clinton, Bill, 1946—），则有相关记录197条，如图9-11所示。

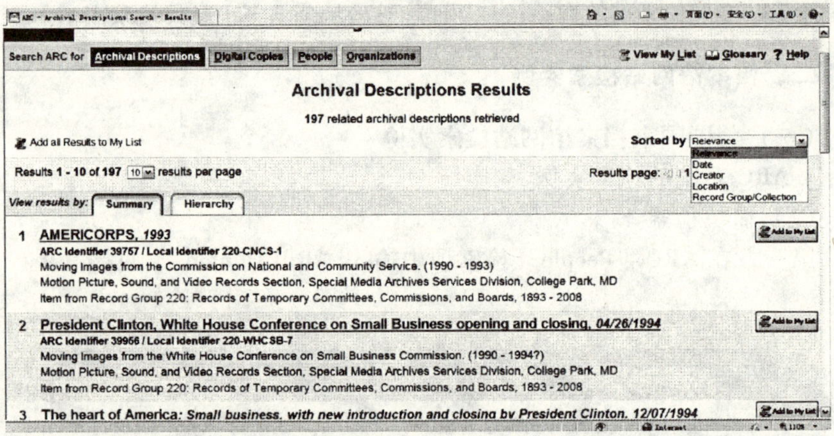

图 9-11

（2）高级检索

第一，在高级检索项“with all of the words”与“with the exact phrase”中分别输入“Bill Clinton”和“China”，见图9-12。

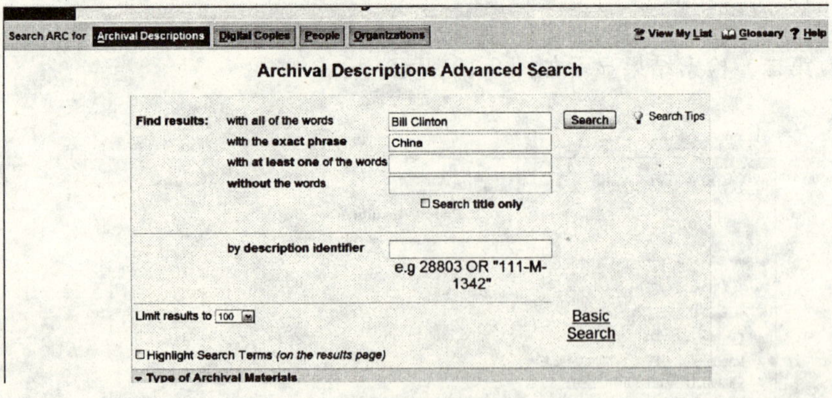

图 9-12

第二，检索结果显示如图9-13所示。

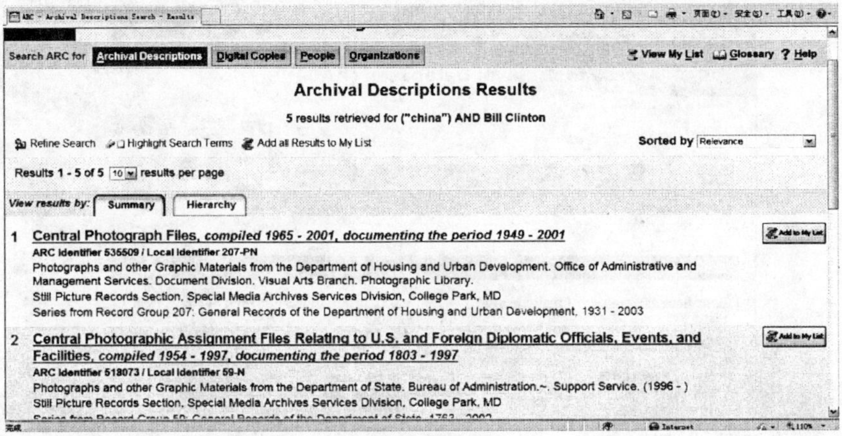

图 9-13

第三，选取其中第四条记录，则具体显示如图 9-14 所示。

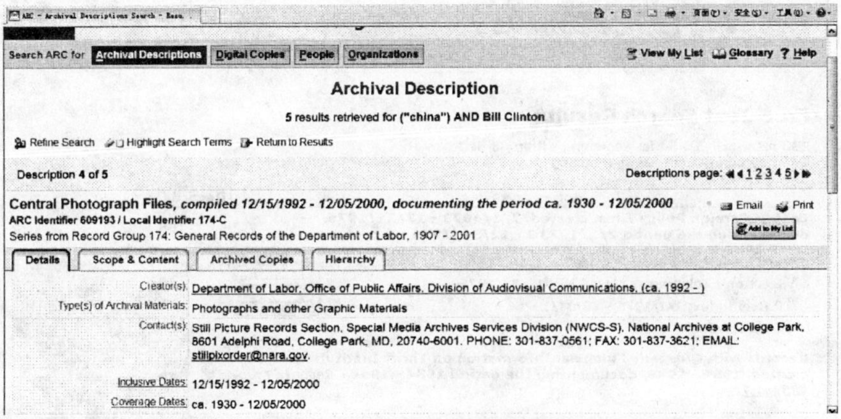

图 9-14

2. AAD 系统的检索实例

(1) 简单检索

第一，在检索栏中输入“Abraham Lincoln”，见图 9-15。

第二，检索结果显示如图 9-16 所示。

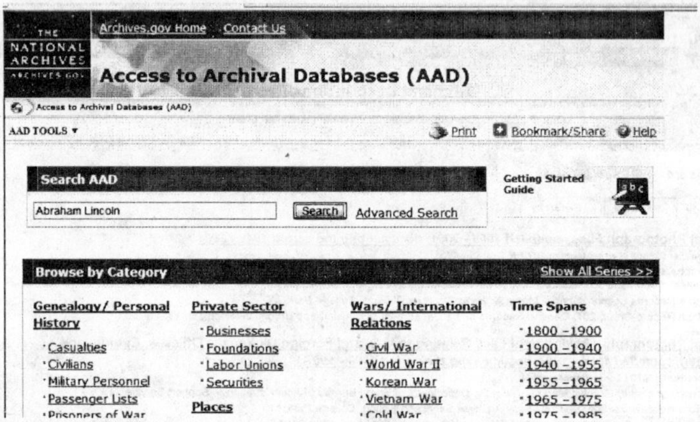

图 9-15

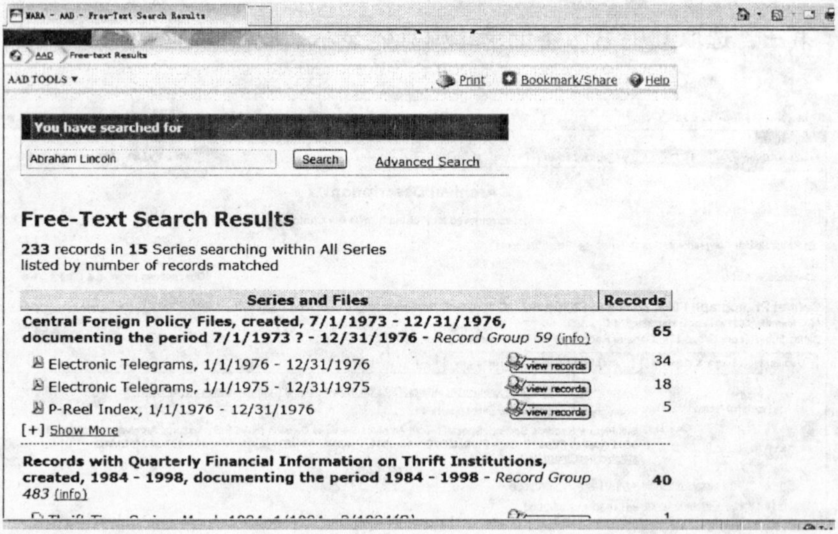

图 9-16

第三，选取其中一条记录：“Historic American Buildings Survey/Historic American Engineering Record（HABS/HAER）Database Files, September 1997（Part 1）, 1933 - 9/24/1997”，点击“View records”图标，则显示结果如图 9-17。

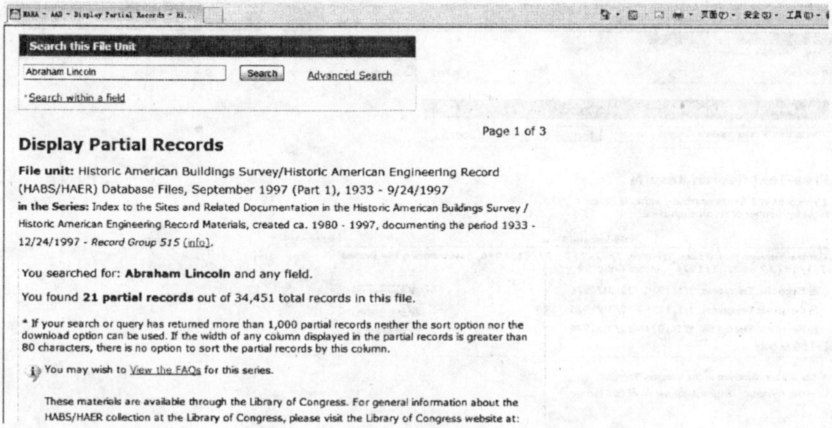

图 9-17

（2）高级检索

第一，在检索项“with the exact phrase”和“with the exact phrase”中分别输入“Declaration of Independence”和“Thomas Jefferson”，见图 9-18。

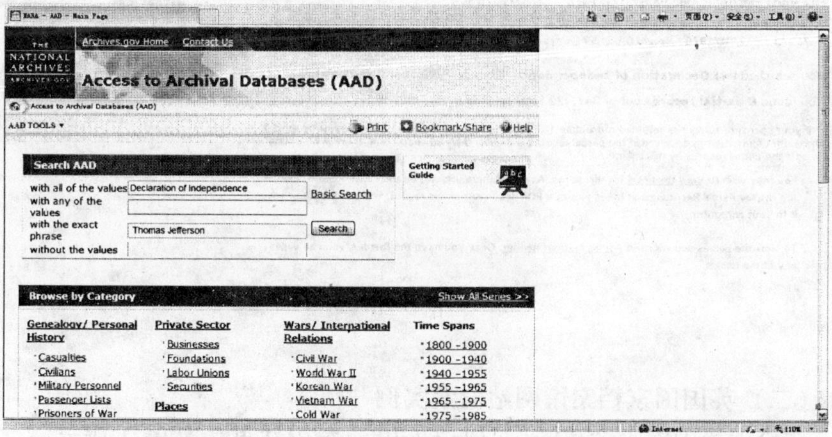

图 9-18

第二，显示检索结果如图 9-19 所示。

第三，点击其中一条记录，则显示如图 9-20 所示。

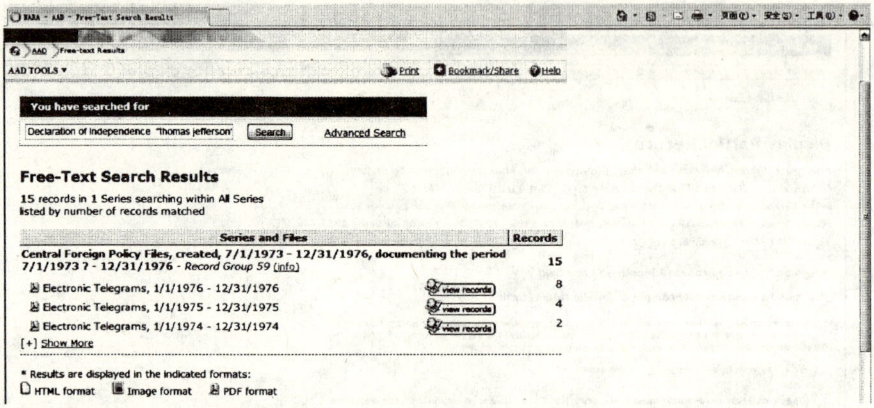

图 9-19

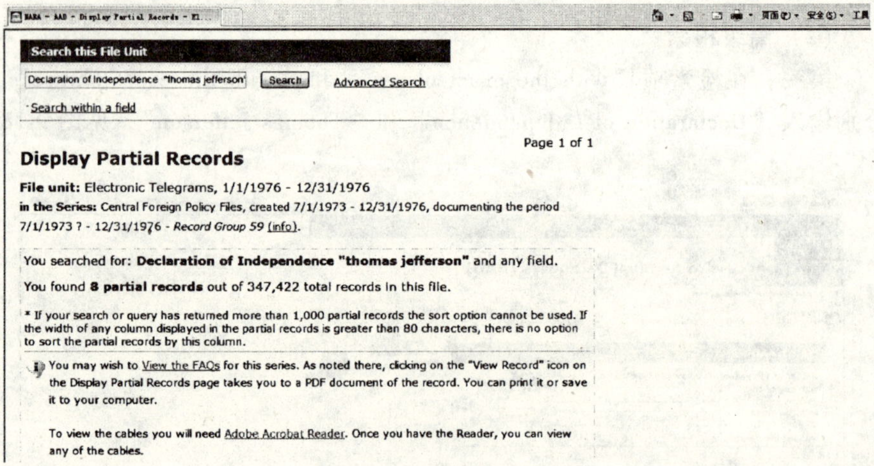

图 9-20

（二）英国国家档案馆网站检索实例

在检索栏中输入“Winston Churchill”，检索结果如图 9-21 所示。

检索结果提供主题浏览，也提供检索结果列表浏览。

结果细览页面可提供文档的详细描述信息（见图 9-22），另外还可通过添加为购买，填写 E-mail 后即可在线下载档案全文（见图 9-23）。

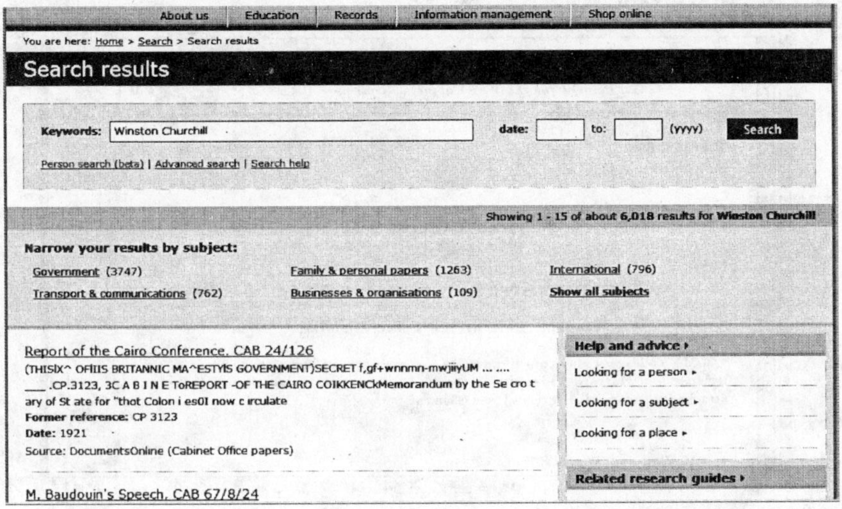
About us
Education
Records
Information management
Shop online
You are here: Home > Search > Search results
Search results
Keywords: Winston Churchill
date:
to:
(yyyy)
Search
Person search (beta) | Advanced search | Search help
Showing 1 - 15 of about 6,018 results for Winston Churchill
Narrow your results by subject:
Government (3747)
Family & personal papers (1263)
International (796)
Transport & communications (762)
Businesses & organisations (109)
Show all subjects
Report of the Cairo Conference. CAB 24/126
Former reference: CP 3123
Date: 1921
Source: DocumentsOnline (Cabinet Office papers)
M. Baudouin's Speech. CAB 67/8/24
Help and advice
Looking for a person
Looking for a subject
Looking for a place
Related research guides

图 9-21

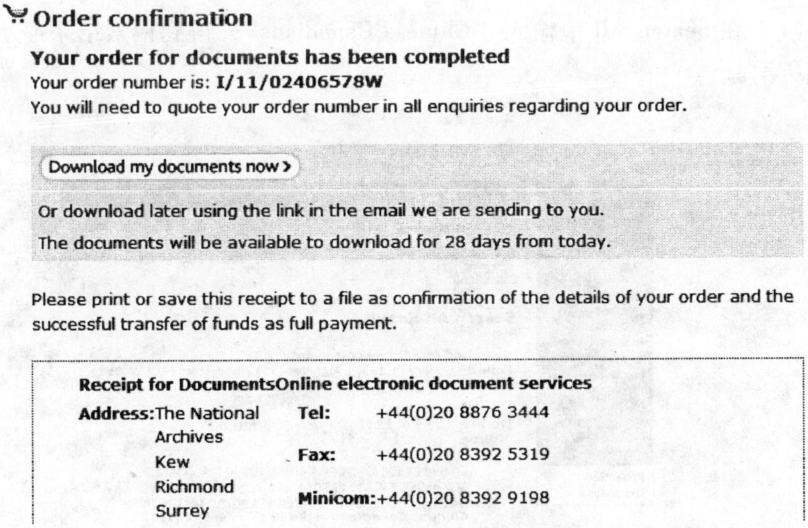
Order confirmation
Your order for documents has been completed
Your order number is: I/11/02406578W
You will need to quote your order number in all enquiries regarding your order.
Download my documents now
Or download later using the link in the email we are sending to you.
The documents will be available to download for 28 days from today.
Please print or save this receipt to a file as confirmation of the details of your order and the successful transfer of funds as full payment.
Receipt for DocumentsOnline electronic document services
Address: The National Archives Kew Richmond Surrey
Tel: +44(0)20 8876 3444
Fax: +44(0)20 8392 5319
Minicom: +44(0)20 8392 9198

图 9-22

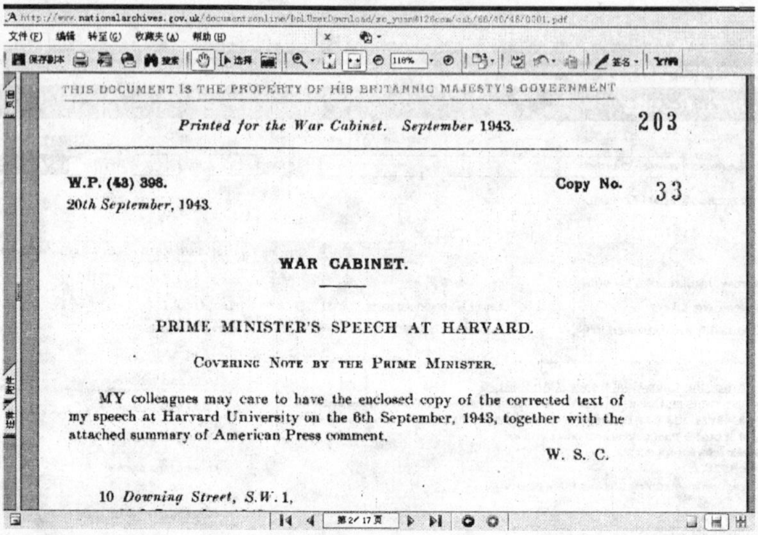

图 9-23

（三）加拿大国家图书档案馆网站检索实例

1. 集成检索（Search All）

（1）在 Search All 中输入“Chinese Canadians”，得到检索结果显示如图 9-24 所示。

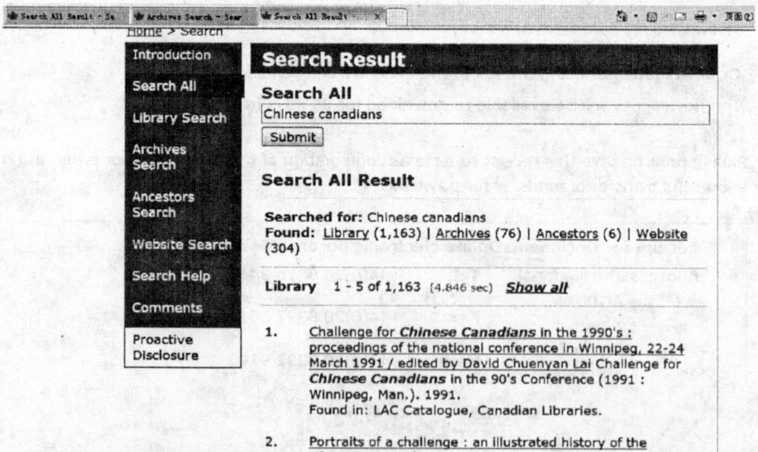

图 9-24

（2）打开其中第1条记录，显示如图9-25所示。

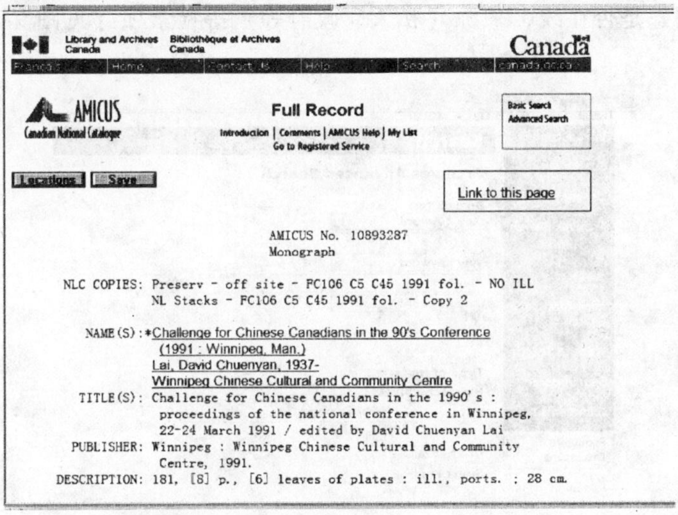

图9-25

2. 档案检索（Archives Search）

档案检索提供简单检索（Basic Search）和高级检索（Advanced Search）两种形式，具体检索界面如图9-26所示。简单检索主要提供档案类型（建筑

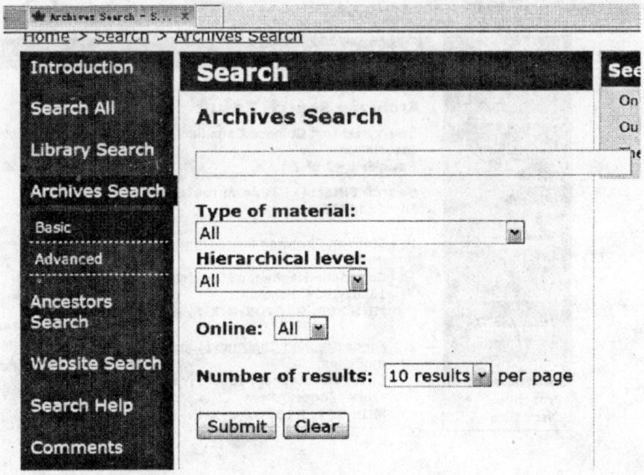

图9-26

与技术图纸、电影视频、地图、照片、文本等）和档案层级（Fonds/series/Files/Items/Accession）检索项。高级检索则提供了关键词、档案类型、档案层级、时间、是否在线、来源（私人、政府等）等检索项（见图 9-27）。

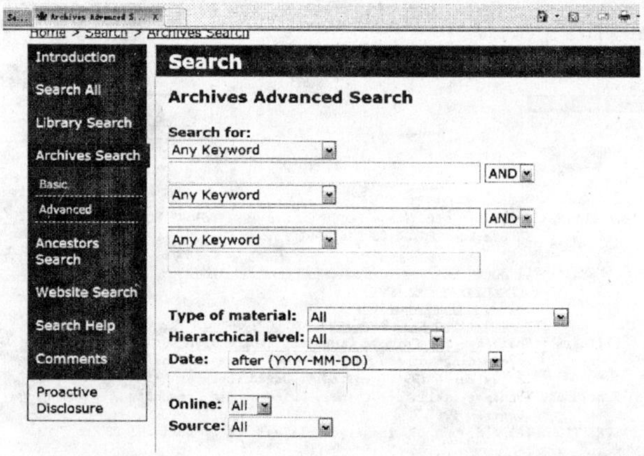

图 9-27

（1）简单检索

在简单检索栏中输入“Chinese Canadian Association”，并限定“Type of materials”为“Films and Videos”，则显示结果为 2 条记录，如图 9-28 所示。

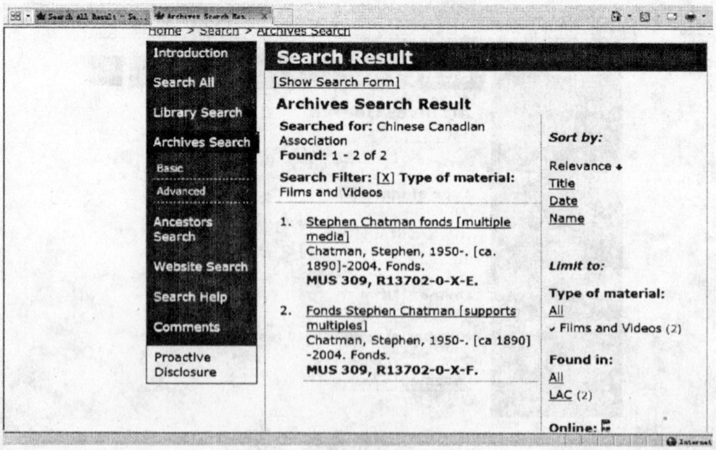

图 9-28

点击第 2 条记录，则显示该记录的详细信息，如图 9-29 所示。

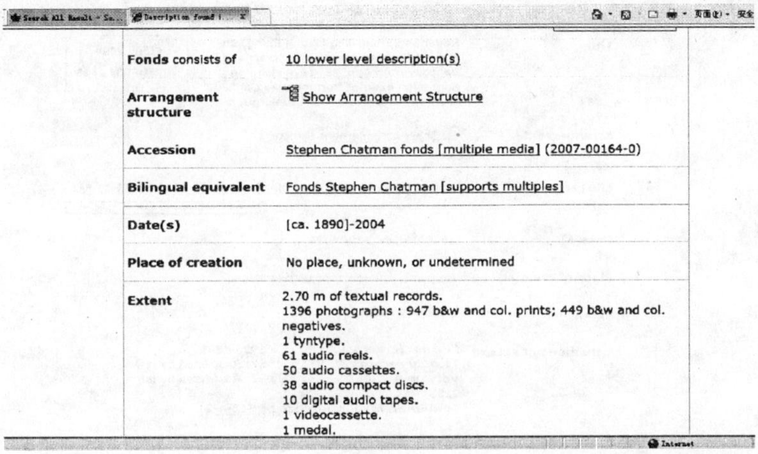

图 9-29

（2）高级检索

在任意关键词（Any Keywords）中输入“Chinese immigration AND tax”，得到 24 条记录，显示如图 9-30 所示。

图 9-30

点击其中第2条记录，显示如图9-31。

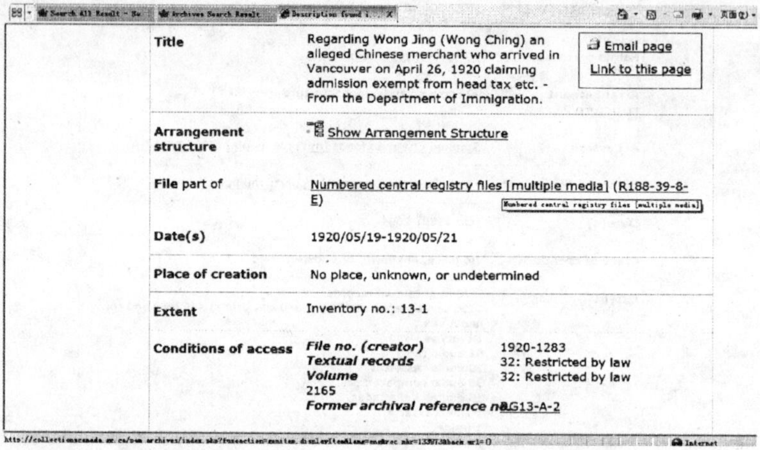

图 9-31

（四）浙江档案馆网站检索实例

1. 浏览检索（见图9-32）

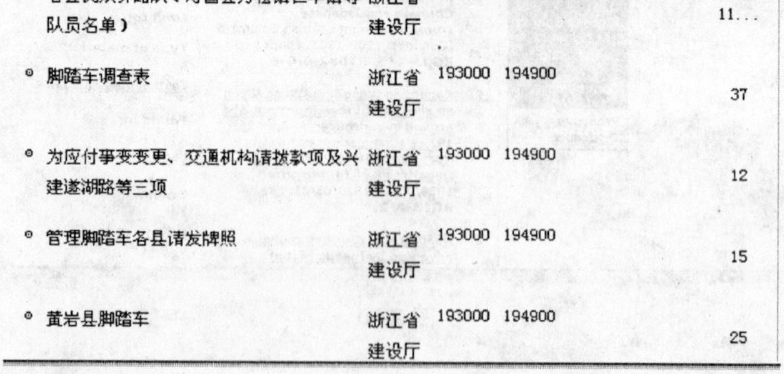

图 9-32

2. 简单检索

在“建国后档案文件级”全文检索项中输入“婚姻”，显示结果如图9-33所示。

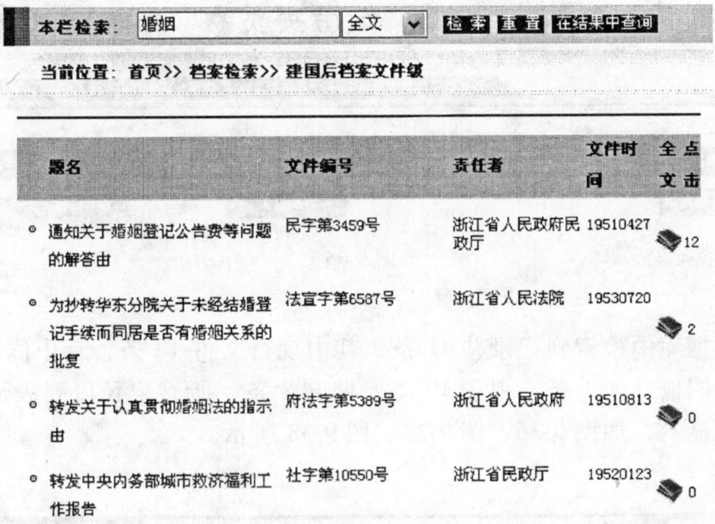

本栏检索：婚姻 全文 检索 重置 在结果中查询

当前位置：首页>> 档案检索>> 建国后档案文件级

题名	文件编号	责任者	文件时间	全文	点击
通知关于婚姻登记公告费等问题的解答由	民字第3459号	浙江省人民政府民政厅	19510427		12
为抄转华东分院关于未经结婚登记手续而同居是否有婚姻关系的批复	法宣字第6587号	浙江省人民法院	19530720		2
转发关于认真贯彻婚姻法的指示由	府法字第5389号	浙江省人民政府	19510813		0
转发中央内务部城市救济福利工作报告	社字第10550号	浙江省民政厅	19520123		0

图 9-33

可查看电子原文（djvu 格式），如图 9-34 所示。

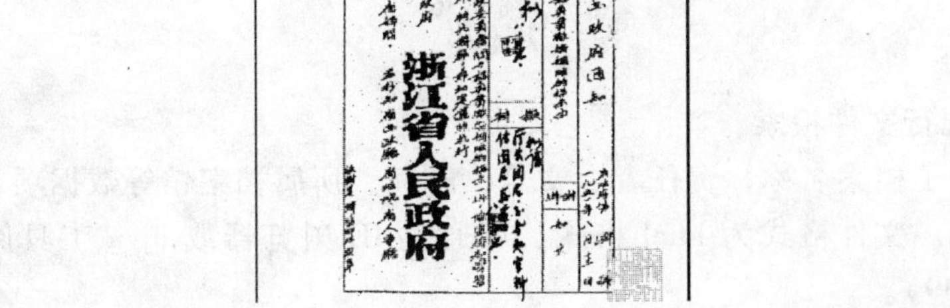

图 9-34

（五）青岛数字档案馆检索实例

1. 关键字检索

在关键字检索项中输入“城市规划”进行检索，见图 9-35。

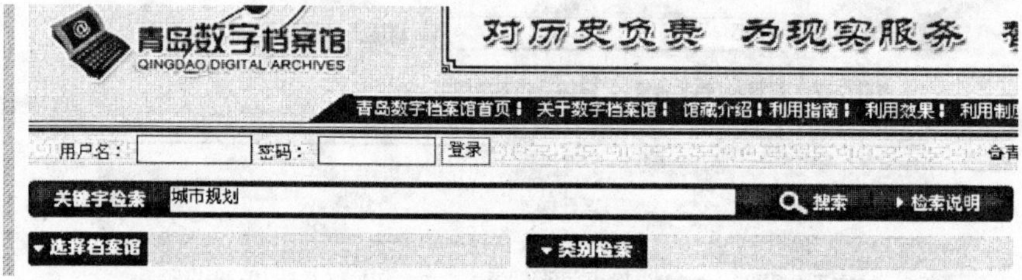

图 9-35

在数据库中检索到记录共 41 条，其中现行文件 12 条，新中国成立后 3 条，新中国成立前 1 条，视频 17 条，期刊 8 条。所有记录以列表形式在一个网页中显示，如图 9-36、图 9-37、图 9-38 所示。

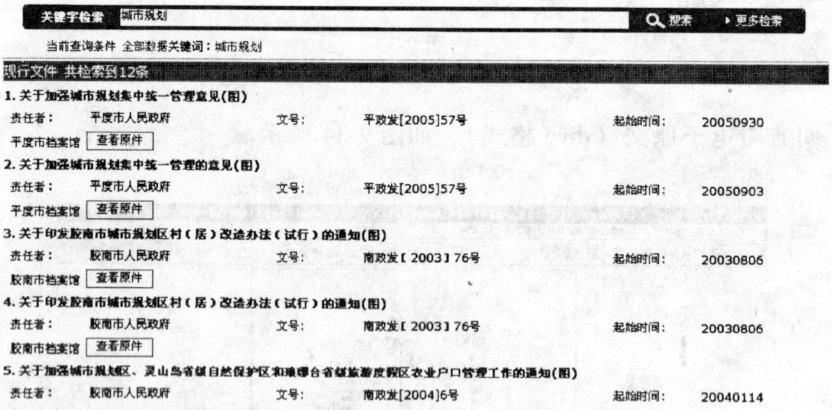

图 9-36

2. 现行文件检索

标明了档案名称、责任者、文号、时间、所属档案馆等数据项，并提供原件下载。文件格式为 html 格式，可通过 IE 浏览器或 djvu 工具阅读全文（见图 9-39）。

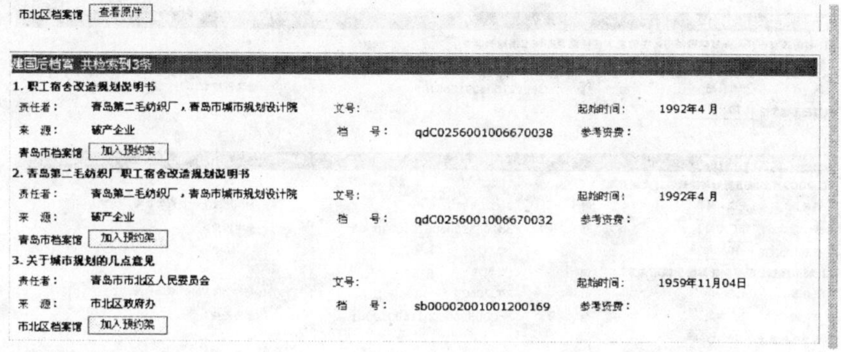

图 9-37

图 9-38

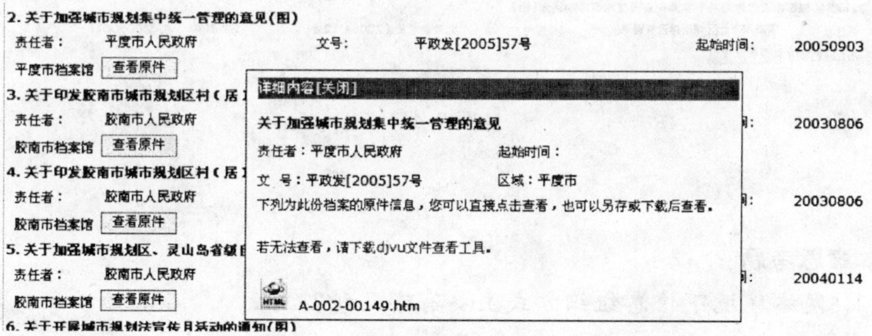

图 9-39

对于档案目录，记录中显示了题名、责任者、时间、材料出处、来源、档号等项（见图 9-40）。

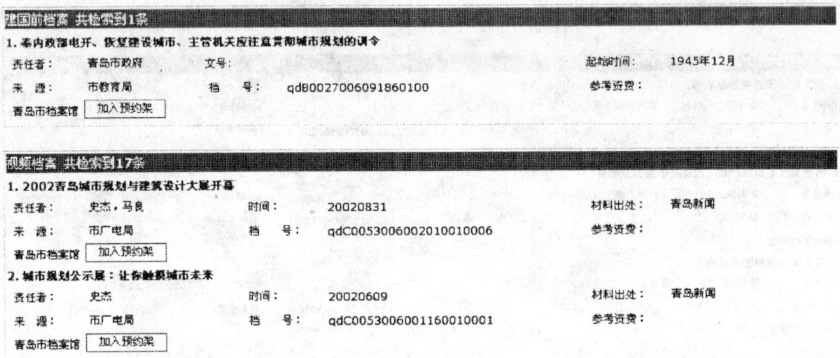

图 9-40

另外，可以从类别、所在馆藏、时间等方面进行限定检索，如图 9-41 所示。

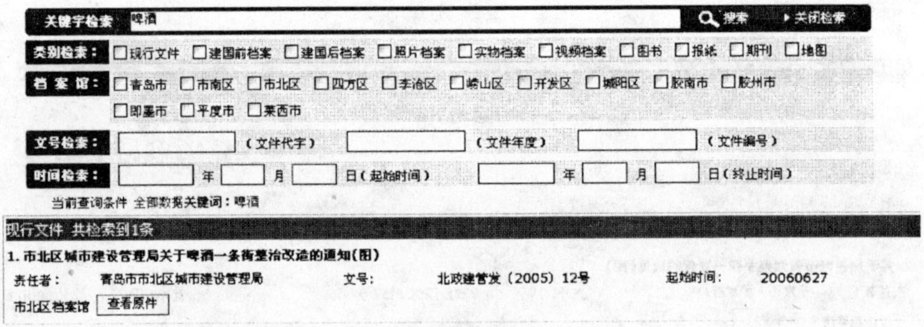

图 9-41

◎ 本章思考题

1. 网络环境下信息组织方式主要有哪几种？
2. 网络档案信息检索途径有哪些？
3. 试述 EAD 的发展与应用。
4. 举例阐述档案网站信息组织和检索方法。

参考文献

一、论著和论文

[1] 洪漪．档案信息组织与检索［M］．武汉：武汉大学出版社，1998.

[2] 冯惠玲．档案文献检索［M］．北京：高等教育出版社，1999.

[3] 冯惠玲，王立清．信息检索教程［M］．北京：中国人民大学出版社，2004.

[4] 焦玉英等．信息检索新论［M］．武汉：武汉大学出版社，2008.

[5] 焦玉英，符绍宏，何少华．信息检索（第2版）［M］．武汉：武汉大学出版社，2008.

[6] 黄如花．信息检索（第2版）［M］．武汉：武汉大学出版社，2010.

[7] 赵丹群．现代信息检索：原理、技术与方法［M］．北京：北京大学出版社，2008.

[8] 夏立新等．信息检索原理与技术［M］．北京：科学出版社，2009.

[9] 陈丽．档案信息检索［M］．成都：四川人民出版社，2010.

[10] 刘湘生．主题法的理论与标引［M］．北京：书目文献出版社，1985.

[11] 张琪玉，侯汉清．情报检索语言实用教程［M］．武汉：武汉大学出版社，2004.

[12] 侯汉清，马张华．主题法导论［M］．北京：北京大学出版社，1991.

[13] 俞君立，陈树年．文献分类学［M］．武汉：武汉大学出版社，2001.

[14] 邓绍兴．档案分类［M］．北京：首都师范大学出版社，1998.

[15] 中国档案分类法编辑委员会．中国档案分类法（第2版）［M］．北京：中国档案出版社，1997.

[16] 中国档案主题词表编辑委员会．中国档案主题词表（第2版）［M］．北京：中国档案出版社，1995.

[17] 张正强．中国档案主题词表研究与使用精要［M］．上海：上海科学技术文献出版社，1995.

[18] 中国科学技术情报研究所．汉语主题词表［M］．北京：科学技术文献出版社，1980.

[19] 钱起霖．《汉语主题词表》标引手册［M］．北京：科学技术文献出版社，1985.

[20] 陈树年．《中国分类主题词表》标引手册［M］．北京：北京图书馆出版社，1998.

[21] 卜书庆．《中国分类主题词表》（第2版）及其电子版手册［M］．北京：北京图书馆出版社，2006.

[22] 侯汉清，李华．《中国分类主题词表》（第2版）评介［J］．国家图书馆学刊，2006（2）：15-20.

[23] 陈树年，刘惠敏．从网络信息组织看《中国分类主题词表》［J］．国家图书馆学刊，2006（2）：21-27.

[24] 陈光祚，等．计算机情报检索系统导论［M］．北京：书目文献出版社，1993.

[25] 赖茂生，等．计算机情报检索（第2版）［M］．北京：北京大学出版社，2006.

[26] 李金波．国内外联想式信息检索研究综述［J］．图书馆学研究，2007（6）：48-52，82，

[27] 张晓林．文献信息系统实现联想式信息检索的技术与方法［J］．情报学报，1994（5）：341-347，393.

[28] 张保明．CD-ROM光盘网络化及其影响［J］．情报科学，1992（1）：2-5，22.

[29] 张琪玉．因特网大众分类法若干问题的探讨［J］．图书馆论坛，2005（6）：214-217.

[30] 赵宪元．文献分类法与网络信息分类法比较分析［J］．国家图书馆学刊，2004（3）：86-88.

[31] 陆宝益．论创建我国统一的网络信息分类法［J］．中国图书馆学报，2004（6）：44-47.

[32] 刘家真．电子文件管理——电子文件与证据保留［M］．北京：科学出版社，2009.

[33] 王萍，宋雪雁．电子档案管理基础［M］．北京：清华大学出版社，2006.

[34] 王萍．电子档案著录标准及其应用［M］．长春：吉林大学出版

社，2010.

二、标准

[1] 档案行业标准《档案著录规则》（DA/T18—1999），1999年发布。
[2] 档案行业标准《档案主题标引规则》（DA/T19—1999），1999年发布。
[3] 档案行业标准《文书类电子文件元数据方案》（DA/T46—2009），2009年发布。
[4] 国家标准《档案分类标引规则》（GB/T15418—2009），2009年发布，代替1994年《档案分类标引规则》（GB/T15418—1994）。
[5] 国家标准《中国档案机读目录格式》（GB/T20163—2006），2006年发布。

附 录 一

EAD1.0 应用实例：中国台湾“中央研究院历史语言研究所”明清内阁大库档案编码描述①

```
<! DOCTYPE EAD PUBLIC “-//Society of American Archivists//DTD
ead. dtd (Encoded Archival Description(EAD) Version 1.0)//EN”
<ead relatedencoding =“MARC AMC”>
<eadheader langencoding =“ISO 639-2”>
<filedesc>
<titlestmt>
<titleproper> 明清档案</titleproper>
<subtitle> 内阁大库档案</subtitle>
<author>“中央研究院历史语言研究所”</author>
<sponsor>“行政院国家科学委员会”</sponsor>
</titlestmt>
<editionstmt> 网络版</editionstmt>
<publicationstmt>
<address> 台北市</address>
<date> 西元 2001 年</date>
<publisher>“中央研究院历史语言研究所”</publisher>
</publicationstmt>
</filedesc>
<profiledesc>
```

① 宋雪雁，王萍，温阳红．EAD 与 ISAD（G）的映射关系及其在中文档案著录中的应用［J］．情报科学，2005，23（8）：1268-1270.

<creation> <p>"中央研究院历史语言研究所"明清档案工作室"中央研究院"计算机中心
metadata
工作组</p>
<p> 西元 2001 年- </p>
<p> 依据 ISO 8879 SGML（或 XML）标准设计，以 tag 标示 element。</p>
</creation>
<langusage> <language> 中文繁体</language> </langusage>
</profiledesc>
</eadheader>
<frontmatter>
<div> <p> 内阁大库是清代内阁庋藏书籍、表章、档案的场所。……</p>
<p> ……</p>
……
</div>
</frontmatter>
<archdesc level ="层级"langmaterial ="语言资料">
<did>
<unitid encodinganalog ="099"> 登录号</unitid>
<unittitle encodinganalog ="245"> 品名</unittitle>
<physdesc>
<genreform encodinganalog ="655"> 类型</genreform>
<genreform encodinganalog ="300"> 文件别</genreform>
<physfacet type =" material "encodinganalog ="340"> 质材</physfacet>
<physfacet type =" mount"encodinganalog ="300">装潢</physfacet>
<dimensions encodinganalog ="300">高广①</dimensions>
<extent encodinganalog ="300 $ a">数量</extent>
</physdesc>

① 指该档案的高度及宽度，著录方式：以厘米为单位，著录高×宽，以阿拉伯数字标示。

```
<note label =“direction :”encodinganalog =“500”>文向①</note>
<note label = “decoration :”encodinganalog =“500”>图像</note>
<note label =“text :”encodinganalog =“500”>文本</note>
<note label =“edition”:encodinganalog =“500”>版本</note>
<abstract> 事由</abstract>
<origination>
<persname label =“signatory :”encodinganalog =“100 $ a”> 具奏人-姓名
</persname>
<persname label =“signatory :”encodinganalog =“100 $ d”> 具奏人-生卒年
</persname>
<persname label =“signatory :”encodinganalog =“100 $ c”> 具奏人-官职
</persname>
</origination>
<unitdate label =“signed date :”encodinganalog =“245 $ g”> 具奏日期</unit-
date>
<note label =“signed date :”encodinganalog =“651”> 具奏地点</note>
<repository encodinganalog =“851 $ a”> 版权</repository>
</did>
<scopecontent>
<note label =“content :”encodinganalog =“520”>贴黄②</note>
<note label =“transcription :”encodinganalog =“520”> 释文</note>
<note label =“commentary :”encodinganalog =“520”> 批红</note>
<note label =“commentary date :”encodinganalog=“520”> 批红日期</note>
</scopecontent>
<admininfo>
<custodhist encodinganalog =“561”> 收藏历史</custodhist>
<processinfo encodinganalog =“583”> 保存状况</processinfo>
<prefercite encodinganalog =“524”> 参考文献</prefercite>
```

---

① 指档案内容文字的方向,著录方式:依档案内容文字之排行排版方向,以标准化词汇著录,例如:右行,左行,反文,反书字,回文,倒文,环列。

② 明清档案制度中,对档案内容的摘要。著录方式:照录全文;若贴黄散佚,著录[残]。若无贴黄,则不予任何标识。

```
<userestrict encodinganalog ="540"> 展览限制</userestrict>
<userestrict encodinganalog ="506"> 浏览限制</userestrict>
<userestrict encodinganalog ="540"> 复印限制</userestrict>
<acqinfo encodinganalog ="541"> 征集方式</acqinfo>
</admininfo>
<add>
<bibliography encodinganalog ="581"> 出版</bibliography>
<bibliography encodinganalog ="510"> 引用文献</bibliography>
<relatedmaterial encodinganalog ="544"> 关联</relatedmaterial>
<index encodinganalog ="555"> 关键字</index>
</add>
<note encodinganalog ="500"> 备注</note>
<controlaccess>
<subject encodinganalog ="650"> 主题</subject>
<title encodinganalog ="630"> 品名</title>
<genreform encodinganalog ="655"> 文件别</genreform>
<persname encodinganalog ="100 $ a"> 具奏人-姓名</persname>
<occupation encodinganalog ="100 $ c"> 具奏人-官职</occupation>
<geogname encodinganalog ="651"> 具奏地点</geogname>
</controlaccess>
<dao encodinganalog ="530">影像-影像档案<daodesc encodinganalog =
"500">影像-说明
</daodesc> </dao>
</archdesc>
</ead>
```

附　录　二

EAD (Version 2002)应用实例[①]

```
<? xml version="1.0"? >
<! DOCTYPE EAD PUBLIC "+//ISBN 1-931666-00-8//DTD ead. dtd (Enco-
ded Archival Description (EAD) Version 2002)//EN" [
<! ENTITY hdr-cu-i-spcoll PUBLIC "-//University of California, Irvine::Li-
brary::Special Collections and Archives//TEXT (eadheader: name and ad-
dress)//EN" "hdrcuisp. sgm">
<! ENTITY tp-cu-i-spcoll PUBLIC "-//University of California, Irvine::Li-
brary::Special Collections and Archives//TEXT (titlepage: name and address)//
EN" "tpcuisp. sgm">
<! ENTITY ucseal PUBLIC "-//University of California, Berkeley::Library//
NONSGML (University of California seal)//EN" NDATA GIF>
]>
<ead>
    <eadheader audience="internal" countryencoding="iso3166-1" dateencoding
="iso8601" langencoding="iso639-2b" repositoryencoding="iso15511">
        <eadid countrycode="us" mainagencycode="cu-i" publicid="-//
us::cu-i//TEXT
us::cu-i::p29. sgm//EN">Mildred Davenport Dance Programs and Dance
School Materials, MS-P29
```

① Encoded Archival Description Tag Library, Version 2002, Appendix C: Encoded Examples[EB/OL]. [2011-03-20]. http://www.loc.gov/ead/tglib/appendix_ca.html.

```
</eadid>
<filedesc>
    <titlestmt>
        <titleproper>Guide to the Mildred Davenport Dance Programs and Dance School Materials</titleproper>
        <author>Processed by Adrian Turner; machine-readable finding aid created by Adrian Turner</author>
    </titlestmt>
    <publicationstmt>&hdr-cu-i-spcoll;
        <date>&copy; 2001</date>
        <p>The Regents of the University of California. All rights reserved.</p>
    </publicationstmt>
    <notestmt>
        <note>
            <p>
                <subject source="cdl">Arts and Humanities--Dance--Dance Performance</subject>
                <subject source="cdl">Arts and Humanities--Dance--Dance History and Criticism</subject>
                <subject source="cdl">Area, Interdisciplinary, and Ethnic Studies--African American Studies</subject>
            </p>
        </note>
    </notestmt>
</filedesc>
<profiledesc>
    <creation>Machine-readable finding aid derived from MS Word.  Date of source: <date>2001.</date></creation>
    <langusage>Description is in <language>English.</language></langusage>
</profiledesc>
</eadheader>
```

```xml
<frontmatter>
    <titlepage>
        <titleproper>Guide to the Mildred Davenport Dance Programs and Dance School Materials</titleproper>
    <num>Collection number: MS-P29</num>
    <publisher>Special Collections and Archives
        <lb>The UCI Libraries
        <lb><extptr actuate="onload" show="embed" entityref="ucseal">
        <lb>University of California
        <lb>Irvine, California</publisher>
    &tp-cu-i-spcoll;
<list type="deflist">
    <defitem>
        <label>Processed by: </label>
        <item>Adrian Turner</item>
    </defitem>
    <defitem>
        <label>Date Completed: </label>
        <item>2001</item>
    </defitem>
    <defitem>
        <label>Encoded by: </label>
        <item>Adrian Turner</item>
    </defitem>
</list>
    <p>&copy; 2001 The Regents of the University of California. All rights reserved. </p>
</titlepage>
</frontmatter>

<archdesc level="collection">
    <did>
        <head>Descriptive Summary</head>
```

```xml
<unittitle label = " Title" >Mildred Davenport dance programs and dance school materials</unittitle>
<unitdate type = " inclusive"  normal = " 1934/1942" >1934–1942</unitdate>
<unitid countrycode = " us"  repositorycode = " cu–i"  label = " Collection number" >MS–P29</unitid>
<origination label = " Creator" ><persname rules = " aacr2" >Davenport, Mildred, 1900–1990</persname></origination>
<physdesc label = " Extent" >
<extent>0. 3 linear feet (1 box and 1 oversize folder)</extent>
</physdesc>
<repository label = " Repository" >
<corpname>University of California, Irvine. Library. Special Collections and Archives. </corpname>
<address>
<addressline>Irvine, California 92623–9557</addressline>
</address>
</repository>
<abstract label = " Abstract" >This collection comprises dance programs, dance school materials, photographs, and ephemera documenting the early career of the Boston–based African–American dancer, dance instructor, and civic official Mildred Davenport. The bulk of this collection consists of dance programs and dance school materials. The collection also contains 29 photographs of Davenport, her students in various performances, and friends or individual students. Dance programs from 1925 to 1942 feature her solo performances and group performances with her students. The collection includes a complete run of programs for Bronze Rhapsody, an annual performance series choreographed, staged, and directed by Davenport. Her personal copy of a typescript of stage directions for a 1934 performance is included with these programs. Her dance schools, Davenport School of the Dance and Silver Box Studio, are documented in course brochures and applications. Biographical and academic materials include a 1939 newspaper article on Davenport. </abstract>
</did>
```

<descgrp>
<head>Important Information for Users of the Collection</head>
<accessrestrict>
<head>Access</head>
<p>Collection is open for research. </p>
</accessrestrict>
<userestrict>
<head>Publication Rights</head>
<p>Property rights reside with the University of California. Literary rights are retained by the creators of the records and their heirs. For permissions to reproduce or to publish, please contact the Head of Special Collections and Archives. </p>
</userestrict>
<prefercite>
<head>Preferred Citation</head>
<p>Mildred Davenport Dance Programs and Dance School Materials. MS-P29. Special Collections and Archives, The UC Irvine Libraries, Irvine, California. </p>
</prefercite>
<acqinfo>
<head>Acquisition Information</head>
<p>Acquired, 1998. </p>
</acqinfo>
<processinfo>
<head>Processing History</head>
<p>Processed by Adrian Turner, 2001. </p>
</processinfo>
</descgrp>
<bioghist>
<bioghist>
<head>Biography</head>
<p>Mildred Ellen Davenport was a noted civic official and military

officer with an extensive career as a dancer and dance instructor in Boston in the 1930s and 1940s. She was born in Boston on November 12, 1900. She began her dance studies at C. C. Perkins Grade School and Prince School as a teenager, and graduated from Boston Girls' High School in 1918. In the 1920s she studied at the Sargent School for Physical Culture and at Harvard, and opened her first dance school, the Davenport School of Dance. Over the next ten years she studied under Ted Shawn and taught dance in Boston. She was also progressively more involved in road show performances such as Hot Chocolates. From 1930 to 1935 she performed in a number of African-American musical productions on Broadway, including Fast and Furious, Flying Colors, and Black Birds. In 1932 she established her second dance school, the Silver Box Studio, in the South End of Boston. She became the first African American woman to perform with the Arthur Fiedler Pops unit of the Boston Symphony Orchestra at this time. </p>

<p>During World War II, Davenport enlisted in the Army as a captain. She produced musical shows for military bases and later served as a special service officer, library officer, and advisor in the Office of Racial Affairs. In 1950, she served as an executive board member for the N. A. A. C. P. office in Boston. From 1947 to 1968 she worked for the Massachusetts Commission Against Discrimination, founded in 1944 to enforce fair employment practices. Davenport died in Boston in 1990. </p>

</bioghist>

<bioghist>

<head>Chronology</head>

<chronlist>

<chronitem>

<date>1900</date>

<event>Born in Boston. </event>

</chronitem>

<chronitem>

<date>Ca. 1914</date>

<event>Student at C. C. Perkins Grade School and Prince School. </event>

</chronitem>

<chronitem>
<date>1918</date>
<event>Graduates from Boston Girls' High School. </event>
</chronitem>
<chronitem>
<date>Ca. 1920s</date>
<event>Establishes Davenport School of Dance in Boston. </event>
</chronitem>
<chronitem>
<date>1921</date>
<event>Student at Sargent School for Physical Culture. </event>
</chronitem>
<chronitem>
<date>1921-1922</date>
<event>Physical training instructor at Tuskegee Institute, Alabama. </event>
</chronitem>
<chronitem>
<date>1923</date>
<event>Student at Harvard Summer School. </event>
</chronitem>
<chronitem>
<date>1925-ca. 1930</date>
<event>Staff member with the Department of Public Welfare, Boston. </event>
</chronitem>
<chronitem>
<date>Ca. 1930-1935</date>
<event>Performs on Broadway. </event>
</chronitem>

<chronitem>
<date>1932</date>
<event>Establishes Silver Box Studio in Boston. </event>
</chronitem>
<chronitem>
<date>1946-1947</date>
<event>U. S. Army, civilian defense instructor. </event>
</chronitem>
<chronitem>
<date>1947</date>
<event>U. S. Army Office of Racial Affairs, assistant special service officer, library officer, and advisor. </event>
</chronitem>
<chronitem>
<date>1950</date>
<event>Executive board member of N. A. A. C. P., Boston. Member of Women's Service Club and League of Women for Community Service, Boston. </event>
</chronitem>
<chronitem>
<date>1947-1968</date>
<event>Staff member with the Massachusetts Commission Against Discrimination. </event>
</chronitem>
<chronitem>
<date>1973</date>
<event>Receives Sojourner Truth Award of the National Association of Negro Business and Professional Women's Clubs, Boston and Vicinity Club. </event>
</chronitem>
<chronitem>

<date>1990</date>

<event>Dies in Boston. </event>

</chronitem>

</chronlist>

</bioghist>

</bioghist>

<scopecontent>

<head>Collection Scope and Content Summary</head>

<p>This collection comprises dance programs, dance school materials, photographs, and ephemera documenting the early career of the Boston-based African-American dancer, dance instructor, and civic official Mildred Davenport. The bulk of this collection consists of dance programs and dance school materials. The collection also contains 29 photographs of Davenport, her students in various performances, and friends or individual students. Dance programs from 1925 to 1942 feature her solo performances and group performances with her students. The collection includes a complete run of programs for Bronze Rhapsody, an annual performance series choreographed, staged, and directed by Davenport. Her personal copy of a typescript of stage directions for a 1934 performance is included with these programs. Her dance schools, Davenport School of the Dance and Silver Box Studio, are documented in course brochures and applications. Biographical and academic materials include a 1939 newspaper article on Davenport. </p>

<p>The collection is arranged topically. Materials are arranged chronologically within each topical grouping whenever possible. </p>

</scopecontent>

<controlaccess>

<head>Indexing Terms</head>

<p>The following terms have been used to index the description of this collection in the library's online public access catalog. </p>

<controlaccess>

<head>Subjects</head>

<persname encodinganalog="600" rules="aacr2" role="subject">Davenport, Mildred, 1900-1990--Archives. </persname>

<subject encodinganalog="650" source="lcsh">Dance schools--Massachusetts--Boston--Archival resources. </subject>

<subject encodinganalog="650" source="lcsh">Dance--Archival resources. </subject>

<subject encodinganalog="650" source="lcsh">Modern dance--United States--Archival resources. </subject>

<subject encodinganalog="650" source="lcsh">Dance, Black--Archival resources. </subject>

<subject encodinganalog="650" source="lcsh">African American dancers--Archival resources. </subject>

</controlaccess>

<controlaccess>

<head>Genres and Forms of Materials</head>

<genreform encodinganalog="655" source="local">Dance programs. </genreform>

<genreform encodinganalog="655" source="gmgpc">Photographic prints. </genreform>

<genreform encodinganalog="655" source="gmgpc">Posters. </genreform>

</controlaccess>

<controlaccess>

<head>Occupations</head>

<occupation encodinganalog="656" source="aat">Dancers. </occupation>

<occupation encodinganalog="656" source="lcsh">Dance teachers. </occupation>

</controlaccess>

</controlaccess>

<dsc type="combined">

<head>Collection Contents</head>

<c01 level="file">

<did>

<container type="box-folder" label="Box ">1 : 1

```
</container>
                    <unittitle>Biographical and academic materials</unittitle>
                </did>
                <c02 level="file">
                    <did>
                        <container type="box-folder" label="Box ">FB-21 : 1
</container>
                        <unittitle>Boston Girls' High School, commencement
program</unittitle>
                        <unitdate normal="1918">1918</unitdate>
                    </did>
                </c02>
                <c02 level="file">
                    <did>
                        <container type="box-folder" label="Box ">1 : 1
</container>
                        <unittitle>George Peabody College for Teachers, School
of the Dance, schedule of courses offered by Ted Shawn</unittitle>
                        <unitdate normal="1938">1938</unitdate>
                    </did>
                </c02>
                <c02 level="file">
                    <did>
                        <container type="box-folder" label="Box ">1 : 1
</container>
                        <unittitle>" Boston teacher called evangelist of the
dance," newspaper clipping</unittitle>
                        <unitdate normal="1939">1939</unitdate>
                    </did>
                </c02>
            </c01>
```

```
<c01 level="file">
    <did>
        <container type="box-folder" label="Box">1 : 2-4 </container>
        <unittitle>Dance programs</unittitle>
    </did>
    <c02 level="item">
        <did>
            <container type="box-folder" label="Box">1 : 4 </container>
            <unittitle>The Feast of Apollo, Brattle Hall, Massachusetts</unittitle>
            <unitdate normal="1925">1925</unitdate>
        </did>
    </c02>
    <c02 level="item">
        <did>
            <container type="box-folder" label="Box">1 : 4 </container>
            <unittitle>Mildred Davenport and her pupils, Brattle Hall, Massachusetts</unittitle>
            <unitdate normal="1928">1928</unitdate>
        </did>
    </c02>
    <c02 level="item">
        <did>
            <container type="box-folder" label="Box">1 : 4 </container>
            <unittitle>Recital of dance poems and songs, Allied Art Studio, Boston</unittitle>
            <unitdate normal="1928">1928</unitdate>
        </did>
    </c02>
```

```
            <c02 level="item">
                <did>
                    <container type="box-folder" label="Box ">1 : 4
</container>
                    <unittitle>Mildred Davenport and Sepia Beauties in revue,
Challengers Club, Boston</unittitle>
                    <unitdate normal="1933">1933</unitdate>
                </did>
            </c02>
            <c02 level="file">
                <did>
                    <container type="box-folder" label="Box ">1 : 2-3
</container>
                    <unittitle>Bronze rhapsody</unittitle>
                </did>
                <c03 level="file">
                    <did>
                        <container type="box-folder" label="Box ">1 : 2
</container>
                        <unittitle><unitdate normal="1934">1934
</unitdate>
                        </unittitle>
                    </did>
                    <c04 level="item">
                        <did>
                            <container type="box-folder" label=
"Box ">1 : 2</container>
                            <unittitle>Typescript of stage directions, with
holograph note "Miss Davenport (personal)" on first leaf</unittitle>
                            <unitdate normal="1934">1934</unitdate>
                        </did>
                    </c04>
                </c03>
```

```
<c03 level="file">
    <did>
        <container type="box-folder" label="Box ">1 : 3
</container>
        <unittitle><unitdate type="inclusive" normal=
"1935/1941">1935-1941</unitdate></unittitle>
    </did>
</c03>
<c03 level="file">
    <did>
        <container type="box-folder" label="Box ">1 : 3
</container>
        <unittitle><unitdate normal="1942">1942
</unitdate></unittitle>
    </did>
    <c04 level="item">
        <did>
            <container type="box-folder" label
="Box ">FB-21 : 1</container>
            <unittitle>Hand-colored poster (partial)
</unittitle>
            <unitdate normal="1942">1942</unitdate>
        </did>
    </c04>
</c03>
</c02>
<c02 level="file">
    <did>
        <container type="box-folder" label="Box ">1 : 4
</container>
        <unittitle>Classic, John Hancock Hall, Boston</unittitle>
        <unitdate normal="1938">1938</unitdate>
    </did>
```

```
        </c02>
        <c02 level="file">
            <did>
                <container type="box-folder" label="Box ">1 : 4 </container>
                <unittitle>Shadowland Ball Room performances, Boston, undated. </unittitle>
                <physdesc><extent>2 items. </extent></physdesc>
            </did>
        </c02>
    </c01>
    <c01 level="file">
        <did>
            <container type="box-folder" label="Box ">1 : 5 </container>
            <unittitle>Dance school materials</unittitle>
        </did>
        <c02 level="item">
            <did>
                <container type="box-folder" label="Box ">1 : 5 </container>
                <unittitle>Davenport School of the Dance application, undated</unittitle>
            </did>
        </c02>
        <c02 level="file">
            <did>
                <container type="box-folder" label="Box ">1 : 5 </container>
                <unittitle>Silver Box Studio</unittitle>
            </did>
            <c03 level="file">
                <did>
```

```
                    <container type="box-folder" label="Box ">1 : 5
</container>
                    <unittitle>Course brochures and applications,
undated. </unittitle>
                    <physdesc><extent>3 items. </extent></physdesc>
                </did>
            </c03>
            <c03 level="file">
                <did>
                    <container type="box-folder" label="Box ">1 : 5
</container>
                    <unittitle>Event invitation and greeting card</unit-
title>
                  <unitdate normal="1939">1939 and undated. </unit-
date>
                    <physdesc><extent>2 items. </extent></physdesc>
                </did>
            </c03>
        </c02>
    </c01>
    <c01 level="file">
        <did>
            <container type="box-folder" label="Box ">1 : 6-11
</container>
            <unittitle>Photographs</unittitle></did>
        <c02 level="file">
            <did>
                <container type="box-folder" label="Box ">1 : 6-7
</container>
                <unittitle>Personal</unittitle>
            </did>
            <c03 level="item">
                <did>
```

```
                <container type=" box-folder" label=" Box " >FB-21 : 1</container>
                <unittitle>Prince School class, photographic print </unittitle>
                <unitdate normal=" 1914" >1914</unitdate>
            </did>
        </c03>
        <c03 level=" file" >
            <did>
                <container type=" box-folder" label=" Box " >1 : 6 </container>
                <unittitle>Teenage performances, undated. </unittitle>
                <physdesc><extent>5 items. </extent></physdesc>
            </did>
        </c03>
        <c03 level=" file" >
            <did>
                <container type=" box-folder" label=" Box " >1 : 7 </container>
                <unittitle>Portraits, undated. </unittitle>
                <physdesc><extent>3 items. </extent></physdesc>
            </did>
        </c03>
    </c02>
    <c02 level=" file" >
        <did>
            <container type=" box-folder" label=" Box " >1 : 8-10 </container>
            <unittitle>Performances by students</unittitle>
        </did>
        <c03 level=" item" >
            <did>
```

```
<container type="box-folder" label="Box ">1 : 8</container>
<unittitle>Piggilly wiggily</unittitle>
<unitdate normal="1942">ca. 1942</unitdate>
</did>
</c03>
<c03 level="item">
<did>
<container type="box-folder" label="Box ">1 : 8</container>
<unittitle>Top hat</unittitle>
<unitdate normal="1942">ca. 1942</unitdate>
</did>
</c03>
<c03 level="file">
<did>
<container type="box-folder" label="Box ">1 : 8-10</container>
<unittitle>Unidentified, undated. </unittitle>
<physdesc><extent>15 items. </extent></physdesc>
</did>
</c03>
</c02>
<c02 level="file">
<did>
<container type="box-folder" label="Box ">1 : 11</container>
<unittitle>Other individuals</unittitle>
</did>
<c03 level="file">
<did>
<container type="box-folder" label="Box ">
```

```
1 : 11</container>
                        <unittitle>Hall, Tom</unittitle>
                        <unitdate normal="1930">1930</unitdate>
                    </did>
                </c03>
                <c03 level="file">
                    <did>
                        <container type="box-folder" label="Box ">
1 : 11</container>
                        <unittitle>Purcell, Barbara</unittitle>
                        <unitdate normal="1942">ca. 1942</unitdate>
                    </did>
                </c03>
                <c03 level="file">
                    <did>
                        <container type="box-folder" label="Box ">
1 : 11</container>
                        <unittitle>Stokes, Bernice</unittitle>
                        <unitdate normal="1942">ca. 1942</unitdate>
                    </did>
                </c03>
                <c03 level="file">
                    <did>
                        <container type="box-folder" label="Box ">
1 : 11</container>
                        <unittitle>Roberts, Francine</unittitle>
                        <unitdate normal="1942">ca. 1942</unitdate>
                    </did>
                </c03>
            </c02>
        </c01>
    </dsc>
</archdesc>
</ead>
```